中国侗族村寨文化遗产价值纲论丛书

"湖南文化遗产翻译与传播基地""怀化学院民族研究院"联合推出

中国侗族村寨款文化及其传统社会治理模式研究

黄洁　杨尚荣　著

中国纺织出版社有限公司

内 容 提 要

本书通过大量的田野调查、大量生动的被采访者讲述，研究侗族村寨款文化生成并延续的社会基础。基于此，这本书研究和展现侗族村寨款文化及其传统社会治理的起源、现状和成果，有目的、有侧重地调研侗寨村民在款制度的治理管理下"安居乐业"的生活日常。本书还从东南亚侗台语系民族的平等主义社会论和共同体文化论视角入手，论及东南亚和中国华南社会的侗台语系民族及其"盆地社会"模式。

图书在版编目（CIP）数据

中国侗族村寨款文化及其传统社会治理模式研究 / 黄洁，杨尚荣著 . -- 北京：中国纺织出版社有限公司，2021.12

ISBN 978-7-5180-9157-7

Ⅰ . ①中… Ⅱ . ①黄… ②杨… Ⅲ . ①侗族—民族文化—研究—中国②侗族—社会管理—研究—中国 Ⅳ . ① K287.2②D633

中国版本图书馆 CIP 数据核字（2021）第 231503 号

责任编辑：胡 明 责任校对：王蕙莹 责任印制：王艳丽

中国纺织出版社有限公司出版发行
地址：北京市朝阳区百子湾东里 A407 号楼 邮政编码：100124
销售电话：010—67004422 传真：010—87155801
http://www.c-textilep.com
中国纺织出版社天猫旗舰店
官方微博 http://weibo.com/2119887771
北京虎彩文化传播有限公司印刷 各地新华书店经销
2021 年 12 月第 1 版第 1 次印刷
开本：710×1000 1/16 印张：14
字数：233 千字 定价：69.00 元

序 言

村寨是传统文化的聚集地，也是文化遗产的载体。村落的研究，一直是中国学术的热点和焦点。通过村落透视中国农村社会生活，一直是人类学研究的传统，如费孝通《江村经济》、林耀华《金翼》、杨懋春"台头村"、葛学溥"凤凰村"、杨庆堃"鹭江村"等个案经典。麻雀虽小，五脏俱全。正是通过对"村落"基本社会单位的观察，进行全景式的民族志"深描"，以了解中国的乡土社会。

村寨是人类按照一定的社会结群所形成的经济、社会、文化共同体。村寨具有"物"的形式，呈现不同的乡土建筑及其景观，同时也是人类行为展演的文化空间。人类的生存和发展首先要形成"群体"，聚集起来，建立社会群体所生产生活的空间"聚落"，并建立一套社会制度，以解决人类群体之间的合作。村寨的文化空间具有神圣性，由此安排群体关系，维系社会秩序。

中国文明早期，商朝几乎在不断变更住地。根据《诗经》的描述，周先王时期也是在不断迁徙。《大雅·公刘》《大雅·绵》《大雅·文王有声》三篇均为迁徙史诗，周王先世为了"生存"和"发展"，寻求适宜之地。古人对于迁徙住地具有当时的思考和追求。

"山林是主，人是客。"侗族居住于湘黔桂交界的山地河谷，在侗族文化影响下，创造出与其适应的文化景观。侗族村寨的文化景观是侗人介入环境、运用环境、改造环境的不同方式所造成的。侗族村寨是侗族文化遗产的集中保存地，是侗族文化景观遗产，体现了人类与自然环境互动的情况，特别是能持续使用土地的特殊手段。侗族村寨文化景观体现了人、土地与自然的关系，反映了侗族保护与利用自然的技巧，也是侗族与自然之间的精神纽带。

遗产的价值是遗产学的中心问题。人类文化遗产具有其"内在价值"，需要对价值进行发现、分析和解释。文化景观遗产的价值研究是一项复杂而细致的学术研究，不仅需要深度的本土知识，也需要具有开阔的国际学术视野。侗寨遗产的价值体现了中华民族农耕文明的起源，"稻鱼鸭"农业系统不仅体现了人与生物和谐共生的关系，而且反映了侗人的人观和哲学精神。保护与利用侗寨文化遗产，不仅是遗产学研究的问题，也是当前中国乡村振兴的主题。

"湖南省民间非物质文化研究基地"和"湖南文化遗产翻译与传播基地"分别是湖南省社科规划办和湖南省文旅厅在怀化学院设立的省级科研平台，秉持"学术为本"的学术理念，突出"本土化、国际化、跨学科"的特色，旨在为研究中国山地民族非物质文化遗产提供学术交流与合作的平台。在学术研究上，搭建超越单位界限的人文社会科学研究平台，打破学科和专业的壁垒，推进以"问题导向"为中心的跨学科综合研究范式；同时，对外积极引进资源，立足中国，面向世界，注重基础研究和应用型研究的结合与转化，搭建学术研究的高地，对人文社会科学本土化的整体性发展开展实质性推动，并建设具有中国前沿并与国际学术对话的特色学科体系。在智库建设方面，以乡村振兴为切入点，为山地民族经济、社会、文化、环境的全面可持续发展建言献策，并在立足为湖南发展服务的同时，为西南山地民族的经济、社会发展探索新思路。

嘤其鸣矣，求其友声。"中国侗族村寨文化遗产价值纲论丛书"即是我们前行路上的一项成果。侗寨文化遗产价值研究项目主要由湖南工商大学副校长张玲教授（原怀化学院副校长）、怀化学院曹端波教授和姜莉芳博士负责，聚集了一批侗族文化遗产研究的专家，共同深入湖南、贵州、广西等侗族聚集区开展田野调查。该项目是我们研究山地民族文化遗产的起点，也是"湖南省民间非物质文化研究基地"和"湖南文化遗产翻译与传播基地"专家同仁合作的开端。我们将不断推进文化遗产的研究工作，持之以恒，不断前行。

张玲　曹端波

湖南鹤城·2021年9月

目 录

第一章 绪论：东南亚壮侗语系民族的平等主义社会论和共同体文化论

第一节 东南亚和中国华南社会的壮侗语系民族及其"盆地社会"模式

一、东南亚的王权论和"没有国王"的农村社会

日本学者关本照夫曾指出，围绕区域内部关系和"没有国王"的农村社会的东南亚王权论既应该有首长、国王等制度化的职位、领土和主权及相关观念的理论，如佛教研究者坦比亚（Tambiah）对泰国社会的经典考察和文化人类学家格尔兹（Greeze）对巴厘岛尼加拉政治体系的专门研究，也应该包括广泛地域中存在的、传统的政治体系论或个别的社会，如利奇（Leach）和萨林斯（Sahlins）等对缅甸高地为主东南亚政治的动态研究。特别是集中在近代国家产生之前时期的王权的讨论。❶

从侗族的"款"这种政治体系与社区特点出发，上述理论主要表现在以下两个方面：

其一，王权的构造与区域社会的特点（分散的、不断变化的），即坦比亚所谓的银河系的政体（galactic polity，曼陀罗型的宇宙论的观念），或"庞大的政体"的同心圆和远心力。❷"宇宙的秩序"指的是大型王朝的中心对位

---

❶ 伊藤亚人，关本照夫，船曳健夫. 现代人类学 3：国家和文明的过程 [M]. 东京：东京大学出版会，1987.

❷ TAMBIAH，STANLEY. World conqueror and world renouncer：a study of buddhism and polity in Thailand against a historical background[M]. Cambridge：Cambridge University Press，1976.

于腹地的其他族群和领域有着或大或小的影响。比如，一面是普世抱负的佛教，另一面是统治者，王权的背后其实折射着宗教宇宙的统治，也就是说，宗教赋予了王者这种宇宙统治者的权力。所以，统治和供品有很重要的关联，一个是距离越远统治力越削弱，另一个是附属国的国王和地方首领获得了响应程度的自治性。具体而言，地方首领的进贡意味着对中心的靠近和自治度的获取。在此基础上，形成了地缘政治格局和地方社会的网络。

与此同时，存在着一种中心和边缘的相对关系，即国家权力的中心与周围和受其统治的农村，以及宗教意义上的曼陀罗内部和曼陀罗之间的关系。根据沃尔特（O. W. Wolters）在《东南亚视野下的历史、文化与宗教》中指出的，苏门答腊人居住在遥远的室利佛逝（Srivijaya），其向唐、宋朝代的皇帝朝贡的理由是地方霸权，以显示他们相对于其他中国附庸特别是他们的邻居和潜在对手的优越性。而远离中心的王国自身政治形态的诸多因素都来源于占据支配性地位的宗主国，即将其影响力扩大到遥远的腹地。这解释了远离中心的统治群体在政治系谱中将继嗣关系追溯至想象中的祖先的名字（有些只存在于传说中）。吉尔斯奇（C. P. Giersrch）也曾指出，有时写入编年纪事的"被招顺""被中国军队征服"也并不真实，只是他们希望借助遥远的、拥有武力的皇帝的教化、驯服，显示自身优越性。利奇也曾指出，生活在山脉纵横的缅甸腹地的克钦头人是如何变成中国皇帝遥远腹地的变体呢？克钦头人变成掸人的热望：谈论房屋的方式与讨论掸人王宫的方式别无二致，建筑物被称为"短吻鳄之穴"（与中华帝王之龙非常相似的寓言），并发挥类似天坛（皇帝为国家福祉和庄稼丰收举行重要仪式的场所）等"确定无疑的中国风格"，其实是想复制中国"中心"对周边低地国家的影响。这些其实都是处于不同相对关系中的实例。❶

其二，所谓"没有国王""远离"国家统治中心的农村政体（因素）。在东南亚地区，人们所看到的政治、艺术和宗教领域具有一致性，这就是沃尔特所谓的"统治原理"（the science of government）。❷相对比较好理解的是政权和神权的对等关系。比如，19世纪泰国曼谷的却克里（Chakri）事件，上座部佛教在制度变迁之前，给分散的泰国人地区中心带来了共同体的观念，

---

❶ GIERSCH, PATTERSON C.Asian Borderlands : the transformation of Qing China's Yunnan Froniter[M].Cambridge Harvard University Press，2006.

❷ WOLTERS O W.History，culture and region in southeast Asian perspectives[M].Singapore : Institute of South East Asian Studies，1982.

才使得各政治权力机构之间相对分散而缺乏凝聚力的曼陀罗❶转化为国家。又如，格尔兹在巴厘岛（印度尼西亚的一个岛屿）的传统政治体制的研究中发现，巴厘岛的 Desa 并不是一个固定的政治组织，其具有"多元的集团性"，实际的权力是分散的，政治是联合的，村落整体的主要的集团和成员之间存在许多不一致性。❷作为国家的"尼加拉"全体统治权力不是权威顶点的自上而下，而是臣下—小君主—君主—国王。礼仪的奉侍、朝贡等和军事的支持，以及依附于耕地的劳动和由此构成的纳税关系都无法实现国家统治的机能。所谓的由国王自上而下到国家、社会和农民个体的政治统治或社会秩序，是通过全国践行"国家义务"，共同完成国王举行的"国家礼仪"的正统性才能得以真正实现。

那么，历史上居住在山地的民众是如何逃离或规避来自平原地区的政治统治中心（中央政府）的统治的？按照詹姆士·斯科特（J. G. Scott）在《逃避统治的艺术：东南亚高地的无政府主义历史》中的所见，这些民众通过运用社会组织、刀耕火种的耕作方式、不用文字来源的神话，抗拒平原王国的武力征伐、税收和征名，实现他们不被统治的目标。❸例如，中国西南地区的拉祜族人民远离统治的特征并不是因为他们现在创造的新的概念工具才被发现，而是在更早之前就已经通过历史的叙事和其他文化的方式，形成了自身的关于国家、王权和权力的概念。这实则显示了斯科特发现的当事人的主观能动性。❹又或者存在第三种可能，如社会中出现了共同体文化的趋势。就像 Chatthip 发现的，泰国人社会中存在一种共同体文化的潮流，包括拥有地方自治、协同性，形成自立的村落共同体，具有以"同情、共感"为基础的相互扶助、村民个体自觉意识等。❺可以说，这种新兴的共同体文化的潮流其实与侗族社会等许多中国西南少数民族社会中极其普遍而传统的依据公共协议和联盟而产生的民间习惯法以及依据习惯法来治理村落社会的亲属组织、村落社区的年轻人组织或老年人组织、地区间的联盟等民间组织的结构和运作

---

❶ 曼陀罗是一种由多个政治权力机构组合而成的政治体系，但还达不到国家统一体。

❷ 克利福德·格尔茨. 尼加拉：十九世纪巴厘剧场国家 [M]. 赵丙祥，译. 北京：商务印书馆，2018.

❸ SCOTT J C.The art of not being governed：an anarchist history of upland Southeast Asia[M]. New Haven：Yale University Press，2010.

❹ 唐立（Christian Daniels）. 东南亚大陆部山地民的历史与文化 [M]. 东京：言丛社，2014：25-53.

❺ Chatthip Nartsupha. 泰国的共同体文化论潮流 [J]. 国立民族学博物馆研究报告，1992，17（3）：523-558.

的原理有许多类似之处。

如果将目光投射到中国的西南和华南地区，当地生活的人们历史上是否"逃离"过国家？他们又是如何"逃离"国家的呢？像前面提到的那些方式那样，除了借助宗教（包括前述的佛教、基督教、NGO 的思想者）或文化的方式之外，是否存在其他的因素？

回溯中国明清以来国家扩张的历史，笔者发现这片土地上既有人"逃离"，也有人"加入"。

一方面，华南地区有远离中心、作为"边缘"存在的吸引力。历史上确实有不少华南地区少数民族的"加入"，如进入山地的侗族人、苗族人、瑶族人、逃到海上的疍民等，而地方社会通过灵巧地运用国家话语（包括制度、礼仪和文辞），运用文字制造，如族谱契约等文献，为自己对平地的控制提供合理的"历史凭证"。在地方社会的层面上，国家的"加入者"也是国家的缔造者，他们不是被动地接受国家的统治，而是能动地创造地方社会的国家秩序，在维护自己的权利与生活习惯方面获得最大的自决。"民间"应对"国家"扩张的策略就是以国家的代理人自居，甚至自信"吾即国家"。❶

另一方面，这片土地上生活的人们也生出"逃离"国家的离心力。就像前面提到的生活在山地的克钦族人既有不受控制的生活方式，也有自我调适生存模式的方式。这里所列举的例子是跟侗族同属于壮侗语系民族的广西壮族人。在广西北部的高山生活的壮族人除了"河谷—水稻"模式以外，还有被忽视的"山陇—玉米"所代表的生计方式，后者主要是居住于高山的"黑衣壮"。1990 年以来重新发现的壮族的族性表达是主要居住在河谷上的壮族的主流社会通过凝视山上那些更具"非汉族"色彩的同胞，看到了自身曾经并依然拥有的族性特征而实现的。❷

二、华南壮侗语系民族的自治政权

近代国家成立以前，中国的华南少数民族以及与此有很大关联的东南亚大陆部的壮侗语系民族依据国家、政权及盟约关系等形式，形成和营造了多样性的、具有自治性的整体或所谓"自律的社会"。比如，南诏国和大理国那样的国家，台系民族之一的云南西双版纳地区傣族的"盆地国家"那样的政权，以及像西南山区的侗族、苗族、瑶族等少数民族那样的以平等的盟约

---

❶ 程美宝.国家如何"逃离"——中国"民间"社会的悖论 [N].中国社会科学报，2010-10-14（011）.

❷ 海力波.玉米、鸦片与黑衣壮的族性建构 [J].民族学界，2014（34）：157-202.

为基础组成的自治组织或自治的联盟。

过去研究的大主流就是关注这个地区的少数民族在王朝国家的框架下如何被统合、渗透的历史过程，特别是国家权力和汉族移民作为其中两个要素的立场，研究少数民族与汉族及其代表的汉王朝与文化的互动。然而，少数民族的政治组织如何成立、具有怎样的构造、与他们的民族性格和民族认同有怎样的联系，这类课题却较少被关注。❶因此，下面先根据既有的研究对几种主要的政体形式进行简单的介绍。

其一，"独立的国家"傣族的"勐"（英语写作 Muang，指的是"王国"或特定范围的地方社会）指以一定地域范围，通常是某一特定盆地为基础形成的，具有一定排外、排他、对抗特征的统一政权。东南亚大陆北部一带（主要位于现在的云南西双版纳及周边区域）的盆地上，最迟至 13 世纪形成了一种被称为"勐"（村寨联合）的傣族自律政治单位。"勐"和"勐"之间的联合也很多（加藤，1999）。加藤将这种以盆地为基础形成的傣族"勐"国家包括在内的中国西南、泰、缅、越南等东南亚台系民族的前近代的历史形态界定为"盆地世界"。❷

"盆地社会"的构造特点是以对耕地的支配权力为基础的，从若干"勐"的联合到特定的"勐"中所涵盖的独立村落，再到村中居住的农民的关系，其实是王权从"中心"到"周边"辐射的政治统合过程。❸"勐"联合的中心权力其实是为了自身支配经济基础的需要而对稻作和交易予以积极的活用。1980 年后，中国管理下的西双版纳以及 18—19 世纪越南的黑傣族的社会都具有这种特点。❹

"勐"的另一个特征是每一个村落的中央存在村柱。象征着特定村落权

❶ 唐立（Christian Daniels）. 少数民族的历史应该怎么看：基于近年研究的介绍 [J]. 亚洲游学，1999，1（9）：12-32.

❷ 加藤久美子. 傣族盆地联合国家，关于西双版纳的统治方式的考察——20 世纪中叶的课税方法的分析 [J]. 名古屋大学文学部研究论集（史学），1999，45：117-146.

❸ 加藤久美子. 盆地世界国家论——云南西双版傣族史 [M]. 京都：京都大学学术出版会，2000.

❹ 冈田雅志. 傣族勐构造再考：从 18—19 世纪前半叶越南芒炉盆地社会的观点来看. 东南亚研究，2012，50（1）：3-38.

威的村柱可以说代表了壮侗语系民族的重要文化特征。❶而且村柱具有作为领主权象征与作为集落"守护灵"的双重性。❷具体而言，村柱既是守护村落安全和村民平安的神灵，又是领主权力的象征。同时，"勐"作为拟制的共同体，通过由不同的社会集团实行的仪式，利用宗教的排外性，实现了权力和社会秩序向国家概念的接近。❸在傣族村落的层面，其实也形成了和"勐"这种村落联合组织中心由内而外的构造相类似，中心是领主独占的"柱"的民间地缘团体。这是越南黑傣与大陆其他多数台系民族不同的，其没有受到上座部佛教影响，且台系固有的特征残留较多（Davis，1984）。同时，领主作为王权象征的世袭性与祖先传说等口头叙事（如征战物语、年代记）及信仰相重合，影响了黑傣的民俗与历史记忆。❹

其二，华南少数民族地区的土司、土官制度。这种所谓"坚持固有制度，尽量回避中央王朝之中求生存"之道在较长一段历史时期也曾在西南地区流行。所谓土司，事实上表示的是非汉族的已独立的政治权力单位，是一种政治体。❺明清时期王朝的"改土（土司、土官）归流（中央政府任命中央派遣的官员）"只在部分地区成功实行，在类似土司政权的傣族王国以及别的少数民族地方实施艰难的原因是他们通过国家、政权及盟约关系的形式运营了自律性的社会，并积极地建构了自己的历史。❻

同样的道理，唐立（Christian Daniels）通过对雍正七年（1729年）的清朝直辖地化政策实施的考察发现，这些政策其实是清政府趁西双版纳政权的内部出现一定的弱化（山地民的因素）而实施的。而这些看似强制性，实为

❶ 森干男.台系诸族的国柱祭祀——台系文化理解的一个视角（1）[J].亚非言语文化研究，1989（38）：91-109；森干男.台系诸族的国柱祭祀——台系文化理解的一个视角（2）[J].亚非言语文化研究，1991（41）：125-136；森干男.台系诸族的国柱祭祀——台系文化理解的一个视角（3）[J].亚非言语文化研究，1992（43）：123-147.

❷ 村上忠良.傣亚（掸）族村落的"守护灵"和"村柱"的双重性——傣亚（掸）族宗教研究的预备考察 [J].族，1997，29：2-25.

❸ 田边繁治.神的辩证法——傣仂族的守护灵仪式 [M].东京：日本放送出版协会，1984.

❹ 樫永真佐夫.黑傣年代记——"Thai Phu Sak" [M].东京：雄山阁，2011；樫永真佐夫.越南黑傣的祖先祭祀——家灵簿和谱系认识的民族志 [M].东京：风响社，2009；樫永真佐夫.东南亚年代记的世界——黑傣的"Kuam To Muong" [M].东京：风响社，2007.

❺ 唐立.中国西南掸文化圈的非汉族的自律政权——以西双版纳王国的改土归流为实例 [J].亚非文化研究所研究年报（东洋大学），2000，1（34）：56-70.

❻ 同上。

"无奈"之举措，反过来证明了历史上傣族王国顽强的存在。❶"生蛮"到"熟獞"（明朝在壮族地区的科举），少数民族地区的土司、土官和科举以及其与地方治理关系的研究：虽大多数仍选择以"寨老制"而不是统一国家为志向，并希望继续维持壮族社会固有的政治制度，但存在一定程度的汉化。呈现出的特点为土官以"避免"与中国王朝的接触、弹压为重点，从而坚持自身的相对自治，以"回避"同化。❷

相对于这些比较具体的强力国家或政体，其实中国西南地区还有一种自律社会的存在，即侗族、苗族、瑶族等华南少数民族历史上曾形成的，持续地抵抗来自中原内地的中心王朝权力的介入，以盟约（通常指民间习惯法或传统习惯）为基础组成的自治联盟组织。具体而言，如侗族的款组织、苗族的议榔组织、瑶族的石牌组织等。这种自治组织的基调是"平等主义社会论"和"共同体文化论"，这也是本书关于侗族款组织的内核所在。因此，下一节将主要围绕这类自治性组织的特征进行具体阐述。

第二节　壮侗语系民族的"平等主义社会论"与"共同体文化论"

所谓"盟约"，指的是人们根据自己的意思或意愿，以坚定的誓言来约束自己的行为。多数非汉族的社会都通过这样的政治体、集团的相互关系运行。具体而言，在特定的村落中，统治村落的强大的政治权力、领导层并不存在，往往通过以村落成员的合意为基础的条约的制定、遵守来维持社会的秩序。这类民间习惯法的约束力涉及村落层面的日常生活的各个方面，包括农业、生态的保护、刑罚、婚丧嫁娶等事务，都通过类似这样的会议决定。总之，日常生活中发生的各种各样的问题，集团都依照条约进行解决。

汉族文献开始出现关于这种风俗的记载是周去非的《岭外代答·卷十·款塞》：

史有款塞之语，亦曰纳款，读者略之，盖未睹其事尔。款者誓词也。今人谓中心之事为款，狱事以情实为款，蛮夷效顺，以其中心情实发为誓词，

---

❶ 唐立.傣族对国王谱系所描绘的 Haay Long 之历史记忆 [J].亚洲游学，2004，1（67）：694-728.

❷ 菊池秀明.明清时期广西壮族土官的"汉化"和科举 [J].中国——社会与文化，1994（9）：68-95.

故曰款也。干道丁亥〔癸巳〕，静江猺人犯边，范石湖檄余白事帅府，与闻团结边民之事。猺人计穷，出而归命，乃诣帅府纳款。其词曰："某等既充山职，今当钤束男女，男行把棒，女行把麻，任从出入，不得生事。若生事者，上有太阳，下有地宿，其翻背者，生男成驴，生女成猪，举家绝灭。不得翻面说好，背面说恶，不得偷寒送暖。上山同路，下水同船，男儿带刀同一边，一点一齐，同杀盗贼。不用此款，并依山例。"山例者，杀之也。他语甚鄙，不可记忆，聊记其所谓款者如此。

另外，宋人朱辅在《溪蛮丛笑》中称："彼此歃血誓约，缓急相援，名门款。"可见，盟约有相互帮助的目的。盟约组织的根底是自治的精神。非汉族社会产生危机的时候，盟约组织固有的团结就会产生原动力的事例比比皆是。例如，苗族议榔（武内房司的研究）、瑶族石牌（松浦均的研究）作为与国家抵抗的手段，通过这种组织形式，形成地域性的抵抗运动。又如，以征税等为由的大反动有时是以王朝的退让对民族习惯法存续的认可为结果的。❶

侗族的"款"也是与此类似的民间组织。历史上，侗族地区普遍形成这种形式的政治组织，且在与中央王朝的互动中生存了下来，直到中华人民共和国建立之后的 1956 年解体。但它如今仍在侗族民间社会中产生重要作用。

上述情况是在中国大陆的框架中来看这种侗族的组织形式所了解到的。跳出中国大陆框架中的研究，发现将侗族的事例放在东南亚大陆、其他壮侗语系民族的世界里，产生了其他原来看不到的、有意思的问题。

因此，在进入本书主题的侗族"款"社会的具体论述之前，先了解一下壮侗语系民族的社会与文化中侗族的位置。壮侗语系，又称仡台语系，这里的"台"是 Tai，尽管与泰国的 Thai 相近，语言上也有许多共通的词汇，但并不能混淆。壮侗语系民族一般被认为是 19 世纪中期西方旅行者对东南亚大陆、中国、南亚等地区探险时，获取了许多关于居住在中国云南、越南北部、老挝、缅甸和泰国的壮侗语系民族的信息。那时，主要的壮侗语系民族——东印度的 Ahom 已经失去了他们的语言，通过寺庙中古老的文字可知一二（Schliesinger，2014）。正如范宏贵所指出的，其实中国西南的壮侗语族的壮、布依、傣、侗、仫佬、毛南、水、黎 8 个民族，泰国的泰、佬族，越南的岱、侬、泰、布依、热依、佬、泐、山斋、拉基、布标 10 个民族，缅

---

❶ 武内房司. 太平天国时期的苗族叛乱——以贵州东南部苗族地区为中心 [J]. 史潮，1982（12）：26-56.

甸的掸族，以及老挝的佬、普泰、泐、润、央、赛克 6 个民族，乃至印度的阿洪人都有或多或少的渊源，也与相对历史久远的壮侗语系民族大迁徙有一定的关系。[1]这为跨国家、跨地域的壮侗语系民族之间的比较研究提供了可能。

　　从东南亚大陆到中国西南的所有少数民族中，人口最多的是壮侗语系民族（表 1-1、表 1-2 是 2000 年的统计）。

表 1-1　民族语言和人口

语　言	人　口	区　域
泰语	43 100 000	泰国
兰纳语（北部泰语）	8 000 000	泰国北部
南部泰语	4 900 000	泰国南部
黑傣语	900 000	越南北部
红傣语	200 000	越南北部
傣侗语	580 000	越南北部、老挝
佬语	4 300 000	老挝
掸语	4 000 000	缅甸北部和东部
傣艮 / 傣痕语	140 000	缅甸东部
坎底语	13 100	缅甸和印度交界
帕克语	5 000	印度阿萨姆邦
艾通傣语	1 500	印度阿萨姆邦
坎伴语	50	印度阿萨姆邦
阿豪姆语	已经消亡	印度阿萨姆邦
傣仂语	850 000	中国南部、缅甸、老挝
傣那语	700 000	中国南部

---

[1]　范宏贵 . 同根生的民族：壮泰各族渊源与文化 [M]. 北京：民族出版社，2007.

表1-2 台—卡岱语族的各民族语言和人口分布

语 言	人 口/百万	分 支	群 体	地 域
泰语	56.0	泰语支	西南支	泰国
北壮语	10.5	泰语支	北支	中国南部
南壮语	5.5	泰语支	中支	中国南部
佬语	4.3	泰语支	西南支	老挝
掸语	4.0	泰语支	西南支	缅甸北部和东部
Bouyei	3.0	泰语支	北支	中国南部
侗语	1.6	侗水语支	—	中国南部
Tay	1.5	泰语支	中支	越南北部
黑傣语	0.9	泰语支	西南支	越南北部
傣仂语	0.9	泰语支	西南支	中国南部、缅甸、老挝
侬语	0.9	泰语支	中支	越南北部
傣那语	0.9	泰语支	西南支	中国南部
黎语	0.7	黎语支	—	中国东南（海南岛）
临高语	0.6	其他	—	中国东南（海南岛）

注：总计9130万人，其中中国南部2350万人。

　　由于战争、市民化和社会变革，自从20世纪90年代早期开始，产生了不少新的研究文章，但很少涉及壮侗语系民族的来源。很多以中国华南和东南亚地区东南亚地域为研究对象的西方学者的报告都关注云南、老挝和越南北部（黑傣）等东南亚地区的壮侗语系民族，但几乎没有研究关心生活在中国西南其他省份的几十万壮侗语系民族，包括壮族等。笔者认为有强有力的证据证明，壮侗语系民族的根源在这个区域，而不是前述的云南、老挝和越南北部。他们是从东边迁移到西边，而不是人们认为的从北到南的迁移（Schliesinger，2014）。

　　下面是节选的2010年第六次人口普查数据，从中可知中国壮侗语系民族的人口情况。

（1）壮族：16 926 381 人，占比 1.270 0%。

（2）侗族：2 879 974 人，占比 0.216 1%。

其中，贵州省的侗族人口为 1 628 568 人，占侗族总人口的 55.01%；湖南省的侗族人口为 842 123 人，占侗族总人口的 28.45%；广西壮族自治区的侗族人口为 303 139 人，占侗族总人口的 10.24%；湖北省的侗族人口为 69 947 人，占侗族总人口的 2.36%。

（3）布依族：2 870 034 人，占比 0.215 3%。

（4）黎族：1 463 064 人，占比 0.109 8%。

（5）傣族：1 261 311 人，占比 0.094 6%。

（6）水族：411 847 人，占比 0.030 9%。

（7）仫佬族：216 257 人，占比 0.016 2%。

（8）毛南族：101 192 人，占比 0.007 6%。

由上可知，中国壮侗语系民族总计 26 130 060 人（约 2 613 万人）。

虽然现在仍没有具体的定论，但可以说台—卡岱语系民族（Tai-Kadai language group）或者说壮侗语系❶主要还是分布在中国的西南和与此相邻的东南亚大陆地区。在类似这样的从东南亚大陆到华南为数众多的壮侗语系民族分布区中，侗族在壮侗语系民族中处于最东北部的位置。侗族在政治上并不属于东南亚的范围，但从民族的系统来看，应该属于东南亚大陆的民族。❷而且侗族不信仰上座部佛教，因为历史上长期与汉族接触和交往，受到汉族文化影响的程度也比较深。

因此，虽然同属壮侗语系民族，侗族和居住在东南亚大陆的大多数壮侗语系民族在语言、风俗习惯上有很多共同点，但也存在许多不同之处。侗族的"款"就是其中之一。所以，研究侗族历史说不定能阐明壮侗语系民族受到东南亚大陆的主要文化特别是上座部佛教和王权的影响之前存在的历史形态。

除此之外，研究侗族自律自治的社会如何在中国历史脉络中形成、发展和变迁，特别是在伟大的中国共产党直接管理和时代的变迁、地域社会的背景下维持至今，是很重要的。其意义在于，根据地区、民族的不同，社会制度和构造的特殊性可以为东南亚王权论、民主社会论以及壮侗语系民族相关比较研究提供新的事例。

---

❶ 又称仡壮侗语系（Kra–Dai languages）、侗壮侗语系、侗傣语系，其中泰、台、傣三字都指泰语支，为了减少泛泰主义的影响而采用了与泰国、泰族不同的译名"台"。

❷ 大林太良. 民族世界史 6：东南亚民族与历史 [M]. 东京：山川出版社，1984：2-18.

第三节　河域社会类型：侗族的款及传统社会治理模式的独特性

一、侗族概况

我国自 1953 年开始对众多非汉族群体展开民族识别工程，以期建构一个文化多元、团结统一的民族国家，以共同语言、共同经济基础、共同的居住地域和以此为基础产生的传承的特定的文化要素为标志，确定了 55 个少数民族。在此背景下，作为其中一员的侗族，其民系所属、民族文化的特殊性表征成为广大侗学者争论不休的重要话题。在侗族所有的民族文化中，鼓楼、风雨桥可以说被看作侗族必要的文化要素和民族的象征，受到了普遍的重视。何为侗族？侗族传统文化具体有哪些？它们都具有怎样的独特性？类似这样的问题的再思考和再确认对当下认识和保护侗族传统文化和非物质文化遗产仍然具有重要的基础性意义。

中华人民共和国成立后，具有识别意义的少数民族的"侗族"建构于1953 年，侗族的生活习俗、文化相关的记录于 1956 年以后日渐增多和活跃起来。至 2010 年，中国侗族总人口约 288 万人，集中分布在贵州省南部（约163 万人）、湖南省西南（约 84 万人）、广西壮族自治区北部（约 30 万人）、湖北省（约 7 万人）。现在人们所讲的侗族指的是民族识别为"侗"的人群，这些侗族人自称"宁更"（nyenc gaeml），主要分布在云贵高原东部边缘的湘桂黔三省区毗邻地区的高寒山地，交通和经济都不发达，并与汉族、苗族、水族、瑶族等民族形成交错杂居的分布格局。因所居地理位置为楚越边界或镡城之岭，汉人古籍多称其为"洞蛮""洞氓""洞人""峒人"或"溪洞之民"。❶广西壮族自治区的侗族主要聚居在桂北山区三江侗族自治县、龙胜各族自治县，并散布融安、融水、罗城、东兰等县。❷其中，三江县处于三省交界地带的南面，桂西北与贵州交界的山区，境内侗族与贵州、湖南地区的侗族有依山带水的关系。居住人口主要来源于湖南和贵州。旧县志中称"湘西有侗人，本县侗人或从彼处来"，其依据本县侗族人现态比他处者《黔记》《黔书》中所记昔时习性上多有进步。也有称，该县侗族人由贵州侗族人东

❶ 吴浩.中国侗族村寨文化 [M].北京：民族出版社，2004.

❷ 姚丽娟.侗族地区的社会变迁 [M].北京：中央民族大学出版社，2005.

移，从溶江来到境内，后又向北发展而成。❶

　　侗族人生业以稻作农耕为中心，自称"干"（gaeml）。侗语有南侗、北侗方言之分。南部方言区和北部方言区的侗族文化有截然不同的差异。具体而言，在侗文化分区上，广西龙胜、融水，贵州黎平、榕江、从江，湖南通道等县同属于南部侗族地区，因山川阻隔、交通不便，接触中原汉族文化的时间相对较晚，经济、文化和社会发展相对缓慢，传统文化保存相对完整。而在同一区域内，因交通条件、经济状况、内部追求、外界影响等方面的差异，在民族语言、歌谣、舞蹈、木结构技艺、建筑、礼俗等方面各具特色，形成了和而不同、多元共生的村寨文化。其中，林溪乡是三江北部高寒山区的侗族聚居乡镇，北与湖南省通道县牙屯堡镇毗邻，南与古宜镇连接，东与湖南省通道县陇城镇相邻，西与八江镇相邻，全乡95%的人口为侗族，除了牙己村1个苗寨（自称草苗，清后期从湖南靖州苗族侗族自治县迁移过来的"锹人"），其他包括程阳、冠洞、美俗、合华、水团等12个村皆为侗寨，主要分布于通镇公路两侧。

　　侗族的建筑、音乐、戏剧、民间文学等诸多文化要素中，鼓楼和风雨桥最为引人注目，其作为侗族最有特色的代表，得到众多侗学研究人员的认可。鼓楼为塔状的杉木结构建筑，既是侗族人聚众仪式的公共场所，也是侗族人最重要的公共空间。风雨桥（侗族自称福桥或花桥）指的是带屋檐的廊桥，设有长椅，是人们遮风避雨、休息纳凉、聊天交往的地方，桥上安放关公、土地等神位。例如，位于广西壮族自治区三江县林溪乡的程阳桥、湖南省通道县坪坦乡的回龙桥都是风雨桥的典型代表，成为闻名中外、具有民族艺术特色的传统建筑和物质文化遗产，从而也建构了一个喜爱艺术、专于艺术、极具审美情趣的少数民族的美好形象。

　　其实，特定民族的历史与文化作为他者和自我的共同建构，是一个持续的过程。就生活于黔桂湘三省区交界高寒山区的侗族人而言，他们在汉人历代文献中往往处于与汉人"中心"对应的"边缘"位置，其历史与文化也常常在大历史与大传统的书写范畴之下。比如，在认识和建构历史方面，面对历史的"叛乱"，他们并不喜欢吴勉、林宽等农民起义。笔者在广西龙胜各族自治县侗寨做田野调查时发现，当地多数侗族居民是在明洪武年间吴勉起义后，从贵州黎平县等地逃避战乱迁徙而来的，曾经深受动乱的颠沛流离之苦。如今在他们中间仍流传着声讨吴勉的歌谣，大意是埋怨和声讨吴勉，因为他发动的起义带来了杀戮，扰乱了原本有条不紊的社会秩序，破坏了人们

<hr />

❶ 广西壮族自治区编辑组.广西侗族社会历史调查[M].南宁：广西民族出版社，1987.

原本安居乐业的生活，给原本贫苦的百姓带来了更多痛苦和不安。即使是为了反抗土司的赋税和劳役，但他们并不认同以暴制暴是恰当的方式。这也提醒人们，在具体的研究中应关注不同时空中侗族人对族性和族史的想象与建构这些更为深层的心理认同和观念结构。

侗族是一个拥有一整套完整社会体系的民族，其村寨建设、社会治安、婚丧嫁娶、宗教信仰、节日庆典、子女教育等行为惯制自成一体，并通过代代口传心授延续至今，其中"款"组织为外人所熟知。对侗族人民而言，"款"社会经历过漫长的历史阶段，从原始氏族社会后期的氏族部落联盟开始萌发，一直到封建社会末期才真正结束，经历了带有浓厚传奇色彩的坎坷历程。大约在唐末五代时期，侗族社会从原始氏族社会直接跨越奴隶社会进入封建社会，而以血缘为基础、以地缘为纽带的"款"组织也正式成型并得到长足发展，达到了极盛时期。杨再思经营飞山时，偏安乱世，维护一统，既不称王，也不称霸，实行民族区域自治，实现民族团结、和睦、融合发展，得到了中央政权的认可，形成了历代备受推崇的"飞山精神"。经过他和数代族人的不懈努力，侗族社会逐渐成为当代侗学者吴浩、邓敏文所谓的"没有国王的王国"或台湾学者林淑蓉所称的"平权社会"，既体现了侗族人社会管理的特征，一种对内严明、自我约束、自我管理的社会方式，也表征着一种理想社会的形态。同时，随着侗族的社会结构体系逐渐建构，具有内在约束力的款约最终成型并成熟和壮大起来，侗族人也逐渐形成了与周围环境（即自然、他人）的相处方式。

侗族传统社会结构脉络清晰、层次分明，按血缘和地缘关系由近及远、层层结盟，构成了以血缘为中心、以地缘为纽带的社会组织结构体系，即侗款组织。具体而言，以血缘为基础的"斗"组成村寨；以数个村寨组成小款，环地百里，称"洞"或"坪"；以数个"洞"或数个"坪"组成大款，环地数百里；以数个大款组成特大款，即整个民族的联合，最终构成了侗族款组织的结构体系。较大款组织的范围就如侗族古歌《从前我们做大款》中提到的"头在古州，尾在柳州"。其中，"斗"是侗族社会古代胞族群体的遗存，而"补拉"是古代家庭或氏族的遗存。

父系氏族社会的组织机构有五种级别："言"，即家庭，以男性为中心，为最低一级；"补拉"，即氏族，处于大家庭与氏族之间的过渡形态，属低级组织；"斗"，即胞族，由数个"补拉"组成，属中级组织；"团寨"，即部落，由数个或数十个胞族组成，属高级组织；"款"，即部落联盟，分小款、中款、大款、特大款。明清时期的款组织已经不再是一种部落联盟，而是一种民间性的自治联防组织，由一个自然村寨或一个大寨及邻近若干小寨组成最小立款单位，邻近若干个小款联合盟誓立约而成中款，它们通过联合组成联防自治的大款和特大款，由款首主持事务、维护群体社会秩序，属于侗族地区自发结成的最高层次组织。

过去的封建王朝虽然在侗族地区建立了政权，进行统治，但侗族社会的内部组织，这种以地域为纽带、以军事防御和武装保卫共同利益为目的的具有联盟性质的"合款"，直到清末民初仍起着重要作用。民国初期，有些村寨的保甲制度与款并存或已消亡，但其组织和约制仍以相对隐蔽的方式存在，继续维护社会秩序，抵御外侮。即使 1949 年以后，随着侗族地区政治和经济地位的变迁，款组织已自然消亡，但其潜在形式，包括民间款约及其文化约束力，涉及治安防灾、文物管理、风水山林、社会风俗等内容，在维护正常的社会生产生活秩序、兴办公益事业、组织群众娱乐活动、传承民族传统文化等方面仍起到重要作用。

二、侗款相关研究概况

目前为止，记录侗款相关的文献种类及记载的相关内容具体包括以下 5 种类别。

（1）汉族文人所撰写的著述、随笔和笔记。这也是比较早期出现的汉语记录的对"款"的相关描写。例如，宋代周去非所著《岭外代答》："款者誓词也。今人谓中心之事为款，狱事以情实为款，蛮夷效顺，以其中心情实发为誓词，故曰款也。"宋代李诵在《受降台记》中道：淳熙三年（1176 年）靖州中洞"环地百里合为一款，抗敌官军"。南宋洪迈的《容斋随笔·渠阳蛮俗》卷四载，有渠阳的居民"借牛彩于邻洞者，谓之拽门款"。宋代朱辅在《溪蛮丛笑》中称："彼此歃血誓约，缓急相援，名门款。"最早出现的关于"款"的汉语记录中，"款"是一种"蛮俗"（即西南少数民族的民俗），在非汉少数民族社会中，表现为相互扶助关系的民俗。

（2）朝廷文献（正史）。从明朝开始，特别是清朝的历史书籍中，逐渐开始出现关于西南少数民族"起款"（反抗运动）的记录。比如，《明实录》《明史·贵州土司传》等。《明实录·太祖实录》卷十一："五开洞蛮吴面儿等作乱。"《明史·贵州土司传》记载了侗民的反抗活动（民间也有流传《吴勉王款》，不过将其表现为民族英雄），较宋代详细。其中，大多数是关于因为对纳粮纳税或征兵的抗拒而发生的地方性的"动乱"或"反抗"的记录。

（3）方志（地方志文献）。从清代开始到民国之间出现的记录地方风俗和重要事件的方志或地方志中较为频繁地出现关于"款"的历史记录。例如，《黔记》（清·李宗昉）、《苗疆闻见录》（徐家干）、《柳州府志》（乾隆二十九年）、《黎平府志》（光绪·陈瑜）、《靖州乡土志》等都有直接或间接的记录，虽然内容比较有限，但已经比以往朝代的记录详尽很多。民国时期，姜玉笙编撰的《三江县志》则是相对比较详尽的记录，简单地对其要点加以概括。可以说，明清以前的史籍中与"款"相关的记录并不多，且大多数是被朝廷降职后到中国西南地区的文人书写的。而且关于"款"文化并无特定群体的归属，而是以"苗""猺""蛮""獠"等少数民族的共通称谓来指称款文化，具体是居住在哪里的哪个群体的文化也并未明确。而明清时期到民国的文献中，记录则比较详细，主要是贵州和湖南省的侗族地区所发生的事件（特别是地方性的反抗、抗争运动等）。这一时期的相关记录已经将特定的发生地、特定的民族群体的相关事情也记录到款相关的活动中。到了民国以后，款的相关记录是最为详尽的，但是这一时期实际上款组织已经开始逐渐为国家行政制度所代替。特别是民国以后，随着国民党实行的"保甲制"替换原来侗族地区所实行的"长老制"，侗族传统社会的变迁也开始发生并逐渐深化。

（4）款碑。到了清代，开始出现记录款组织的具体事项的相关石碑，其中特别是康熙、雍正、光绪年间的石碑数量最多。例如，高增款碑刻于康熙十一年（1672年）七月初三，是目前"二千九"（款名）地区所能见到的最早的一块碑刻。其涉及的内容非常广泛，有关于禁止偷盗、砍伐林木、通奸强奸、内外勾引、山场纠纷、无赖生事、嫁祸于人的条文，以及婚姻关系、男女拐带、失火烧房烧坟等都有明确的规定。此外，还有处罚数额，并对侗族的恋爱、婚姻、家庭、道德、财产、社会秩序、民事诉讼等都做了明确规定，这些对维护地方秩序、革除不良习俗无疑具有积极意义。又如，增冲款碑"万古传名碑"，立于康熙十一年（1672年）七月初二。碑文记载款约11条，内容主要有治理偷盗、婚姻关系、娱乐越轨、田地买卖、山林纠纷、内勾外引、失火烧屋（坟）和恃强无忌等行为及其处罚办法和金额。根据石开忠的调查研究，仅在贵州从江、黎平、锦屏，广西三江，湖南通道等侗族县，就发现约有100块以上的石碑。❶这些石碑多是刻录了当时开款立下规约时订立的所有规定的具体内容，主要是对偷盗等社会治安相关内容和婚丧嫁娶等社会风俗相关内容的规定，以及对所有触犯规则的违反者的惩罚的规定。

（5）民间款约的刊印本及其他民间手写本。款文化原本较多流传于口述和碑文之间，从1990年前后开始，侗族人研究者特别是地方文化精英关于款

---

❶ 石开忠．侗族款组织及其变迁研究 [M]．北京：民族出版社，2009．

的口述和碑文的记录、整理、翻译及相关出版物越来越多。其中，刊行物主要是对侗族的款师等口述者所叙述的内容加以整理、翻译和解释的出版物。例如，目前具有重要研究价值的出版物，如 1988 年湖南少数民族古籍办公室主编出版的《侗款》，1995 年邓敏文和吴浩编写的《没有国王的王国侗款研究》和 2009 年吴浩、梁杏云编写的《侗族款词：汉文侗文对照（上下册）》，等等。

这些出版物虽然出自不同人的记录和整理，但他们通常都用类似的记述方式。具体的记例如下。

标准侗文：dinl senl liongc ngamc　seis　　gaos senl liongc ngamc meix

汉字记音：脚　村　龙　　穴　公（雄）头　村　龙　　穴　母

全文翻译：村脚像个雄龙洞，村头好比雌龙寨。

这些民间手写本主要是通过款师、口述者或其他侗族的地方知识分子、文化精英等以碑文或口述的形式整理而成的东西。具体内容包括不同地理位置中的款组织的分布范围和作为款组织成员集会的款场的位置所在，面对重大社会政治、军事、治安等问题时，为了解决这些问题而聚会实行反抗运动的"起款"，各个款组织集会时制定的民间规约，歌颂世界万物起源的歌谣，描述侗族的传统民族民俗习惯，关于款首的歌谣，为了迎神送神的起请文，等等。

一般而言，"款"这个汉语词被用以指示侗族历史上存在的组织制度及其相关规约。"侗款"的既有研究也主要从以下两个方向展开：一是以历史文献为基础，对款组织产生、经过和变迁，特别是合款组织作为少数民族自治组织与中国政府之间如何互动加以论述（石开忠，吴浩）。二是将"侗款"作为习惯法，对目前为止以碑文、口述等形式存在的款词进行整理。比如，湖南省少数民族古籍办公室（1988 年）以及吴浩和梁杏云（2009 年）等对日常生活仍处于口传心授的款词的记录整理、翻译和解释，徐晓光的《款约法：黔东南侗族习惯法的历史人类学考察》关于款中所承载的法文化的研究。其中，主要被关注的是侗族森林资源管理中款的作用，以及作为法律文化的一种侗款自身类似地域联盟的暂定"宪法"的完备性，如邓敏文和吴浩对侗族村寨中款文化的研究。

然而，历史的分析多是依据唐宋至清末的汉字文献，往往代表了汉族以及侗族民族精英的正统的立场。同时，20 世纪 50 年代以后，在形灭神存的款的影响在"团寨"（村落）的层面还发挥重要作用❶的背景下，与"款"相关的侗族居住的地域空间、政治组织制度以及习惯法对特定时空中一般民众

---

❶ 张泽忠，吴鹏毅，胡宝华 . 变迁与再地方化：广西三江独峒侗族团寨文化模式解析 [M].
北京：民族出版社，2008.

的日常生活有怎样的机能和意义，这方面的理论依据并不充分。而且，也有学者指出侗款具有地缘的性格，并将这种属性定义为"军事民主制"。但是，既有研究并没有指明这种时间、空间上的差异性的特征。

根据实地调查，在侗语中，"款"这个汉字对应的侗语其实有几个层面的意思。具体而言，"款"代表一个地域或者与特定地域相关联的社会关系，相当于侗语所说的"省"（senl），意思是"一片""一带"，属于描述地方、空间的；"款（kuant）"是一个动词，意思是"说话""演讲""演说"，相当于哆（duos）；"款"还有一个意思是"管理"，是治理特定地域单位（如某一村落、河域或某一省）的民间条约、民间习惯法的条款。而作为政治组织的"款"是以地形因素为基础划分的社会形态。一般认为，侗族的款有三层构造：小款，指的是由同一条河流相邻的多个村庄构成的小型联盟；中款，指的是由空间上接近的几个"小款"构成的中型联盟；大款，是由几个"中款"组成的联盟。而通常认为的最大款指的是整个侗族。

从邓敏文、吴浩（1995 年）和林淑蓉的研究成果 ❶ 来看，款组织根据具体的情况分为小、中、大三个阶段组织，小款是村与村的联合，大款是整个民族的聚合。款内没有常设首领，村民委托长老在一族和村子的鼓楼（集会所）调解纠纷，统括从政治到生产、生活各方面。因此，邓敏文和吴浩将它叫作平等关系的"没有国王的王国"。

在侗族南北两个方言区，由于历史上受到汉文化（儒、道、佛等信仰）的影响，民间信仰差异不大。在侗族南部方言区，由于汉文化的影响比北部晚、比较弱，原始宗教还有所残留，各个村落都把"萨"这个祖母神作为村子的守护灵。各村的中心设置了"萨堂"神殿，明确了正月和"誓约"。每当有地区性反抗运动和外敌入侵、盟约成员集会时，或者在演奏芦笙之前，村民一定要供奉萨。在侗族社会中，村民一般认为在村落中供奉的神灵数"萨奶奶"最重要，其他众神都是从汉族文化中引进来的，只有"萨"是侗族独有的民间信仰。而"萨"在侗族村落社会乃至整个地域社会中的位置与其他壮侗语系民族的村落组织中的信仰有类似的特征。不过，对于"萨"在侗族的款社会中有怎样的功能，尚未进行深入的调查和研究。

表 1-3 所示为关于"合款"的历史记录。表 1-4 所示为碑文、乡约和口头传承中关于款的记录。表 1-5 所示为《十二款坪十三款场》。

---

❶ 林淑蓉．"平权"社会的阶序与权力：以中国侗族的人群关系为例 [J]．台湾人类学刊，2006，4（1）：1-43．

表 1-3　关于"合款"的历史记录（明清时期至民国地方史料）❶

时间	主要内容	详细记载内容	出典
明代（具体年代不详）	反抗清军农民起义	五开洞蛮面儿等作乱	《明实录·太祖实录》卷十一
明代洪武十一年（1378年），洪武十八年（1385年）		吴勉自称"划平王"，占据了黎平、锦屏、通道、三江一带，声震湖广。起义被镇压后，吴勉被俘	《明史·贵州土司传》
		吴勉在黔、桂、湘交界的黎平、通道、三江等地联款，先后于1378年、1385年举行两次大起义，并得到当地苗族、汉族等族的响应，义军"号二十万众"，"古州十二长官悉应之"	光绪年间，陈编编撰《黎平府志》卷二上
明代洪武三十年（1397年）		古州婆洞（今锦屏县属）侗族农民在林宽的领导下武装暴动，"号一十万众"	《黎平府志》卷二下
明代正统十四年（1449年）		黎平勾洞、纹桥的农民起义，杀死州官，围攻铜鼓卫（今锦屏县属）	民国版《三江县志》，广西巡抚郭应聘《征服怀远始末记》
清代乾隆五年（1740年）		广西"柔江四洞"吴金银在广西南、独教，平等领导的起义，义军占据了湖广交界的部分地区，使地方官吏闻讯丧胆	清乾隆二十九年（1764年）《柳州府志》
清代（1850年）		太平天国革命时期，贵州黎平县四乡地款起义，与湖南靖县四脚牛"与清兵周旋	徐家干《苗疆闻见录稿》"四脚牛"
明代洪武三年（1370年）	反抗会匪民款（民兵）地方武装	《同治柳州守柳廷文彧练民款》："朱盍皂甲尽罄橇，呼噪骤江水倒流。自古农夫皆成革，于今太守即诸侯。千骑弓刀朋道周，老佟几番陪检阅，挑灯看剑吴钩。"明洪武三年（1370年）置柳州卫，立民兵五千户，有事用于征战，无事为农	清乾隆二十九年（1764年）《柳州府志》卷十九
清代同治二年（1862年）	反抗会匪地方武装	同治二年（1862年）王子、苗匪作乱，大款欲齐，昔者寇出黔地，尚属耳闻，而今保民，不足以保良民，方能以阻匪类，弃进猛田，而粮田尽路，武洛江，猛江约同，五百和里合为大袭，而囊袋空空，……凡经名处，十至么邑乎二三，扎驻某村，八口之亲走五六……	民国版《三江县志（二）》卷五

❶ 表1-3～表1-5所引用资料的来源说明具体如下：其中，碑文与款词内容主要出自贵州省从江县相关两册书：张子刚创的《从江文史资料第七辑从江石刻资料汇编》和《从江古今乡规民约实录·从江历代告示实录》。广西和湖南的侗族地区传承的口述款主要出自三江侗族自治县三集编成办公室、杨杨、邓敏光、吴治国主编的《中国歌谣集成办公室三江侗族自治县资料集》，梁云编写的《侗族酒歌》，吴治的《没有国王的王国：侗款研究》。

（二）侗族款词的《侗族款词》，梁苔云编写的《侗族酒歌》，杨杨、邓敏光、吴冶编写的《侗款》。

续表

时间	主要内容	详细记载内容	出典
明代万历三年（1575年）	倒牛合款 乡村互助 侗长互助的权威	"赏恩苗头盖衣甲，五年一大赏，三年一小赏，倒牛合款，乡村互助。大小事听苗令调换，要恶苗紧把临路，不许苗蛮入境。花红牛酒，大小事听苗令公道排解。要安分，男耕女织，不许争战敛路。四洞各村不许汉人坐住苗蛮，百计盘剥抗害之弊。四海每岁立安同会四安坪（今湖南省通道县下乡）合款，约禁各条各款，不得进违。"	明廷在湘（湖南省）西南苗族和侗族地区发布的《赏民册示》（出处不明）规定
明代（具体年代不详）	民族风俗	"古无大豪长，千人团哗，纷纷藉藉不相兼，徒以盟诅要相纂。"	明代刘钦《溪阳边防考》
清代（具体年代不详）	民族风俗	"黑楼苗（指侗族）在古州、清江、八寨等属。临近诸寨共于高招处造一楼，高数层，名'聚堂'。用一木杆，长数丈，空其中，以悬于顶，名'长鼓'，凡有不平之事，即登楼击之，各寨相闻，俱带长镖利刃齐至楼下，听长判之，有事复之，备有数各。及有事即敲不到者，罚牛一只（头），以充公用。"	清代李宗昉《黔记》卷三
清代光绪年间（具体年代不详）	民族风俗	"地名四脚牛，既执苗义人（侗族）问之。初不知何义，以为之约，因即以四脚牛附之。四脚牛首寨，相应如乡，故一旦起。数千之众随时可集，总理者即谓即所谓头合也。"	徐家干《苗疆闻见录稿》卷下，清光绪四年（1878年）到访调查贵州省黎平、从江地区时记录的第一手资料
民国时期	民间规约	"款，……远前清慕道以前，由来久矣。相传本县平江区在昔自治自卫之组织，普遍周夫、六郎三人所讨二十一条款为准则，相沿至今。遇集众款起，皆曰'起款'，以后词江之九合局，及河里等村之联团，或曰扩大款，款议定，皆共同遵守，并期从款首之指择。每遇巨大事变，即鸣毛火炭置备信封中，如期而集常遍万人，莫敢或违后。其成效或有道不拾遗瘟瑶风，致有数十年一发苗瘟瑶风（这里包括侗族等民族），识者之联合……谓：'官有法律，民有私约，现推行自治所不废也。'其自治自卫之精神，殊有足自治之成效，亦甚相辅为治，历有表现于乡社之……"	民国姜玉笙编撰《三江县志》中的"民间规约"和"款组织"条目
	民间组织	"对团众之战死者为之立祠祀，出力者赏功祠，并迭罗得力人员吴大玉、吴大鹏、吴万国为外委，吴大柴，此则款史神之特点也。在拥护清廷，杨光宗为县丞，不在博利禄，尤非……"	

表1-4　碑文中关于款的记录

类别	主要内容	详细记载内容	例（碑名、出所）
碑文	文告：官府刊刻的公告、官府行文，各乡团寨老刊行寨老（地方首脑人和代表）保护自己的社会自律性 实质：通过与官府官员的对抗、斗争，款（地方首脑人和代表）保护自己的社会自律性	对会匪，官差下乡，纳粮米，民间控诉等，寨首会同寨众，保卫地方，宽纾民力，各乡各寨；纳粮米等必须由款首负责，准差役差手（以避免粮差从中滥征）；苗民控诉事件，以免别生事端	永定规模碑，立于黎平府咸丰元年（1851年）；《永定章程》，九十六寨平民所立，光绪二十七年（1901年）；永差平粜告示碑，立于光绪五年（1879年）；高增，民国（1916—1917年）
		时任开泰县知县俞鸿达为寨正汉民"欺虐苗民，借端盘剥"立的文告，批就文告"不准汉民进人夷寨盘剥，以免别生事端"	永沾禁止碑，位于谷坪乡，立于光绪十年（1884年）十二月十九日
		民事诉讼判决书，发给西山平陇两寨的文告，永从县长派夫赴寨时，地方头人杨彦珠等人状告志寨（时任区长）以平寨出两股，陇寨出一股，判决文夷烟户多子夷赈提起反诉，均以人户为标准，不能仍前固执	永从县长示谕碑，立于1921年；西山模范千秋碑，立于民国十年（1921年）
		将勾结土匪的内奸逐办，抗击"会匪""守望相助，共保身家""安分谋生"	除暴安良碑，位于从江县往洞乡信寨，立于清光绪二十四年（1898年）
	章程：民间习惯法、社会管理（违反及其惩罚）、大款章程 实质：加强寨款内的联系	村：村规民约	《从江古今乡规民约实录 从江历代告示实录》的八成
		小款：村落联合规约	《从江古今乡规民约实录 从江历代告示实录》的一成
		中款：小款联合规约	二十九款约
		大款：偷盗（鸡、鸭、柴、米、菜、梨、狗、树林、田麓、猪、牛、马、塘鱼、冤枉好人、私通人妻、抓住歹徒、不孝、嫁娶、防火、不通款约	十二条款约（九十九公款）；侗款亦有记载
	功德碑：寨头们主持的地方公共设施（风雨桥、鼓楼、学校、庙宇、凉亭、水井等）修筑 实质：对抗清军，保持民族自身和社会的安定，加强村落之间的联系	由地方头人（绅士）聚寨而谋，合寨而议，合款而议也列记其下 具体的经理人（地方头人）也列记其中	回龙桥碑立于道光丙戌年（1826年）；青龙桥序碑立于光绪戊子年（1888年）；交边桥记碑立于民国庚午年（1930年）；丙殊城隍庙重修碑记，光绪十六年（1890年）
		咸同年间款首寨维干、梁述先等人率领六洞民起之，建筑营盘，抗击清兵，患既来则持械相与为守	大向山营盘流芳百代碑立于同治九年，十年（1870—1871年）
	境界碑：在寨与寨之间、田地、河流所属的纠纷而建立分界联系 实质：加强村落之间的联系	永从县处理划分西洞因田地、河流纠纷而形成的分界则为墙，患未至则分界碑刻，争控其身，各安其身	万古不朽碑立于光绪十四年（1888年） 高传信地田界碑
		永从县处理划分西洞因田地、河流纠纷而形成的分界则为墙，患未至则分界碑刻，争控其身，各安其身	康熙五十六年（1717年）黎平府所公断 乾隆二十一年（1756年）古州理苗府处理（榕江） 乾隆王、滚玉、潘羊（榕江）、争葱（从江增冲）等寨头人共断处理，各勒石立碑

表 1-5　款词记录

类　别	主要内容	具体的例子		
		侗族款词·耶歌酒歌	侗　款	侗族款词
款词（口头传承）	侗族的神话与历史（创世、族源、祖先、合款、传统风俗的起源）	族源款 祖先入村 芦笙祭词 勉王款 牛的来源 猪的来源 草鱼的来源 出征款	出征款 起（聚）众款 英雄款 族源款 创世款	创世款 族源款 祖宗入村款 出娘舅银款 出征款 款坪款 风俗款 英雄款
	款组织制定的规约和习惯法	款约 石根款	立约款（起款） 开款立法 开款 款条款（款头） 款条——十六款 九十九公合款	我们祖宗勒石合款 约法款 广西三江流传版本 广西龙胜流传版本 二月约青、八月约黄
	款的范围、款坪的位置	—	十二款坪十三款 场款 九款坪款	十三款坪款 十坪款 榕江十塘款
	祭词、祝福语	庆丰收 添粮祝寿歌 祝福歌 结婚、安葬唱词	赞老人款 赞妇人款 祭祀款 葬礼款 款睹煞	祭词、经文 安萨堂祭词 安葬唱词、安葬 祝词 乐穴唱词

第二章 "没有国王的王国"：围绕"款"的侗族社会论和历史再建构

第一节 明清时期至中华民国：侗族地区的地方文献中所见款的变迁

《通道侗族自治县民族志》中关于侗族历史上的"羁縻政策"的论述[1]指出，历代王朝对通道的统治基本上是"入版图者存虚名，充府库者亡（无）实利"。宋代，封建王朝为了加强统治，于崇宁元年（1102年）设罗蒙县，次年改名通道县。又于崇宁五年（1106年）将临口砦改为临岗县，设土官，杨再兴就是当时的土官。后因据以"作乱"，又废县设岩。明代，朝廷在加强土司制的同时，还在侗族地区设置了卫、所、屯、堡等军事机构，于临口设临口司，置流源、长安二堡。在播阳设播阳巡检司，置牙屯堡、隆林屯；在树团设收溪巡检司，置通坪堡。同时，实行"土流并存"，利用侗族"款"的组织，实行羁縻政策。明万历三年（1575年），绥宁县《尝民册示》记载："尝恩苗头盔衣甲，倒牛合款，三年一小尝，五年一大尝，花红牛酒，要恩苗……听从款令调唤，大小事听峒长乡约公道排解……约禁各条各款，不得违令。"清代，因袭明代"土流并存"的统治办法，将原来的"峒"改设"里"，再设"塘"等军事机构，"塘"设塘兵，受堡、司制约。其中，塘的设立较密，或十里或二十里设塘，如现在的陇城、马龙、甘溪、坪阳等四乡都属半里，设有甘溪塘、路塘、竹塘、麻隆塘等。清朝为了强化统治，并将宝庆同知移居城步县横岭峒的长安坪（今长安营）筑城，分防城步、绥宁二

---

[1] 通道侗族自治县民族宗教事务局.通道侗族自治县民族志[M].北京：民族出版社，2004.

县侗苗瑶，又设游击一员、守备二员，一员分防绥宁临口，一员分防城步老寨。同知万标把总一员，兵丁 100 名。营制相为联络，其扶城峒（今马龙、陇城一带）近城步县，分隶典史管辖。堡卒有缺以子弟补之，择晓事者为堡目（见道光《宝庆府志》）。《绥宁县志》记载："绥邑苗瑶……与通道、城步、粤西诸夷相钩援……从无土弁管辖。"

本节主要围绕"飞山"这一对侗族社会组织结构的形成和长远发展产生了较大影响的精神文化为线索，梳理侗族地区"款"社会的变迁。可以说，自飞山时期开始，侗族社会逐渐建构起本民族的社会组织形式和结构体系，即款社会。侗族地区的社会结构在唐末五代以后出现了"双轨制"，即代表中央政权的官方组织和自治的民间款组织相互依存、并行发展。相对而言，款组织在封建时期的侗族社会中一直充当社会控制的作用，得到长足发展。直到清末民初，其仍在或多或少地发挥其社会功能。而飞山公杨再思在其中所起的作用是不可估量的。

一、侗族社会组织结构的形成

（一）飞山前的侗族社会形态：氏族、部落的"补拉"和"斗"款组织的雏形

款组织源于侗族原始的婚姻制度，具有"真诚结交"的含义。在原始社会时期，实行族外婚制的氏族之间，男女保持着群体性的、长期的婚恋交往，从而形成了较为牢固的联盟关系。从现代侗族社会中传承的青年男女之间"月也"和行歌坐夜、村与村之间"为也"和踩歌堂的习俗仍可以看出这结交关系的历史遗存。到父系氏族社会初期和中期，由具有血缘关系的父系氏族男性组成的"补拉"（即父与子）逐渐构成了侗族社会组织结构的最小单位，父系氏族对内部事务具有管理和支配的权力与义务。同时，由数个"补拉"组成的胞族，即"斗"，成为其更高一级的联盟。直到侗族原始社会末期或封建社会初期，一夫一妻的家庭才具有独立的经济和社会地位，村寨与村寨或氏族与氏族之间的婚姻联结后来逐渐发展成村寨与村寨或地域与地域之间的政治与军事联盟。

秦汉时期，在湘黔桂地区便已经存在带有民间军事联盟性质的组织，并在侗族民间自治和自卫方面发挥过非常重要的作用。这种组织即为款组织的雏形。据《淮南子·人间训》中所载："乃使尉屠睢发卒五十万，为五军，一军塞镡城之岭……以与越人战，杀西呕君译吁宋。而越人皆入丛薄中，与禽

兽处，莫肯为秦虏。相置桀骏以为将，而夜攻秦人，大破之。"可见，当时那种"相置桀骏以为将"的民主军事联盟就是款的组织形式，而那些被"相置"（即推举）的"桀骏"者就是款首。

（二）飞山时期，款组织社会正式成型并发挥巨大作用

秦汉开始，中央封建王朝虽已在侗族部分地区实施"以夷治夷"的制度，设立郡县，但多也为"入版图者存虚名，充府库者亡实利"（《宋史·西南溪峒诸蛮上》）。届时，侗族大部分地区仍一直处于"千人团哗，百人合款，纷纷藉藉不相兼统，徒以盟诅要约，终无法度相縻"的原始村社状况。王朝与区域之间的互动为侗族社会向封建社会跨越和款组织的自足发展提供了便利条件。

唐末五代农民起义风起云涌，各方藩镇相继割据，使侗族地区民间的款组织也大有用武之地，其中的一部分款首借此机会称雄一方。当时占据叙州西南的杨承磊便号称"十洞头领"，其族人杨再思也在叙州南部的潭阳、朗溪（今会同、靖州、绥宁一带）自称"诚州牧"。以此为据，由唐末五代时主要酋首潘金盛为代表的扰楚寇楚到宋时杨氏族人以地降楚附楚，飞山时期将近两百年间，侗族地区由"乱"而"治"，后又得到了杨再思及其族人的有效治理。他们联合其他款组织，代表王朝对侗族地区进行自我管理、开发和经营，使一度被捣毁不堪的侗乡得以长治久安，颠沛流离的侗族人得以休养生息。

唐末五代之后，"溪峒"这样的组织已经遍及侗族地区，款组织的社会功能及其体系日益扩大和完善，出现了款组织与封建王朝地方政权对立的局面。宋王朝为了加强对侗族地区的统治，进兵湘西，遣人"经略蛮事"，在杨氏族人归附后，他们被册封为官，直接为王朝所统治。斯时，随着叙州及周边侗民的归顺，整个侗族地区实则由杨再思及其族人统一管辖和治理，在军事、财政、民生等方面独立自治。在这种情况下，侗族地区与中原汉族在政治、经济、文化等方面的联系日益加强，为侗族的自立和发展、款组织的巩固和壮大做出了有益贡献。

至此，侗族社会的款组织和联款活动作为一种政治组织形式，自秦汉开始到唐末五代时，经过一千余年的发展，已由氏族逐步演变为部落联盟。这种由初始的以"互相盟誓"而达到"真情结交"的婚姻联结便上升为政治和军事上的部落结盟，渐趋于稳固和完善。

（三）飞山后侗族社会"言"（家庭）、"补拉"、"斗"、"团寨"、款——小款、中款、大款、特大款的社会组织结构的成熟与壮大

元朝实行土司制度，其对侗族地区的治理基本沿袭了宋代的方式。但设立官府或者设置土司，款组织始终是侗族地区组织形式的基本形式。到明代中后期，即使是"改土归流"后，侗族社会仍持续存在自己特有的组织形式和习惯法。官府组织（府、州、县等）和侗族内部的土司代表着中央王朝制定的律法和利益，其与侗款所构成的组织形式形成了独特的双重组织。

自飞山时期以来，侗族社会的款组织在中央王朝的控制统治与侗族地区的自足发展中不断地成熟和壮大起来。到明代中后期，款组织的形式及其活动的规模与功能达到了前所未有的程度。明代刘钦在《阳渠边防考》中称侗族地区"古无大豪长，千人团哗，百人合款，纷纷藉藉不相兼统，徒以盟诅要约"。"合款""门款"即为款组织。当时的"合款"有小款、中款、大款和特大款四个层次，构成侗族最基本的社会组织。其首领为"款首"，他们"邀集寨老，款脚传报众人，大家相聚一坪，共同议定村规，杀牛盟誓合款，集众制定规章"（《约法款》）。而较早在明代邝露的《赤雅》中便有对作为侗族人家族、村寨象征的鼓楼的记录："以大木一株埋地，作独脚楼，高百尺，烧五色瓦覆之，望之若锦鳞然。"清嘉庆年间李宗昉《黔记》更清晰地记载了其功能："诸寨共于高坦处建一楼，高数层，名聚堂。用一木杆，长数丈，空其中，以悬于顶，名长鼓。凡有不平之事，即登楼击之，各寨相闻，俱带长镖利刃齐至楼下，听寨长判之。有事之家，备牛待之。如无事而击鼓，及有事击鼓不到者，罚牛一只，以充公用。"可见，当时各村已经建有鼓楼，寨老聚集一村一寨或一族成员在鼓楼中商议大事，宣传族规乡约，处理纠纷，展开一切全寨性活动。鼓楼的楼檐自上而下层层紧覆，在侗族的社会生活中占有重要的地位，体现了侗族社会的内部秩序。

二、侗族社会行为规范（"双轨制"）

据《靖州志》记载，历史上，奉唐正朔的杨再思在唐末宋初曾经营靖州❶，并被推为诚州刺史，以飞山为中心建立南方少数民族政治集团，以"款"为基本法进行管理。他在天下大乱的时代，一直坚持维护国家一统，不独

---

❶ 《靖州乡土志·政迹》中有关于杨再思的记载。从范围来看，"飞山蛮"的分布大体包括今湖南的靖县、通道、会同、绥宁、黔阳、芷江，贵州的黎平、锦屏、天柱、玉屏，广西的三江、龙胜等县。

立，不称王，维护华夏民族大义。经营飞山时，他对上服从中央，与朝廷交好，追求和平，反对割据；对内实行仁政，发展生产，休养生息，为当地侗族人争取了安定和谐的生活，带来了较长期的太平盛世。故"历五代之乱，天下多遭涂炭，诚州独以安全"传为佳话。杨再思这种偏安乱世以求生存的方式得到了中央政权的认可，形成了历代备受推崇的飞山精神。

自飞山时期开始，侗族地区的社会结构出现了"双轨制"，即官方组织和民间自治组织相互依存、并行发展。官方组织就是代表中央王朝势力在侗族地区设立的府、厅、州、县、砦、堡等政治组织形式。民间组织即侗族的款组织。实际上，中央封建王朝在侗族地区所建立的地方政权机构是一种外来的和强加的社会组织结构，而不是侗族社会发展的必然产物，因此在长达一千多年的时间里，它始终未能完全深入侗族社会内部和侗族人民群众中。相对而言，侗族内部真正起作用的社会组织仍是侗族人民自己建立起来的款组织。款组织在整个侗族社会中起到社会控制的作用。村与村、寨与寨的联盟组织以鼓楼为政治军事中心，集合民众，处理民众事务，抵御外敌，同时对成员行为加以指导、约束与制裁，使他们遵从社会规范，维护村寨安宁和秩序。

（一）对外求和，归附朝廷官府

侗族早在飞山时期前后就已经被纳入中央王朝统治的范围，深受以汉文化为主的中央文化的远程辐射和楚文化的近距离渗透。为了加强当地的管理，杨再思及其后继"飞山蛮"领导者对外求和，归附朝廷官府。具体而言，在区域军事制度和社会治理的基础上，他们实行灵活的外交策略，服从中央王朝的羁縻政策以保全和保护自己。

杨再思是一位具有远见卓识和战略眼光的政治家和军事家。在藩镇割据、战乱频繁的年代，他为确保一方平安，归附于唐，最终使当地各族人民过上安宁的日子，更为各族的民间自治制度打下了基础。唐天祐七年（910年），杨再思为了向唐朝表示其忠诚，将叙州改名为"诚州"，并开辟王化，宣仁布义。同时，在治理"五溪"地区期间，他不仅讲求民族团结，尊重当地苗族、汉族、瑶族、土家族、布依族等各族人民的风俗习惯，还积极消除民族歧视，与各族联姻，促使各民族之间相互通婚、相互交流与融合，促进了侗族、苗族等南方少数民族对华夏一统的民族认同。他还教育各族人民学习文化，传播先进的耕作技术，改革陋俗，发展民族地区的农业生产，组织商品贸易，稳定社会治安，推动了当地的经济、文化发展和社会进步。所以，后人如此评议杨再思的归附："五代天下多遭涂炭，独公奉唐正朔，保黔滇民赖以安。"

宋初开始，飞山地方民族首领纷纷向朝廷纳土求封，表示他们愿意接收朝廷统治，以换取朝廷支持他们在地方世袭的首领地位和他们原有的统治，即使随着地主经济逐步确立和渗透，地方利益与中央利益的矛盾也逐渐显现，形成与王朝地方政权相对立的局面。尽管在这种情况下，侗族人民仍学习"飞山精神"，为了保存实力，常常采取"归附"的权宜之计，让一部分款首充当"官员"，并在"羁縻州""土司"等机构的掩护下，保存和发展自己的力量，巩固和壮大自己的组织。宋代的款组织多以"归附"的方式休养生息，保存实力，以求组织内部的巩固和发展。以杨姓族人为例，据《宋史·蛮夷传》记载，宋统一全国后，杨再思子孙遵其遗愿，主动以土归降于宋，维护统一；太平兴国四年（979年），杨蕴始内附，次年，杨通宝始入贡，命为诚州刺史；淳化二年（991年），杨正岩复进贡；杨正岩卒年，当即以其子通盈继知州事。

在飞山正统思想的感召下，当地人民虽然多次起义反抗朝廷暴政，但从未脱离中央王朝而寻求独立。而历代以来，每当中华民族面临危难，当地人民总是挺身而出，积极抵御外侮，维护华夏民族大义。侗族地区的这个特点也多为封建王朝所重视。各个时期的王朝也多对侗族地区采取凡是"能率领所部归附者，官不失职，民不失业"的政策，在侗族地区设置了15个蛮夷军民长官司，多由当地首领出任"官员"，且子孙世袭其权。飞山精神及相应的策略缓和了款组织与封建王朝之间的矛盾，使侗族地区的款组织得到生存和发展，更为靖州和五溪地区创造了没有动乱、秩序安定的和谐社会之历史功绩。

（二）对内实行民族自治的款社会

侗族人的"款"不仅指社会组织，还指本民族历史上用以治理民族内部社会的法规和制度。一般认为，款来自侗族古代社会的"石头法"，为无文字侗民处理人犯的集体会议和审判方式。流传于湘黔桂边界的"九十九公款"中记录了其起源："因为从前无王管，大村打小村……弄得人家父亲坐地不成，母亲住村不得，父逃丢宅，子逃丢屋，于是才侗置乡村，汉置衙门，侗置石头法，汉置刑枷。"可见，款存在的原因在于以法制手段来治理好侗族的内部社会。在时间上，经学者考究，款词中所谓的"无王管"的时代可追溯到唐朝。因为根据史书记载，侗族地区在唐代被划入羁縻州峒，唐朝统治者通过设立基层机构"以夷治夷"，而不是直接统辖侗族人民，为飞山时期侗族地区的长治久安奠定了基础。换言之，自唐朝开始，侗族地区由于对内实行共同的约制与"习惯法"，逐渐形成民族自治的款社会。

侗款自五代开始，因受到汉文化较多的影响，不可避免地与封建王朝的行政款约接触和融合。就在杨氏父子经营诚州的历史时期，侗族地方受到王朝政府的统治，侗款在这时得到了州府的具体补充和完善。《侗款》"开款立法"篇道："州府置刑枷，狱郎置讼事。置来二六一十二面，二九一十八盘。……置来六面阴讼事（指死刑案件），六面阳讼事（指非死刑案件），六面薄讼事，六面厚讼事，六面明讼事，六面暗讼事。"又"鸡尾客的款"中记载："庚子年戊午日，州王（刺史、州牧之官）编撰诉讼法于岩洞（即飞山洞）下，为道师三年不沾肉，理讼事三年不沾布，庚子年戊午日，州王编撰诉讼法于岩洞下，为道师三年不沾肉，理讼事三年不沾钱。"今时的唱款念词中，亦有"当初六郎立款，宫主约制，订下六阴六阳，六六三十六天大款"，"六郎""宫主"皆为杨再思。

在湘黔桂地区，亦有一则《飞山大王立"六六大款"》[1]的传说，相传侗款是杨再思破了飞山寨并成为"十峒首领"后制定的，它奠定了侗家人长久的和平：

当年，飞山公率领属下的峒将峒兵大破飞山寨，因事无规矩无以成方圆，峒将峒兵们在剿杀潘金盛时，对他管辖的百姓也一样烧杀抢掠，飞山公见状，动了恻隐之心，心想不能善恶不分。突然，他看见一个妇人背着一个小孩，还牵着另一个小孩，慌里慌张地逃命，令公发现她背的孩子要大一些，完全可以自己走路，而手里牵的小孩却小得很，根本跑不动，令公感到很奇怪，便追上去询问。妇人见状，急忙跪地磕头，说道："大王饶命，要杀就杀这个小孩儿，不要杀我背上的这个，小的是我亲生的，大的是无父无母的孤儿，好可怜！"令公很感动，扶起妇人并给了她一支令旗，告诉她，只要是她认为是好人的，就叫来和她一起站在一块大田里，峒兵看见令旗一定不会伤害他们。妇人照做了。后来杨令公破了飞山寨，被当地人拥戴为"飞山峒主"。在他的带领下，人们又重建了家园。

慢慢地，令公发现，因为没有规约，是非无从判定，人们的行为无从拘束，人与人之间便有了矛盾，也有些人开始为非作歹，照这样下去，像潘金盛那样的人总有一天会再次出现，峒民们又要过上苦日子。经过一番考虑，

---

❶ 朱卫平主编.五溪之神——杨再思历史文化研究 [M].海口：海南出版社，2011：78-81.

令公邀请了各峒德高望重的人，共同商议，定出了三十六条大款，七十二条小款，统称"六阴六阳六六大款"。"六六大款"规定了哪些事情可以做，哪些事情不能做，违反了怎么处罚等。款规定下来后，杀牛血盟誓，共同遵守款规。从此，侗人的行为有了规矩，是非有了标准，行善的人得到尊敬，行恶的人受到惩罚，侗人社会路不拾遗、夜不闭户，成为外人欣羡的"世外桃源"。

届时，在侗族聚落的地方，一个村寨里有一个或若干个族姓，每个族姓都有一定的居住范围，以及代表这一族姓的称号和组织、法规。其领导"宁老"是一族之长，也是德高望重的自然领袖，对内调解日常纠纷，对外代表本族或本寨与外界联系。他们固定的集会议事的场所为堂卡或鼓楼，一般由各家户的男性参加，并拥有共同约定的"习惯法"，即款约。内容包括家庭、婚姻、土地、房屋、财产、森林、治安以及男女青年社会活动等条款，形式或为刻在石碑上的条文，或为不成文的"念词"。侗族人喜欢说款，遇到纠纷，就会到鼓楼请寨老，遇到大事，款就是侗族人的"政府"，款即为侗族人的"法律"，是自治的基础。

（三）发展生产，安居乐业

流传于贵州省侗族地区杨氏族人的侗族古歌《寻祖歌——寻找杨再思》唱道："公多苟穆补娘雷，高粱小米你百灭，没闷一盖归拜该转，当营略暗转该困……牙公引当透崽麻，五省登达甚打甚……定笛道赖到改鸟，散办公老为独龙带困，开了便务便德，啥那位白又为闷嘎伦，屯并屯粮散西尼所牙八晚，办也腊汉赶工练武补洋银，务学得便星洗多苟脚，贯虐那朗没独腊龙王，甚更崽更苟得杆，苟得里晾伞拦得神，月炸梁言架炸所……"❶其侗音的大意是，祖公种穆子、高粱和小米也丰收，有一天牛群去了未同，整个营地急得团团转……祖公搬家到大寨，五代人织布一村过一村……祖公做龙头龙，开了上坝又下坝，塞河筑坝又来架水车，男女常干活练武，全部种糯禾，耕田屯粮，使得侗村侗寨全都禾满晾、粮满仓、牛满圈。从中可以得到几点启示，至少是杨氏后代所想象和信仰的祖先杨再思的事迹：其一，牛耕技术在当时的农作生产中已占有相当重要的地位；其二，传教和普及耕种、纺织、修坝水利等生业内容；其三，使得农业生产活动在各村各寨得到长足

❶ 流传于贵州侗族地区，《寻祖歌——寻找杨再思》（侗族古歌）由杨昌豪搜集，杨再宏等翻译整理，黔东南州黎平县佳所村、平坝村的杨世环等八人口述。（朱卫平主编.五溪之神——杨再思历史文化研究 [M]. 海口：海南出版社，2011：90-113.）

的发展，为族人带来了五谷丰登和安居乐业。

正如陆游在《老学庵笔记》中所云："辰、沅、靖州蛮有仡伶，有仡僚……俗亦土著，外愚内黠。皆焚山而耕，所种粟豆而已。食不足则猎野兽，至烧龟蛇啖之。"侗族地区由于自然条件和历史发展等诸多因素的制约，生产力水平低下，生存条件恶劣，长期过着刀耕火种的原始生活。这种生活直到较为自治的款社会时期才获得了极大的改善。

从民间传说与其他方面的史料来看，杨再思在治理"五溪"之地各族人民时，积极推广中原汉族先进的生产技术，发展生产，逐步提高侗族人的生活水平，使人们得以安居乐业。具体而言，他教育各族人民学习文化，传播先进的耕作技术，改革陋俗。至北宋初年，当地多数地区已经改变了刀耕火种的原始耕作制度，广泛实现牛耕。他兴修水利，在平坦地带建起大坝和良田，并逐步引进汉族地区的作物品种及耕作技术，使人们学纺织；他发展稻作为主的农业生产，组织商品贸易，使侗乡与毗邻地区的贸易日益频繁，推动了当地的经济、文化发展和社会进步，甚至推动了早期集镇和市场的开发与建设。随后，汉族文化也相继传入。杨再思等在战乱年代为侗族地区创造了一个安居乐业、社会治安稳定以及经济、文化日益繁盛的社会环境，使得处地"境内之民，焕然改色，有礼乐文物之盛焉"。

《老学庵笔记》中亦描述了与侗族人的农业生产作息时间相适应的歌唱习俗，如"未娶者，以金鸡羽插髻。女未嫁者，以海螺为数珠挂颈上……农隙时至一二百人为曹，手相握而歌，数人吹笙在前导之"。这种集体性的歌唱活动传统体现了侗族人群体性参与的共同合作，与当时的社会组织体系相对应。

三、侗族社会审美价值取向

侗族社会自飞山时期以来，逐渐建构起本民族的社会组织形式和结构体系。侗族款组织是以地缘关系为纽带把若干家族和亲族集团组合起来的生活共同体，它的社会基础是侗族聚居的乡里社会，它的社会控制功能表现在生产生活与社会生活。

在文化传承与影响上，侗族文化很早就接受了汉族楚文化的影响。学者廖开顺曾指出它们在古代民间文学、儒家伦理道德与思维偏向等几个层次上的近似性。❶侗族、汉族两个民族之间经过长期的文化交流与融汇，形成了侗族文化与汉族文化在一定程度的相似性和亲近度。这种关系在民族迁徙、融

---

❶ 廖开顺.侗族文化与汉族文化的近似性 [J].三明职业大学学报，1999（4）：35-39.

合的历史过程中表现得更为明显，下面通过田野调查资料进行分析。

位于桂北黔南交界都柳江流域的富禄镇葛亮村因为闽粤汉族移民和商业活动，成为三江县侗族地区早期发展起来的城镇。关于寨中信奉妈祖、孔明、关公和孟获等多位神灵，在当地侗族人的讲述中，存在着趋近于汉人认同的历史建构，体现了他们对汉文化的接纳。葛亮民众有意将花炮节等诸多文化内涵附会于作为地方神灵的汉族历史名人"孔明"身上，他们津津乐道并追溯这样的传说："三国时，诸葛亮南征平苗匪后，派部下马岱将军屯兵葛亮村，孔明城、孔明井和孔明桥就是历史的遗迹，他们的村寨亦由此得名。军队驻扎以后，为了让各民族村寨之间加强团结，便用抢花炮这一竞技项目让人们相互交往、增进友谊。孔明办芦笙、放花炮、踩堂给那些地方的苗王看，自村自寨搞娱乐，不让他们扰乱社会治安。所以，每年到花炮节这天，全乡侗族、苗族人都穿戴本民族的服饰，汇聚一堂，吹芦笙，欢唱跳舞，共度佳节。"❶虽然这种说法的真实性仍有待考证，但不难得知的是现代的葛亮侗族人为宣扬自己与孔明的渊源关系以利于村寨旅游开发，自觉对花炮节的传说做了调整和改造。他们也找到了与此历史遥相呼应的孔明庙、孔明井、孔明桥和孔明城的遗迹。这种表述显然已更为接近当代民族—国家建构和主流文化要求，也体现了地方少数民族民众的现代诉求和文化认同。与此同时，当地的许多文化都开始依附于"孔明"和正统文化。即使"七擒孟获的传说"中所记载的孟获是三国南中一带少数民族的首领，曾起兵反叛蜀汉，但村民相信孟获不仅归顺了诸葛亮，还曾托梦给他的信众称他希望回到他的好朋友孔明的身边。于是，村民将其神像供奉于孔明旁，以示其归顺于汉，并一直供奉至今。而侗族吹芦笙的习俗也被演绎成一种当地苗蛮降于孔明后，孔明以芦笙吸引各少数民族同庆和平与和谐而创造的民族特色艺术。

由此不难发现，即使到了和平时期，现代侗族人对外来文化与本民族社会的建构图式仍然是趋于接纳、融合，使侗族文化与不同文化之间能够和谐共处。

（一）善音乐，不喜杀，修身养性，愉悦身心

由于农业生产方式的提升和社会组织交往形式的变迁，群体性的歌唱习俗亦得到长足发展。侗族人崇尚音乐，享受音乐，他们是爱歌善歌的民族。

---

❶ 被访谈人：梁清海，男，1975 年出生，广西三江县富禄镇葛亮村支书。访谈时间、地点：2012 年 4 月 13 日，于其家中。

爱歌善歌之俗源于社会生产的实际作用，更体现了侗族人的审美情趣。正如有首侗歌唱道："唱得欢，有吃无吃歌不断。我们留恋年轻的时代，我们羡慕你们的青春，年老了也要唱歌哟，一直唱到尸骨变成灰烬，不种田无法把命养活，不唱山歌日子怎么过？饭养身子歌养心哟，活路要做也要唱山歌"❶，甚至"饿饭饿得眼发昏，还要唱首歌来调节精神"。他们视劳动、吃饭与唱歌同等重要，他们进行生产劳动以"养命"，唱歌、学歌以"养心"。因为歌有怡情悦性、调节精神的审美功能。明代邝露在其杂记《赤雅》中曰："侗亦僚类……善音乐，弹胡琴，吹六管，长歌闭目，顿首摇足。"该杂记叙写了侗族歌者唱歌时的自得神情，眼睛微闭、边唱边伴，点头、摇足的自然动作，实则描述了音乐对侗族人心性的重要性。

侗族的音乐中，由多段、多角色、多声部组成的、结构庞大而严谨的"多嘎"，其内部分工和衔接井然有序，以保证完整和谐。《与古斋琴谱·补义》中对"多嘎"曾有如下评述："宫音，和平雄厚，庄重宽宏。商音，慷壮哀郁，惨忱健捷。角音，圆长通澈，廉直温恭。徵音，婉愉流利，雅而柔顺。羽音，高洁澄净，淡荡清邈。"可见在"多嘎"独具抒情的调式中，蕴含着柔和与淡雅之情，给人以顺畅、含蓄深沉、向上之感。这种外化的音乐形式，在一定程度上内化成侗族人民朴实、沉静、恭顺的民族性格。

除此之外，侗族音乐对整个侗族社会及社会中的群体组织也有重要意义。在侗族的历史进程中，侗寨里许多问题都会在歌声中消融。侗族有代代相传的劝世歌，奉劝世人处理好人际关系，保持家庭和睦，维护社会稳定，构建和谐社会，促进社会的文明与发展，如《酒色财气歌》。侗族人有上下平等而纪律严明的款组织以及一系列成文或不成文的款规款约，约束和规范人们的生产生活的行为，改革社会陈规旧俗，进行道德情操的宣传教育，协调和处理成员之间、个人与社会、群体与群体之间的多边关系，为民族共同体的生存与发展创造一种稳定的社会秩序、和谐的社会关系。对于侗族人而言，许多地方纠纷往往不需要通过打架或上法院来解决，剑拔弩张的社会矛盾也寄望于依据传统习惯和经验自发协商处理，以理服人、以情动人，循循善诱，从而达到了费孝通所谓"美美与共，天下大同"的理想社会，体现了侗族人自足的精神传统。

侗族人不仅喜欢唱歌，更精于艺术。在侗乡，各寨都有造型独特、精巧美观的风雨桥与鼓楼，各村都有自己的芦笙队、歌队以及多姿多彩的歌唱习

---

❶ 杨通山.侗族民歌选[M].上海：上海文艺出版社，1980.

俗。他们崇尚女性的神和女性文化，女性在侗族社会中地位很高。因此，张泽忠、吴浩等学者认为侗族文化是一种封闭的、不具扩张色彩的"绿色文化"，具有"人间的、自我满足的宁静，这种宁静具有一种庄重的、超自然的无穷奥秘"，体现了侗族社会的生存智慧。

为了社会和谐安宁，侗族人并不喜杀，不爱动干戈。他们以栽种于山上的杉木为柱为墙，以树皮为屋顶，修建自己的房屋和鼓楼；在建筑时忌生铁，不用一钉一铆，认为这生铁跟武器、祸乱有关。至今广西三江县有些地方仍存在这样的信仰和禁忌：一切凶器，如刀、剑、戟、戈、矛、弓、弩，甚至棕索，都不准放置于堂屋内的祖先神龛上。否则就是对神灵不敬，招致祸患。侗族人建筑家屋时也特别小心，以防有人在地基里面或者房屋之中埋藏铁斧头或其他生铁制作的金属物品，为家人招致疾病及其他不顺。

（二）敬畏和崇敬自然，与人为善，与万物为邻

飞山时期形成与发展起来的侗款，从款词本身而言，是侗族的律法和艺术的结合。首先，款词产生并关注环境与民生的关系，因为地理环境是民族生存与发展的基础。例如，他们在渔猎时，一般奉行"择而捕之，适可而止"的观念和"抓大放小"的方法；上山捕鸟时，不捕轻易能捕到的鸟或受伤的鸟；在砍伐木材时，为珍惜森林资源，仅就地采伐用于生产生活（如打制犁、耙等农具器皿、家具或建房造桥等）所需的采伐量。其次，款折射了侗族的历史进程，在某种意义上是侗族人对侗族历史的建构。款词以讼唱的形式展示了侗族人从原始社会、封建社会到近代社会的生活史。再次，款词是侗族社会组织管理民间、解决社会争端和内忧外患的需求。"合款"组织的款规、款约调适民族成员之间、群体（家庭、家族、村落、"合款"组织）之间的相互关系与社会行为规范，以此促使分散的个体结成有机的集体，以达到社会结构及运行秩序的相对稳定。同时，侗族人的文艺、交往、信仰等现实生活与风俗习惯促进了款词的形成、发展与传播。节日祭仪、村寨交往、敬神祀神等场合都是侗族人传颂款词频繁而重要的场所。最后，款词本身就是一种独具特征的艺术形式。款词艺术具有形象的语言、生动的比喻、风趣的描述、深沉的哲理、对偶和排比句式结构的运用、独特的韵律和节奏，更易感染和影响人。

侗族人敬畏和崇敬自然。侗族先民认为，自然万物同出一源，应平等、友好相处。关于人类起源的侗歌唱道："松恩和松桑，二人配成双，生下了十二个孩子，各是一个样，虎熊蛇龙雷，猫狐猪鸭鸡，只有姜良和姜妹，才

会喊甫乃（父母）。"他们相信万物有灵，天地间的事物都附有神圣之灵，与人们的生死祸福有关。无论是天地日月、火石雷电，还是山川河流、桥梁古树；无论是列祖列宗，还是牛鬼蛇神，都是有灵之物，是人们崇拜的对象。廖君湘认为南部侗族传统文化属于"温和文化"，是侗族人适应复杂多样的自然环境和条件创造的，致力于解决人与自然、人与社会（他人）、人与自我三个问题的独特方式和区域性特征影响了其文化价值观、思维方式、道德与审美标准、宗教信仰和群体性格等文化属性。具体表现为重视农业，以群体的安居乐业和社会的长治久安为最终目标，重视人的群体价值和群体利益，强调群体力量对文化创造与个体生存的重要性，习惯于使用较为温和的、圆融的方式进行个体与群体的思维和行动，用互利的姿态对待自然与其他群体。正是由于这种对自然敬畏崇拜之心的存在，侗族人对周围的环境十分崇敬和爱护，注重与自然生态和谐共生，同时追求与人为善、与万物为邻，自然环境成为侗族人栖居其中、安顿心灵的精神家园。

侗族人崇尚族群内部人与人之间和谐相处。侗族的许多活动，如迁徙定居、村寨交往、文体活动、婚姻嫁娶等，都带有浓重的群体性。此外，侗族有句民谚："上山别玩石，下河别玩水，让伴三分不瘦人。"教育人们要忍让自己的同伴。下面从以古老独柱鼓楼闻名的述洞村（位于贵州省黎平县岩洞镇）的人群关系进行说明。述洞村曾是侗族、汉族聚居的侗寨。其中，现居于上寨的本为明末林宽起义时从江西逃难来的客家人徐氏，落寨至今已发展一两百年、十几代人了。关于他们的入寨定居和"变侗"有这样的传说："当时侗族人居住在独柱鼓楼附近，客家人因兵荒马乱来到附近的山上居住，距离寨上大约五公里路之遥，他们白天在坡上种田劳动，姑娘小伙喜欢唱山歌、大戏。我们（侗族人）在寨里头听他们唱的山歌感觉很悲戚，像在哭一样。猜想他们来到侗族这里生活辛苦，每天痛哭。而我们侗族大歌是讲求集体合唱、满堂欢乐的，这样便好心好意邀请他们到寨上来做客，给他们田和地，让他们一起住。从此，徐氏客家人便在村中定居下来，这样团寨就更为闹热了。"[1]于是，汉族人迁到上寨，靠近他们原来耕作的地方，也转化并接受了侗族的身份和社会管理制度，从此生活了下来。如今，汉族人在习俗文化上与当地居于下寨的其他侗族人无异。可见，侗族人善于聚群而居，乐于与人为善、睦邻友好。可以说，侗族社会的和谐建构与营造正是人们这种

---

[1] 被访谈人：吴永胜，男，1944 年出生，侗族，贵州黎平县岩洞镇述洞村副主任。访谈时间、地点：2012 年 7 月 13 日，于述洞独柱鼓楼。

为人温和内敛、严明律己，寻求与人为善、互利共生、共同发展的人格特征使然。

四、结语

无论史料还是其他文献中，在汉族等文化意义上的"他者"的想象中，侗族等南方少数民族往往是好斗的、野蛮的、落后的。同时，唐宋至明清，众多的西南民族地区的农民起义，如有名的首领吴勉、林宽等的反叛，历史上曾被当政者过度强调，然而地方民众却从不曾缺乏自己的建构和解释的表述，他们并不喜欢战争和动乱，而是追寻安宁与和谐，表达着他们的民族认同。他们推崇讲求人和的"飞山"和"飞山精神"。至今，在中国西南众多民族聚居地区，人们仍以"飞山"纪念五代时期少数民族的首领杨再思。杨再思在人们的口耳相传之间，不仅生前担任诚州刺史时，平蛮征苗，制服叛乱，效忠朝廷，保境安民，造福一方，死后更化为神灵，为民众生活排忧解难，有求必应。作为精神领袖，他为侗族社会的管理树立了榜样。他善于处理多民族的地方和国家统一之间的矛盾，促成了民族融合与共同发展，实现了各民族的认同和独特地域文化的生成。这也是他获得民间信奉和朝廷认可与册封的原因所在。长期以来，人们对飞山的信仰不断发展，或尊其为祖先，或信奉为神灵，这使其附会了许多新的宗教功能，包括子孙繁衍、祈雨祈福、驱灾避难，更为深入地扩散到传播地区民众的日常民俗生活中。因此，理解"飞山精神"对人们更好地理解侗族人及其社会发展史，促进民族发展与和谐社会建设具有重要意义。

第二节　民国时期侗族地区最后两次"合款"事件

侗族的盟约组织被称为"款"。款是由于地理原因，由沿河的多个村庄构成的社会组织。在中国社会的变迁中，侗族的条款于1940年消失，之后于2014年被列为国家非物质文化遗产。由于这样的变迁，在1940年前，款是作为村落联合特征的侗族传统组织，1940年以后，款成为过去的历史记忆，或者是联结村落的习惯法。

以此为基础，笔者考察了既没有王，也没有神，为什么拥有一定空间距离的独立多个侗族村落能成为一个款组织的问题。这个研究主要是考察在中华人民共和国成立之前的漫长历史时期，款如何保护和维持了侗族社会的自律。

从清代到民国时期，在侗族地区的地方史料中经常出现"作乱""合款""聚众条款集""民款（民兵）"等词语。据文献记载，款有两个重要作用，即"联款起义，与清兵周旋"（徐家干《苗疆闻见录稿》"四脚牛"），"大款欲齐，方能以阻匪类"（《三江县志（二）》卷五）。也就是说，这两个重要作用，一是民众聚集起来与清王朝的军队对抗，二是为了防卫会党，侗族人成了大款。这里可以看出，对于汉族、官僚来说，款是地方政府、王朝军队，或者是会党、其他民族对抗的地方武装。

根据文献研究，在侗族地区，民国时期发生了最后两个"合款"事件。一个是1909—1911年发生在广西三江县的被称为"款祸"的事件。原因是地方政府的行为引起了侗族民众的愤怒。结果是民众支持地方武装，推翻了王朝统治。另一个是1919年贵州省黎平县发生的"三十六人事件"。其经过是，政府为了保护村民，称为武器费用，向村民索要金钱。村民拒绝，准备自己筹措武器。之后，村里的内通向官府告密，村民领袖被逮捕，村民愤怒不已。结果，村民根据条款，将内通者和官宪处刑。

这两个事件在民国以后整理出版的地方县志和地方学者的相关研究文献中被详细记载。这里先对这两个事件做简要介绍和总结。

宣统元年至二年（1909—1910年），广西三江县有一个叫石家鉴的知县借兴办新学制之机大开新厘，以此为由向居民索要金钱，引起了民众的不满。古宜、斗江、程阳、八江一带121个村寨的老百姓在八江的王厢坪集会合款（这一带的款组织的概观，大概为现在的八江乡到古宜镇延伸到周边地带），民众用自己所拥有的简单武器与官僚对抗，以武力抵抗官府抽收苛捐，进攻古宜，拆毁县分属厂，并把24家士绅称为"麻疯头"而加以打击。宣统二年（1910年）2月，民众在程阳的飞山庙包围了石家鉴和他的部下，并杀死了他的部下（士绅梁兼才被乱石打死）。石家鉴逃回古宜。事后，石家鉴被免职了，朝廷派刘任滨继任。刘任滨作为继承者，利用这件事和民众对抗，向中央政府请求军队镇压当地民众。所以，三江县城内的各少数民族与当地的"天地会"等地方组织联合起来，开展武装斗争，被当地人称为"满江红"，官方则称为"款祸"。后来到了宣统三年（1911年），柳州同盟会支部刘古乡回三江县与天地会的"款"组织联合，歼灭了八百湘军，消灭了曾建勋的军阀统治。

另一个事件收录在邓敏文和吴浩撰写的《没有国王的王国：侗款研究》一书中。民国八年（1919年），贵州省黎平县竹坪寨民众在鼓楼里（集会所）商量是否送枪弹药款给官府的事，认为："拿钱送给官府买枪杀我们，不如我们自己凑钱买枪保障地方。"于是，以竹坪寨款首孔如白为首的 36 人自愿报名捐钱购买枪支。这件事很快就被官府安插在竹坪寨上的奸细知道了，他立即将情况密报官府。官府得知此事后，立即派兵到寨上督款，并强令寨上人杀猪宰牛招待他们。奸细告密的事很快被寨子里的群众知道。他们认为，奸细告密，按规约规定，这是一种"勾生吃熟，勾外吃内"的行为，应受到严惩。于是奸细被扣押起来，但是宪兵却将款首扣押以换取奸细，激怒了寨上的百姓。寨老叫人爬上鼓楼击鼓传寨，急促的鼓声告诉全寨青壮年立即到鼓楼坪集合，商讨大事。宪兵见势不妙，急忙押着款首孔如白逃离竹坪寨。竹坪寨群众得知后，又赶忙抄近路进行拦截。经过一番打斗，人们终于救出了款首，并将宪兵队长及宪兵全部捉获。随后竹坪寨款首孔如白立即派人到岩洞、新洞、也洞、铜关等附近村寨传送"火急木牌"。当天各地一千余人赶到竹坪，并宣布起款。根据款内古老的规定，大家一致同意将奸细及官府的宪兵就地处决，这就是"三十六人事件"。

根据民国时期发生的这两个"合款"事件，可以得出以下两点：一是内（熟）外（生）的关系，款的作用是应对外部和侗族社会的关系，以及内部各村落之间的关系。二是出现了有关款的风俗。相关的资料显示，过去与款组织相关至少有 4 种风俗，即"合款的时候，杀牛举办祭祀仪式，称倒牛合款""出征之前共饮血酒，以表明决心""集会的时候会制定成员共同遵守的款约、订立民间习惯法，并竖岩立法，将这些规约刻在石头上立成碑，让后人铭记于心""拥有盟会成员聚会的场所，即款坪"。其中，在合款时举行杀牛祭祀、喝血酒等礼仪后来已经看不见了，但是以前侗族人集会时制定的条款和民间习惯法作为地方文件，仍能在石碑上看到。

其次，根据这两种地方文件进行分析。有关条款的碑文根据内容有 4 种。其中，数量众多的是村落规约的款约碑以及款的领导主持的公共设施的修筑等内容的功德碑。从碑文的内容来看，款组织对外通过与官（清军）的对抗，款的领导（地方头人）持有自己的社会的自律性；在对内方面，强化村落之间的联系。从现住民的角度来看，接下来围绕碑文《二千九款约》进行说明。"二千九"是一个中款，共有 2 900 户。这个区域主要包括 3 个小款，即上九百（小黄、岜扒等寨）、中九百（高增、平求、银良、丙妹、鸾里、岑报和托里）、下九百（梅寨、平毫、腊弄等），主要是现在的小黄、高增和增冲地区。条款的内容中值得注意的是第 12 号规定的地方：属于"二千九"款范围，如按社堂（"萨"的特定村落或地域社会守护神，有些地方称"萨"为祖母神或社神），或谢土（一种消灾禳灾的仪式），或忌寨（一种消灾仪式），规定"二千九"内，可让他将谢土的礼品——所拿的骨头挂起，将骨头抹过嘴即可进寨。不是"二千九"范围的，那就不许进寨，限他三天就三天，限他五天就五天。若是"二千九"范围的，让他入河可以捉鱼，入溪可以乘（冲）凉。条款决定，绝不虚言。（《从江古今乡规民约实录 从江历代告示实录》，2013：31-32）

款约中第12条第一次详细描写了关于"款内"的范围。根据款约内容可知，在款内或者寨内，存在被称为"萨"的侗族村落的守护神，而且处于消灾礼仪的范围也与这个款内或寨内的范围重合。因此，《二千九款约》较为明确地说明了侗族关于款和寨的空间范围的内涵。

第三节　与款相关的民俗概念"乡村或团峒"：
侗族口头传承所描述的河域社会

表示"这一片"或"这一带"之意的"senl"（通常用汉字"省"来标记）这个侗族词汇常常被认为是指一条河，或被认为是以特定的河川流域为基础形成的地方和地域社会，以及与此有关的社会关系和网络。在调查地的侗族人的古歌中，"senl"经常被表示为"河川"或者相当于河流的东西。例如，侗族人常说："Naemx il jiuc nyal uip, Bix xeengl pangp taemk, Xegt il senl nyenc, Bix xangp hoc qip."这里将"senl"翻译成"乡村或团峒"。

另外，在调查地的侗族人的传统节日，被邀请村落的人们有向访问地村落的村民讲述侗族条款的习惯，内容主要是对侗族的历史、村落良好的风水等进行赞美。其中有对房屋、鼓楼、村落、山川、溪流、河流等进行赞美的歌曲。中心是与河流相连的单位。调查地有一句老话："Jinh laos il jiuc nyal bus il jiuc nyal, Jinh laos il jiuc senl bus il jiuc senl."这句话的意思是，一进入河流，就唱歌赞美这条河，进入一个senl（乡村或团峒），就唱歌赞美这个senl（乡村或团峒）。所以，这里的senl（乡村或团峒）与河流是类似的地域单位。

一、所谓"乡村或团峒"的单位

"乡村或团峒"是表示地理单位的民俗概念，特别是可以指示河流流域一带、一片的区域。在调查地及其附近居住的侗族人有关于"乡村或团峒"的构造和位置的口头传说。其中，在广西三江县、龙胜县、湖南省通道县广泛流传《十二约坪十三约场款》(侗语称为 "xebc nyih biingc dul xil saml biingc kuant")、《九约坪款》(侗语称为 "jus kuant biingc kuant")等口头传承。前者讲述了位于广西三江县和湖南通道县的邻接地区,有 13 个"乡村或团峒",以及对应各个中心的中心集会所。笔者的调查地是其中的第六个"乡村或团峒"。后者讲述了通道县内 9 个中心的范围。接下来,笔者基于文本(表 2-1)描述中心单元的特征和结构。

表 2-1 侗语原文与汉语译文对比

侗语原文	汉语译文
Dinl senl liongc ngamc seis Gaos senl liongc ngamc meix Dav senl liix saic nyaenc Yenl yuih ongs siv tangp Xadt xul laox ligx il bens	村脚像个雄龙洞 村头好比雌龙寨 村中遍地是金银,合款保护各寨村 寨老四汤公,有古书一本 记载侗家村和寨,集众合款各款坪
Dinl senl wangc tut Gaos senl gaos yux gaos xuh Dav senl biingc tanx biingc muh Qak biingc daih hac abs kuant xih dih liogx	村脚横岭、黄土 村头高友、高秀 村中坪坦、坪暮 大河坪 合款是第六

注:湖南省少数民族古籍办公室编。

根据这些文本的内容,关于"乡村或团峒(senl)"的特征,可以明确以下两点:

首先,一个中心明显是由沿着同一条河的多个村落构成的区域集团单位。"定省(dinl senl)"中,侗语的"定(dinl)"指的是脚,所以"定省(dinl senl)"指的是"乡村或团峒"的下部和下面的部分,也指位于河流的下侧或下流部分;"高省(gaos senl)"中,侗语中的"高(gaos)"是头或头部,方位位置上处于上部或上面,"高省(gaos senl)"指的是"乡村或团峒"的上部,一般也指位于河流的上侧或上流部分;"达省(dav senl)"中,侗语的"达(dav)"指的是中央、方位位置处于中间或中央的意思,所以"达省(dav senl)"指的是"乡村或团峒"的中央或中部,也是位于河流的中央部分。由此,根据位于河流下侧或者河流上侧、河流中央或中部等方位来标记特定地域单位的地名也就是"乡村或团峒(senl)"的名称。

其次,这些文本不仅说明了各个中心的范围,还说明了各中心分别具有构成相应中心的各村成员的集会所,该场所位于中心或附近。那个集会所叫"biingc"(汉字写作"款坪"),与补拉和土星的鼓楼坪使用相同的名称。款坪位于所在河流部分的中心和附近宽广平坦的空地。

这样的空间单位的特征在于，从"雄龙"（侗语称为"liongc ngamc seis"）和"雌龙"（侗语称为"liongc ngamc meix"）等与风水用语"龙脉"有关的概念与地域单位之间的关联可以看出，"乡村或团峒"的范围与风水信念之间存在关系。也就是说，"乡村或团峒"与侗族人关于架于河流之上、位于村寨两端的福桥具有拦截财运、保障村寨风水的观念相类似，"乡村或团峒"的空间构造也具有保护内部居民繁荣和财运的风水意义。

二、乡村或团峒是团寨的联合体

乡村或团峒是沿着同一条河居住的村子之间根据盟约结成的地域集团单位。侗族研究者将这样的一个村落联合称为"小款"，意味着与几个大村子相邻的多个村子联合进行议事。例如，在上述"十二约坪十三约场"13 个中心中，调查地第 6 个中心由黄土、都天、横岭、坪日、坪务、坪坦、阳烂、高团、高步、高友、高秀等村庄构成；从江县"六洞"小款由六个村子组成；在贵州省从江县和广西壮族自治区三江县的边界地带，有小款被称为"千七"（由 1 700 个家庭构成的单位）、"千三"（由 1 300 个家庭构成的单位）。

从上述关于"乡村或团峒"的范围的传承来看，在调查地那样的河川流域的情况下，senl 看起来与上述小款村和村的联合单位对应。但是，"乡村或团峒"作为政治组织的机能很弱。因为在"乡村或团峒"的内部没有常设首领，村里人由长老在鼓楼这个集会所进行纠纷的仲裁等政治、生产、生活各方面的统括。

那么，为什么团寨会根据盟约与"乡村或团峒"结合呢？原因是对抗地方政府和清王朝的军队，或者对会党进行防卫。这跟前文提到的中华民国时期发生在侗族地区的两个"合款"事件中体现的款的功能有关。在"乡村或团峒"内进行的活动主要是制定集会议事、约束村民的民间习惯法，实施和传承，调解纠纷，防止外敌侵犯，等等。另外，以"乡村或团峒"为单位，有团寨之间的互访活动以及消灾礼仪等习俗。其中，实施有关习惯法的惯例被认为是比较重要的事项。例如，在榕江县三宝地区流传的《九十九公款》这首古歌中，记载了在该范围内 99 名长老和首领集会共同讨论、制定了改革通婚习俗的习惯法。习惯法在当今尤其受到重视的原因是，由于没有统治村庄的强大政治权力和领导层，常常需要根据村里成员的协议制定规则，遵守规则来维持秩序。

"乡村或团峒"有一种民间习俗，叫作"kuant"（款约），它约束了侗族人民。款约有村级和"乡村或团峒"级两种。村级的条款只约束相应的本地居民，而"乡村或团峒"级的条款约束了构成该"乡村或团峒"的所有本地居民。这些条款对维持从村落到地区的日常生活秩序起到了很大的作用。农业、生态系统的保护、刑罚、防卫等所有与公益相关的事情都在这样的会议上决定并执行。发生纠纷时，长老进行调停，违约者被处以刑罚。也就是说，社会生活中所发生的各种各样的问题都按照集体制定的规则来解决。

另外，侗族人曾经有这样的习俗，每当制定了规约以后，就要在自己土生土长的居住地或者特定"乡村或团峒"的交通要道上建立一块石碑，每年3月和9月，把人们聚集在集会所讲述共同缔结的规章内容。具体来说，各个团寨的领导将村民聚集在鼓楼坪，讲述村庄社会的守则；或者"乡村或团峒"的领导把居民集中到款坪，谈论"乡村或团峒"的章程。

一般来说，只有在区域内部发生民俗改革、山林纷争、木材销售、外敌防卫等重大事件时，才需要"乡村或团峒"的领导进行会议讨论。

侗族"合款"（侗语称为"abs kuant"）组织的历史研究表明，所有的小款组织（包括河流流域的森林）领导都是由构成小款的各村（即团寨）的长老选出的。这与由全村"补拉"的长老组成的团寨领导（寨老）的选举方式相似。在侗语中，款的领导（原文写作汉语的款首）被称为"公穆"（侗语写为"ongs mugh"），意为"由祖父（FF）中的一人组成的领导"。这是因为"乡村或团峒"的领导经常与补拉的族长重叠。例如，贵州省从江县九寨村的领导和款首地区的领导被指出有巫师和族长兼任的倾向。在调查地第六个"省senl"的情况下，团寨（村）和"乡村或团峒"（流域社会）的领导被称为"宁头"（侗语称为"nyenc touc"，头人、首领）和"款头"（侗语称为"kuant touc"），被视为相当于上述的款首。以高秀村为首的第六个 senl 的侗族人经常将其写作汉语的"首士"。他们有在鼓楼、风雨桥等建筑物的横梁上书写建筑的负责人、木工的名字以及上梁仪式的时间等习惯。当地居民称工程发起人和负责人为"首士"。

款首是从各个村落的寨老中选出的领袖，是一位作风公正、在寨老中威望最高的男性老人。款首没有特殊的权力，平时和其他村民一起进行生产劳动，有事才聚集中心内的各村成员召开会议，共同处理中心单位的内部事务。这时，款首和各村寨老或长老等人形成了"乡老议会"，根据传统的习惯法，调解以中心为单位发生的纠纷。发生重大事件的时候，款首组织由男青年构成的村民的联合防卫，指导与外敌的战斗。另外，为了防止外敌和会党等，各中心在各自的村子里设置了一名联络人或通信者（"款脚"）。款脚在款首的指导下，平时在村中帮忙，提供鼓楼内的柴火和饮用水等；发生重大事件的时候，敲打鼓楼内放置的太鼓，向周围的居民传达信息。

另外，村落联合的比"乡村或团峒"更大的上位集团（被称为"大款"或"特大款"）的领导一般从中心领导中选出，要精通中心内的事务和规章，有社会经验，威望也最高。他可以召集各"乡村或团峒"的成员前来聚会的款坪开会，并协助管理他所管辖团峒单位范围内发生的重大事情。

第三章 调查地概况："坪坦河流域"的历史和现在

第一节 选取"坪坦河流域"为案例的原因

在民国版的《三江县志》中，林溪川和坪坦川的河流流域都被称为"大营洞"。这两条河流位于一条山脉相隔的两侧，形成了各自的山间盆地。另外，《三江县志》还记载了这两条河流流域在明清时期的商业发展中发挥了重要作用。

自林溪街以下通船，春夏载重可千载余，冬斤可七八百斤，涨涸期与前同。(《三江县志·卷一·舆地山川》，第 85 页)

林溪为本县与湖南通商要道，每年由湖南运入白米约三十万斤，运出白盐约六百万斤，商业亦甚发达，若能加以市政之整理，商场繁荣当可拭目而待。(《三江县志·卷四·产业 实业 水利》，第 481 页)

自古宜溯流至石眼口，由此入林溪、上航，北达林溪街，约六十里，春夏船载千余斤，冬可七八百斤。至此舍舟而陆，达横岭乡之平坦村二十五里，可由平坦河顺流而下，达湖南省绥宁县属之双江，其船载重量与古宜至林溪略同。此线如能便利，则运盐出湘。(《三江县志·卷四·交通·水道》，第 495 页)

此外，据《靖州乡土志》记载，在清末，"本境仅制米糖，其白糖、片糖、冰糖，由广西之长安水运至林溪，改陆运三十里至坪坦，仍由水运入本境，每岁销数约五千石。其转运至会同、洪江、武冈及黎平销行者约五千石"。

根据上述记载，坪坦河流域的侗寨所在的平坦(现在为"坪坦")河的流域曾经作为广西和湖南邻接地区米、白盐等交易的重要据点。当时，广西的居民把盐从三江县的林溪街扛到坪坦码头，搭上船，运到靖州、洪江等湖南地区。同时，从外面运来的日用杂货、大米等用船运到坪坦的码头，然后扛在肩上运到林溪。此外，每月农历五月十五、二十五会举行集市，南北商人聚集在林溪进行商品交换。因此，这个地区的人们留下了这样的话："如果成为麻雀的话，我想成为一只坪坦的麻雀"（比喻在市场上能吃到大米），或者"乞丐可以在米市捡到地面上的米粒，比一般老百姓的生活要好"。这反映了坪坦米市的繁荣。调查地的居民称林溪川与平川相隔的山为"科马界"（侗语称为"guil mac gaih"），1960 年前后，这座山的居民曾以挑夫（挑担人夫）的工作为副业。因此，可以说这是居住在坪坦川坪坦河流域侗寨人们共同记忆的事情。

另外，坪坦河流域侗寨的侗族人民不仅语言相近，通婚习俗、服装样式、村落级别的守护神和祖先神的祭祀方式、"忌寨""谢土安龙"等驱赶恶灵的消灾仪式、形式在一定程度上也是共通的。例如，高秀村的居民从农历正月到农历二月初二（"龙抬头"）前后，有在房屋举行被称为"谢土安龙"的消灾仪式的习惯，这对居民来说是重要的村落祭祀。另外，高秀村的居民认为，萨神是侗族人的守护神，有着与萨有关的传承和信仰。据调查，这些文化或习俗在第六中心的其他村庄也有传承。然而，上述习俗的共同之处并不只是坪坦河流域侗寨的独特特征，同样属于三江县林溪乡的程阳、冠洞等村，与高秀村等坪坦河流域的侗寨村相比，因为其是不同的河和"乡村或团峒"，所以语言稍有不同，但也传承了"谢土安龙"等的消灾仪式。

历史上，坪坦河流域的侗族村落长期处于相对偏离行政中心的周边地带，也较少发生当政者所谓影响社会动荡的重大事件，因此很少记载在历史书上。如今，只能通过当地发现的碑文和历史的讲述，大致了解这个流域社会的历史。原因在于历代统治者为了防止少数民族的内部联盟，便于对他们的统治，根据行政区划将贵州、湖南、广西等地区细分。另外，坪坦河流域的居民认为，这一地区长期平稳，内部矛盾虽时有发生，但与中央政权没有战争，动乱也不多。

很多地方的侗族人研究者认为，这个地区最早期的侗族住民主要有三个起源。第一个是原本住在广西梧州一带的人，一部分转移到贵州和湖南，另一部分转移到广西定居下来。第二个是 12—13 世纪，原本居住在江南地区的一部分因为战乱逃到了南方侗族地区并定居下来的汉族人的后代。第三个是 14 世纪末，根据侗族地区的屯田和屯军的政策，从留在侗族地区的汉族军士转

化而来的人。这些军人主要是来自江西的汉族人。❶

坪坦河从南向北流经横岭村、坪日村、坪坦村。另外，坪坦村的码头分为两个支流，高步溪支流中分布着阳烂村、高团村、高步村、高秀村、高友村等侗族村；梓檀溪支流中分布着陇城村、梓檀村、中步村等侗族村。这些侗族村都是起源于不同家族的复姓村，以吴氏、杨氏、石氏等大姓为主，由十几个姓氏家庭构成。据当地居民说，这些异姓的家族不管人口多少，都主张自己的祖先是从江西、贵州和湖南等地区移民过来的（即不是坪坦河流域的原住民）。但是，他们关于自己的祖先是什么人、祖先的根源在哪里、祖先移民到现在的定居地的详细路线等的记忆并不明确。

最近的研究推测，根据该地区的文化信息，恐怕从明末到清初，流域系统内的侗族村落就基本定型化了。根据坪坦村（从过去开始就是这个流域系统的码头）发现的石碑碑文的内容，清代中期以后，从源流梓檀溪和高步溪到坪坦河沿岸，形成了相对固定的区域单位，具体是地连塘、高步塘、横岭塘、梓檀塘、黄土塘等。"塘"是属于侗族地区的自然村落和流域社会的中间行政单位，归"堡""司"等上级行政单位管辖。清代以后，朝廷为了防止边民的反抗，在少数民族地区以塘为单位设置军士及军事设施，对少数民族的人们进行军事管理。在坪坦川，大约每5～10千米就设置一个塘。清代光绪十八年（1892年），当时的地方官僚（柳州粮捕府补用同知直隶州怀远县正堂赵为）在横岭村设置的告示横岭塘晓谕的石碑"永定章程"中写道，为了防止"苗变"（即对抗政府的少数民族起义）的发生，官员和士兵阻止了当地居民的骚乱。另外，为了安塘设堡、内立塘兵、外派丁守缓和地方政府和坪坦川流域侗族人的关系，同时设置坪坦川的各塘，使地方少数民族居民接受赋役，明确规定了巡守制度等。碑文记载如下：

塘房内三间，下照壁一，□□□□□□□❷一炮台乃系横岭修。塘房外三间，下一间，半中照壁，上门楼，一炮台系（坪墓村修整）。塘房外三间，上一间，半上照壁，上烟墩，一照壁，乃系坪坦修整。

守塘横岭村（丑日入团至申日），八天，（未）日入团至寅日，亦八天，故曰丑未（入团申寅）出团者也。坪墓村口守塘卯入团至未日，五天，（酉日入团至丑日，亦五日），曰卯酉入寅申（未丑）出团者也。坪坦村守塘寅日入团至午日，五天，申日入团至子日，亦五天，故曰寅申入丑未（午子）出

---

❶ 杨庆生.坪坦河流域侗族文化研究 [M].北京：中国文史出版社，2017.

❷ 碑文记载之内容中，方格的部分，表示因为磨损缘故不确定的文字，大约 7 个字。

团者也。（横岭八天，坪墓村）五天，坪坦八天，一周十八天，一年二十周，三百六十日矣。小差事值何团各自应承。

由此看来，当时广西三江县管辖下的坪坦和横岭等村庄是地方政府重要的军事驻扎地。地方政府不仅在该地区的主要村庄设置了军事设施，还派遣了士兵和守御，确立了常设的巡视制度。通过这些措施，清政府在一定程度上加强了对该地区的管辖。在这个时期，坪坦河流域侗族居民开始受到汉文化的影响并逐渐深化。

几乎在同一时期，实行“改土归流”之后，位于三省区邻接地区的坪坦川通过河运和山道，木材和地方物产的交流贸易十分便利，再加上政府的统治不断深入，成了生苗地区和外部（汉族）交流的通道。因为从坪坦河往西可以进入贵州的黔东地区，从坪坦河往南和往东可以进入广西境内。这些地区的居民从以前开始就属于不被编入公共户籍制度的“化外之地”（生苗地区）的居民。如上所述，朝廷从明嘉靖年间开始在侗族地区的清水江、沅江等流域地区疏浚河道，进行木材开采，因此在明末清初清水江的各支流中形成了早期的码头，地方商业得到了发展。坪坦川是一条通过渠水注入沅江的河流，它与当时的“化外之地”相结合，是早期物产贸易发达的重要河道之一。根据在坪坦村发现的清代嘉庆七年（1802 年）石碑碑文《永禁谲心》的内容，由于当时许多黔阳、常德、湖北等地的外来客商聚集在坪坦，坪坦川流域的木材贸易市场管理混乱，发生了破坏商业规则的各种欺诈行为，所以周边 4 个塘的居民在地连塘（坪坦村）会商，制定了坪坦川的“江规”（进行河川贸易时应遵守的规则）。据调查地的老人说，当时的坪坦是闽盐、湘米和木材等物产的重要集散地。另外，以此为契机，在一个武汉出身的外地商人帮助下，位于流域中心的坪坦村在清朝中后期设立了私塾，因此该地区比其他村落更早开始学习汉语和汉文化。在广西的高秀、高友等村，据说从湖南省请汉语教师到村里教学是始于清朝末期。

第二节　“坪坦河流域”的自然地理与人文社会空间

坪坦河流域与申遗古村寨的形成之间的关系体现了侗人择水而居的习性。坪坦河源自三江，顺西高东低的地势经广西高秀村以及湖南通道高步、阳烂、坪坦、横岭等村，最后至通道县城汇入双江。坪坦河流域属于云贵高原东南边缘苗岭山脉向湘桂丘陵过渡的地带，这里是一片山地纵横、峰峦连绵、沟壑遍地、河网密布的山地，有"九山半水半分田"之称。坪坦河两岸之所以聚集大量村寨，源自侗族先民对自然环境的朴素认知以及对地形地貌的崇拜意识。他们在选址时首先考虑是否有适宜耕作的土地、充足的水源、适宜建房的地形以及周边丰富的森林资源等条件。坪坦河所处地形如一条狭长水槽，周边分布着河坝和密集森林。坪坦河为周边村寨带来生活、灌溉用水，也成为下游通道县城的饮用水来源。而且坪坦河自发源伊始就穿行于山间低地，冲积出一些河谷台地，为山麓河岸的村寨提供有限的耕地。这些侗寨位于逶迤而来山脉之下的山间平坝地方，背山面水，前低后高，可谓依山傍水。沿着山脚弯弯曲曲的河流，往往是三里一村，五里一寨，地势布局得体，民居散落有序，中步、高步、阳烂、坪坦、横岭、黄土等都是这种类型的侗寨。同时，在元明时期，坪坦村是南盐北输、北米南运的集散地，而坪坦河是其中重要的水路运输通道。1954 年前后，坪坦河里还有 200 只船，都是可运 1 吨多重的小型船，沿途村落建有驳岸码头、凉亭、风雨桥供往来路人歇息。

坪坦河流域的款组织体系是依托坪坦河流域这个天然的地理与人文社会空间展开的。本节分别从湖南通道县的几个侗寨和广西三江县的两个侗寨展开说明。

坪坦河流域六个申遗侗寨在历史上分属三个小款区，其中坪坦、高步、横岭、阳烂四个村寨属于大营峒款区，芋头村属于双江款区，中步村属于扶城峒款区。

横岭侗寨位于通道侗族自治县坪坦乡横岭村境内，坐落于坪坦河畔上游，距县城双江镇西南 18 千米。横岭村始建时间约在唐宋年间，由八个自然村组成，分别是冲爬、高归、比也、四冲、龙塘、独树、三关坪、横岭，据说唐宋时期分属于广南西路平江州桂州；元代又划归于融州怀远县；到明清时期属广西布政司柳州府怀远县，清朝沿用了明朝时的区域划分，现在可以找到的文字说明的是在清朝光绪年间，称为柳州府三江县横岭堂，后民国时期改为横岭乡公所，中华人民共和国成立以后横岭在 1954 年划入湖南省通道县，就是现在的横岭村；全村皆为侗族。

横岭原有少量原住居民是当地之主，后来渐渐接纳大量迁入的居民，得到高速发展，成为小片区的政治中心。后人为感谢原住居民的接纳，于村口立一石桌纪念。据野史相传迁入居民最大的来源大致有两支：一是从江西太和县迁出，先落脚于靖州，因宗族谱系关系接纳一部分人，剩余部分人继而至四塘，因没有家族接纳而迁至现今的横岭；二是来自云南，其祖宗是孟吴，相传耶歌文化传自孟吴。现在横岭人口总数 1 740 多人，曾经有分支迁出到现在的广西境内坠盘村约 170 人。

现在横岭村共有七大氏族，分别为蒙、吴、杨、胡、陆、石、马。其中，蒙、吴、杨、马氏为大氏族。蒙氏是最先迁入的氏族，现在共 70 余户，团居于今平寨团区域。吴氏分四宗：一是远冲迁来的吴氏；二是中吴，据说祖宗是飞仙宫供奉的飞仙公，迁入横岭 200 多年，现在共 40 余户；三是原为鲍姓，后来不知道什么原因改为吴姓；四是自广西迁入的伍氏，后来据不可考证的原因由伍云秀主持更氏为吴氏。杨氏迁入时间不详，现在有 40 户左右。马氏目前有 3 户人，据说最先为汉族，后通婚融于侗族，现在为侗族。

古俗，当地有"头人"一说，是辈分最高、威望最高、资格最老、德高望重的人，或是乡民推选出来的首领，或是当时朝廷、政府认可的人，凡是有事无法决断，必听头人的，凡有大事大庆大活动，必须等头人到场发话后才能开始。在横岭还是政治中心时，以烽火为信号召集人员开会，急事有传信兵举火炬焚烧辣椒跑遍管辖区域，各村看到信号就必须马上放下手头上所有的活计赶往横岭汇集。

坪坦侗寨位于今通道侗族自治县坪坦乡坪坦村，乡政府所在地距县城南部 21 千米。坪坦村大约形成于宋代，初始的时候这里是一片原始森林，后有石、杨、吴、胡四公最早落居于此。传说四公与平日、横岭两个侗寨的先祖一同聚居在今务平组，后来石公老来得子，但病弱，石公入林寻药，一日憩于古树下得一梦曰："汝子命弱，非药石能也，汝儿可拜吾为父可愈。"次日石公从梦所言，带其子拜之，果然康愈。后石公告知三公，三公曰：宝地也，迁之。于是四公都搬到了古树附近居住，后人凡有体弱的孩子，都会去祭拜古树为"重生父母"，一直沿袭至今，那片林地也被称为"风水林"。随着时间的推移，团寨越来越大，渐渐形成了一个水陆交通的小口岸，交通和商业比较发达，吸引了大量的外民迁入。其村中姓氏大致有石、吴、杨、胡、冼、宋、李、蒋、黄、欧阳、陈。其中，吴氏代表人物有吴禅雄，是伍氏更氏为吴氏的主要分支。杨氏代表人物是杨杰，共 80 多户人家，自江西泰和县逃荒迁出，途经靖州，再到绥宁东山，最后落户定居于坪坦，其姓氏原为"阳"，因为后人知识普及不够，最后认定为"杨"而流传至今。冼氏代表人物是冼光位，现在共 3 户人，自江西泰和县逃荒迁出，经靖州绥宁，最后落户坪坦，之后有两户人家重新迁出，回到靖州落户。宋氏代表人物为宋引平。李氏代表人物为李忠义，共 10 多户。蒋氏代表人物为蒋师英，目前只 1 户。

坪坦村传说曾经有一个叫"两广管"的部门主理片区的纠纷情况，主要是管理片区内水路运输安全与纠纷，至后来但凡有纠纷无法解决，乡民就会到"两广管"的当地分部调解。

阳烂侗寨位于今通道侗族自治县坪坦乡境内，距县城南部23千米。阳烂村由黄岩、双兔、陆寨、川盆、阳烂五个自然村组成，现在行政归属于坪坦乡；整村现在有两个大的姓氏，分别是龙姓和杨姓，共800人左右。村寨居民中，龙氏相传是由江西泰和县因战争或灾荒逃难而来，具体年代不可考证，途经靖州东山等地，最后才迁至现在的阳烂村，如今有80～90户人家，400多人，分为三大房族，其中一房族由龙开玉代表，人口有130多人，二房族由龙兆恒代表，有140多人，三房族由龙超念代表，有120多人。杨氏来自独坡乡上岩村，因人口密度大分支而来，现在有60多户人家300多人，分为2个房族。

阳烂村始建于唐宋年间，划归横岭辖区，原来主要的聚居地并不是现在的地方，根据相传下来的故事，当初杨家有鸭出门久不归，村民遍寻不得，最后找到现在的地方，发现鸭在这里下了蛋，而且孵化出了小鸭，便认为这里是个好地方，于是告诉了村中的老人，老辈人也认为是这样的，于是开始有人在这里建房定居，后来慢慢地大家都搬迁过来了。

阳烂是一个很团结的团寨，虽然红白喜事只是通知房族与亲戚，但是村里能来帮忙的都会来帮，如白事，下葬时村里只要有些力气的都会去"换肩"，而其他留下的人就会守在鼓楼附近，等棺木下土后，听到以大炮三声为信号的声音后才慢慢散去。

芋头侗寨位于通道侗族自治县双江镇芋头村境，坐落于坪坦河支流芋头溪畔的深山幽谷中，距县城西9千米。芋头村始建时间大约在元朝，村民自江西泰和县逃荒而出，经靖州、独坡等地，到琵琶峒团居。后来有猎户赶山追猎至一块大石头旁，见猎犬蹲伏在地，以为受伤，上前查看，发现没事，于是想牵走猎犬，但是猎犬"打着不走，牵着倒退"，不愿离开。于是猎户只好回村告知老人，村中老人皆认为"此犬通灵"，此地是一块"宝地"。于是在老人们的牵头下，很多人都渐渐在这里建房定居，并命名"芋头"。

芋头村如今有800～900人，全村都是侗族人，有杨、粟、龙、熊几个姓氏。杨、粟、龙三姓中杨姓最多，也是最早定居的一个姓氏。杨氏相传自江西泰和逃难而来，途径靖州、榕江、上岩等地，最后落居芋头，现在有80余户人家400多人；粟氏现在有60多户300多人，早期曾经从芋头分支到红香、上团50多户。芋头从村寨聚居开始就经常与外界来往（为也），其主要的交往村寨有黄土、牙大、通坪、桥寨、上岩、坪坦等。

高步侗寨由高升村、高上村、克中村组成，三个村辖岩寨、秧田、上寨、里边、龙姓、高坪六个屯，位于今湖南省通道侗族自治县坪坦乡境内，距县城 25 千米。高步团寨始建于宋朝，当时属广南西路平江州桂州，至元代改为广西融州怀远县，明清时改为柳州府怀远县大营峒高步堂，1954 年广西三江县林溪所辖坪坦、长界、横岭、岭南、高步、黄土六个小乡划归湖南通道县，1958 年高步属坪坦公社，后改为坪坦乡。高步现有六个自然村，曾有“高步六寨”之称，现在为三个行政村，即高升、高上、克中三村。高升村有 125 户人家，543 人；高上村有 206 户人家，951 人；克中村有 281 户人家，1 080 人。

目前，高步团寨共有吴、杨、龙、陆、冼、肖、石几个稍大的姓氏，其中吴姓和杨姓居多，肖姓和石姓甚少，共分为 12 个房族，吴氏有六个，杨氏有四个，龙氏一个，陆姓一个，有些人数很少的家族就归附到了大房族里。高步村民的来源大致可以分为四支：第一支来自贵州榕江；第二支来自福建汀州；第三支是吴氏吴宗由广东宗族分支而来；第四支是洪武年间有 10 个姓氏自江西泰和而来。

高步整个团寨可以说是一个大家族，民国前由于交通不便，年轻的男女只能就近村寨或者本团寨异姓联姻，长期下来可以说“抬头是叔伯婶婶，低头是侄子侄女，举目都是亲”；另有两吴姓可以通婚，因为其中有一支吴姓的先祖是由东山逃难而来的伍氏兄弟，受到吴氏接受和多方帮助，感其恩易姓为吴，到现在还有人称那支吴氏为“大吴”。

高步交往（为也）较多的主要有通坪、苗岭、林溪、茶溪、坪坦等村落，一般外出“为也”的多为男人，“为也”时间多为 5 天或者 7 天，日期和时间必须是单数。

中步村坐落在坪坦河流域分支陇梓河畔，分为 5 个自然村，位于坦平乡的东面。中步村始建于宋朝，有杨氏和吴氏两大姓氏，现在共 200 多户人家，1 000 人左右。其祖先都是自江西泰和县逃难而来，途经靖州、榕江、坪坦等地，发展到如今杨氏共 110 多户，500 多人，分为 1 个大房族，6 个小房族，吴氏有 60 户左右，分为两个房族，共 300 多人。

中步与周围村落的关系都很和睦，没有械斗、打架等纠纷的出现；经常与各村交往（为也），主要对象除了周围的村寨外，还有广西的光南、东江、江黄、冠洞等地。

第三节　叙写当下的新篇章：申遗侗寨

2012 年，由贵州省黔东南苗族侗族自治州的榕江县、从江县、黎平县，湖南省怀化市通道侗族自治县、邵阳市绥宁县和广西壮族自治区柳州市三江侗族自治县的 25 个村寨组成的"侗族村寨"入选《中国世界文化遗产预备名单》，开启侗寨申遗之路。2013 年，湖南通道侗族自治县坪坦河流域的芋头村、横岭村、坪坦村、阳烂村、高步、中步村 6 个侗寨和广西壮族自治区三江侗族自治县的高秀村、高友村等侗寨被正式列入预备名录。经过最近几年来相关政府部门和地方的共同努力，这些申遗民族村寨逐渐形成了一定的文化保护和传承的模式。可以说，承载侗族起源、迁徙和繁衍生息的侗族村寨集中展现了侗族的历史与文化。

一、侗族村寨申报世界文化遗产工作概要

根据世界文化遗产入列标准，侗寨至少满足或符合三个条件：一是能为一种已经消失的文明或文化传统提供一种独特的或至少是特殊的见证；二是可作为一种类型建筑群或景观的杰作范例，展示出人类历史上一个（或几个）重要阶段的作品；三是可作为传统的人类居住地或使用地的范例，代表一种（或几种）文化，尤其是处在不可挽回的变化之下，容易损毁的地址。侗族村寨以它传承的稳定性、发展的多样性与丰富性、现况的真实性与完整性，突出地表征着一种人类的生存智慧，成为国家申报世界文化遗产的宝贵财富。因此，经专家、学者和文物管理部门的推动，侗族村寨申报世界文化遗产开始进入各级政府的工作视野。

2003 年，贵州省文化厅按照国家文物局的要求，将黎平县肇兴乡堂安侗寨侗族文化区上报国家文物局和中国教科文全委会，推荐作为中国世界文化遗产预备名单开展申报工作；2006 年 12 月 15 日，国家文物局对全国各地上报的 129 个项目进行了审查，侗族村寨在众多项目中成功列入了《中国世界文化遗产预备名单》；之后，侗族村寨申报世界文化遗产引起黔、湘、桂三省（区）交界侗族地区广大专家、学者与群众的关注。鉴于侗族村寨广泛分布于黔、湘、桂三省（区）交界侗族地区，且皆保存最完整、最具民族特色，经国家文物局协调，决定贵州、湖南、广西三省（区）联合开展申报工作。经过多番严格挑选，2012 年，由贵州省黔东南苗族侗族自治州榕江县、从江

县、黎平县，湖南省怀化市通道侗族自治县、邵阳市绥宁县和广西壮族自治区柳州市三江侗族自治县的 25 个村寨组成的"侗族村寨"入选《中国世界文化遗产预备名单》。

二、侗族村寨世界文化遗产村落现状描述

我国申报世界文化遗产的 25 个侗族村寨集中在我国贵州高原东南部的侗族南部方言区，其行政区划分属贵州省黔东南苗族侗族自治州的黎平县、榕江县和从江县，广西壮族自治区柳州市的三江侗族自治县，湖南省怀化市通道侗族自治县和邵阳市绥宁县。这里是我国侗族最为集中的区域，是侗族传统保存最好的区域，也是侗族村落文化景观最为典型的区域。这里江河两岸、河岸高坡随处可见有着高耸鼓楼和优雅风雨桥的侗族村寨，村寨内外不时可以见到身着民族服装的侗族男女。侗族是中国西南地区的一个少数民族，总人口为 288 万人左右，主要分布于贵州省的黎平、从江、榕江、锦屏、天柱、剑河、三穗、镇远、岑巩、玉屏、石阡、江口、万山、铜仁、松桃等县市，广西壮族自治区的三江、龙胜、融安、罗城、东兰等县（自治县），湖南省的新晃、芷江、会同、靖州、通道、城步、绥宁、洞口、黔阳等县（自治县）。此外，在湖北省鄂西土家族苗族自治州的思施、宜思、成平、利川、来凤等县市以及重庆渝东南的彭水、秀山等县也有侗族分散分布。由于时代的变迁和交通的发展，上述大部分地区的侗族特征已不显著，现仅有以贵州省黎平县为中心辐射从江、榕江以及广西三江县、湖南通道县等一小块区域的侗族村寨完整保留了侗族的聚落形态、建筑风貌、生产方式、生活方式和文化事项，是当今世界多元文化的重要组成部分，无疑具有世界性意义和价值，是属于全人类共有的珍贵的文化遗产，值得永久保护。

千百年来，侗族人在苗岭山脉和湘桂丘陵一带披荆斩棘，辛勤耕耘，垦殖了连天的层层梯田，逐渐形成以占地面积最少、吊脚楼民居为特色的数千个山地村落的家园，创造了丰富多彩的侗族文化。由于大山隔阻，老林遮蔽，交通不便，历史上曾被列于化外之区，使侗族长期处于封闭状态，成为相对独立的文化族群。他们没有本民族的文字，但有自己的语言、歌谣、故事、款词、戏剧、服饰、鼓楼、风雨桥以及代代相传的风俗习惯。

侗族村寨一般都依山傍水，村前是清澈的河流或溪流，村后是茂密的树林或竹林。侗族人在村前宅后的狭窄坡地开辟出或大或小的层层水田，以种植水稻，糯米是村民的主食。鼓楼高耸于村寨民居之中，是全寨最雄伟的公共建筑，是侗族村寨的标志。侗族的社会结构是以姓氏为单位，以鼓楼为标

志。一般是一个房族共聚一个村寨，围绕鼓楼而建房。即使一个村寨有多个房族，也是分片而居，各姓围绕自己的鼓楼。鼓楼一般建在寨子中心的平坦地带，鼓楼周围修筑鼓楼坪。鼓楼坪是全寨村民议事、节庆的场所，侗族人的芦笙歌舞、男女青年的行歌坐月也在这里进行。不过，尽管多鼓楼的侗寨有房族和姓氏的不同，但他们都崇奉共同的女祖先，村寨中都有祭祀女祖先"萨岁"的萨坛。正是这种远古血缘的联系，使得侗族人在族姓之间、村寨之间、朋友之间都能彼此平等相待、团结协作。建房、修桥、铺路时，各家各户乃至相关村寨都来出力。

侗族村寨的民居一般临水贴山而建，廊檐相接，鳞次栉比。典型的侗族传统民居为"干栏式"吊脚木楼，多用杉木建造。理想的吊脚木楼应该有四层：底层堆放柴草，畜养牲畜，设置石碓；二层设火塘和老人住房；三层为年轻人的卧房；四层贮存粮食或堆放杂物。由于财力等方面的原因，许多木楼只有两三层。楼房外围均有走廊栏杆，宽敞明亮，空气流通，既是供家庭成员休息的地方，也是侗家姑娘纺纱织布的地方。楼的檐角上翻，如大鹏展翅；楼房四壁及各层楼板均以木板开槽密镶；木楼两端一般搭有偏厦，使之呈四面流水。南部侗族地区的木楼常常是房廊或屋檐相接，楼板相通，每逢喜庆节日，人们相聚于此设宴待客，有道是"侗屋高高上云头，走遍全寨不下楼"，这体现了侗族民居的特有风貌。侗族的建筑不用图纸，千姿百态、宏伟精巧的建筑都来自建筑工匠的巧手和经验。无论是在河边、水上还是在陡坡、梯坎，工匠们都能建出房来，且能够"百年木楼身不斜，一身杉木坚似铁"。在同一侗族村寨，几乎找不出两个相同的房屋建筑。侗族鼓楼、风雨桥在造型和制作上都为世界建筑史增添了一抹色彩。

由于侗族村寨多位于江河溪流边，除了大江大河侧畔的村寨不便修桥，以及部分位于山坡上的侗寨无须建桥外，其余侗寨一般都在村边河流上修建木构风雨桥。这些桥梁或多跨，或单跨，或伸臂，或悬臂，都是用木材层层叠垒伸出以缩小桥墩间或两岸间的距离，减小大梁的剪力。桥面上架构木框架瓦顶的廊屋，有的还在桥两头或桥墩的位置修建亭阁。多姿多彩的风雨桥形成了侗族的另一个特色。别具特色的风雨桥被周围其他民族模仿，甚至有些城市的现代建筑也被设计建成侗族风雨桥的模样。

侗族寨子一般都是水塘密布，有溪流纵横。村寨里各户人家的房前屋后都建有鱼塘，既养鱼，又防火，还可用作生活卫生用水，显示出水乡民族的特性。村寨内部交通以连接各公共建筑节点为主线，以通往各家各户为支线，由于山多路不平，寨中的道路体系大多呈立体树状分布；路面多用青石板或鹅卵石镶嵌而成。村寨之间的道路从寨门处引出、延伸。侗族寨子村口建有寨门，河上架有风雨桥或石板桥。侗族人一般要在寨门设置路障，对进村人进行"拦路歌"盘问，这种迎宾仪式可能来自古代设置关隘盘查外人的遗俗。

侗族在部族迁徙的背景下产生，在未经开发的原始洪荒山地的环境中生长，他们对自然尊以敬畏之心，与自然的关系带着某种原始宗教的色彩，甚至将自己的本质力量也赋予了自然。就这样，侗族人世世代代呵护着生养他们的土地，在这片土地上辛勤劳作，男耕女织，以山上的物产滋养自身，以清清的泉水润育后代，使得侗族地区的山常青、水常绿、人长寿，形成了侗乡的独特文化景观。

三、侗族村寨格局的居所文化表征

（一）村寨的选址特点

中国西南山区是汉族、侗族、苗族等不同民族杂居之地，其地形亦有坪坝、河谷、阶地、山麓、山腰、山坳、山顶等之分，居住在这些地区的族群各有不同。民谚说"客家住街头，侗家住水头，苗家住山头""高山苗，水侗家，仡佬住在岩旮旯"，说的就是这种族群聚居分布格局。正如民谚所描述的，侗家大多选择河谷阶地安家落户，这些地段有河流可以灌溉，有土地可开垦，有缓坡可建屋，亦距山间林地不远，生态资源条件相对较好，可谓侗民选择栖息最理想的模式。

此外，少数侗族聚居地还分布于河谷坪坝或山间高地。由于中国西南地区多高山陡坡，坪坝难见，所以河谷坪坝型侗族村寨一般来说规模较大，公共建筑较多，组织形式相对完善，节日庆典活动、生产活动经验的交流，以及生产工具的流通也较其他地区频繁，常常会成为周边地区的中心。

（二）外部空间布局与内部空间结构

侗族是一个以水稻耕作与人工营林为主要生计的民族，因此构成侗族村寨外部空间布局的基本要素主要有民居活动区、农田和林地。侗族村寨外部空间布局的理想模式呈"同心圆式"，即以村寨居民活动区为中心，向外扩展的第一层为农田区，将沿河沃土辟为水田，或将山间平地辟为梯田，外部第二层为林地区，一般种植杉木、松树、楠竹。坐落于山间高地的侗族村寨基本遵循上述模式，位于溪河之畔的侗族村寨则会因其山形水系的特征生出更多变化。若沿溪河两侧都有适于建房的平地或缓坡地，则村寨的居民活动区以河流为中心，在河谷两侧分布，田地、林地分别自河谷两侧的居民活动区边缘向外扩展。若溪河两岸仅有一侧较为平坦开阔，那么侗民生活劳作的活动区、田地、林地只主要分布在这一侧，村寨布局呈"半圆式"。由于河流的侧向侵蚀和侧向沉积作用，常常形成"S"形弯曲河道与马鞍形河岩坪坝，位于这些坪坝上的侗族村寨也逐渐发展为"扇形"。此外，沿河道或随山形铺就的青石板路将上述诸多要素联结为一个有机整体，并实现与其他村寨的沟通交流，极大地影响了侗族村寨外部空间的布局与形态。

侗族的群体意识较强，村寨内部亦以"团聚式"为最突出的布局特点，即每个村落一般都有较为明确的中心。规模较小的侗族村寨一般为单一中心；规模较大的侗族村寨有多个中心，它是单个中心侗族村寨不断发展的结果。侗族村寨的中心一般是以鼓楼及鼓楼坪为核心的风向型公共建筑空间。许多时候，中心与鼓楼的数量还可以反映村落成员宗族结构。单一中心式村寨以一个鼓楼为中心，表示村落为一"斗"（房族）或以一个"斗"为主；多个中心式村落用多个鼓楼表示有血缘的几个"斗"或者不同宗族的存在。除鼓楼之外，这一中心空间常常还容纳着戏楼、萨坛、祠庙、水井等公共设施或建筑，它是侗族村寨中面积最大、容纳人数最多、最为重要的公共活动聚集地。日常生活中，它是村中老人白天相聚聊天的地点，也是青年人夜里歌舞欢乐的场所；当村寨或氏族有重大事件需要商议或裁断时，它是议事厅、"公堂"、"法庭"；在重大活动中，它还会将成为祭祀场、对歌场、表演所。在中心空间以外围绕排列着住宅、厕所、牲棚、粮仓等基本居住、生产建筑设施。后者的布局形态主要取决于地形的变化，如河畔村落多随河流蜿蜒而呈带状，山地村落根据山体等高线呈内凹或外凸。将村落的中心公共空间与周边生活生产空间连缀在一起，形成村寨的整体结构的要素，是道路与其他形式的交通。侗寨的道路多数是房屋建成后再将人们惯常的足迹用片石或卵石铺砌而成。因此，河畔侗族村寨的主干道多沿河谷分布，次干道走向随意、自由、轻松而富于变化；山地侗族村寨的主干道多垂直于山体等高线分布，次干道常常顺着等高线呈梯级排列。由于没有固定的修建模式，而以方便实用、结合环境为主，侗族村寨中也常常出现道路或斜穿住宅一角，或横穿住宅底层中部，甚或有将毗邻的数栋住宅底层局部架空，形成"骑楼街"等许多特殊而富有趣味的道路空间与景观。此外，侗族村寨中一般都具备较为完善的给排水系统，由点状的泉井、线形的沟渠与面状的池塘共同构成，不仅有利于侗族村寨的清洁，还提供了足够的消防用水。

因此，中心公共空间强大的凝聚力、宅居与道路随形就势的流动性使侗族村寨内部既有一定的秩序感，又不失灵活自由，具有极强的场所感。

四、侗族村寨世界文化遗产价值确认

对侗族村寨世界文化遗产价值的研究离不开对村落可视、直观、固化的直接观察。这既是"他者"视角，也是容易做出判断的部分。

（一）侗族村寨发展演变的历史

侗族村寨是侗族社会发展到一定阶段的产物，是侗族人民为谋求自身的生存，与其他社会成员结成一定的关系，以便更有效地进行物质资料的生产和共同生活以及为满足人们的生理和心理需求而组成的一种集体聚居形式。人类社会里，不同时代、不同地区以及不同的生产方式，有着不同形式的村寨结构。因此，村寨作为人们一种定居行为及其所包含的意识观念，构成了居住文化的一个重要组成部分，是居室文化的外延。侗族村寨一般由鼓楼、风雨桥、鼓楼坪、戏台、井水、石板路、鱼塘、田园、风水林、寨门等要素构成。侗寨历史悠久，发展至今已有两千余年的历史，考古发掘揭示，母系氏族阶段的三江地区侗寨最早都以"姓"或"名"而命名，如"管"（冠洞）、"礼"（和里）、"荣"（勇伟）、"赛"（晒江）、"犒"（高安）等。在母系氏族社会中，以"萨"为中心组成不同的氏族，"萨"既是各个民族成立的共同祖母，也是这个民族的组织者和领导者，即族长。当一个"萨"系人口发展到一定的数额时，便分化为各个支系。随着农业、畜牧业和手工业的发展，男子在这些生产部门中逐渐居于主导地位，母系氏族社会便逐步转变为父系氏族社会，形成了以"公补"为中心、以"补拉"为基础而组成的胞族和部落。侗族人喜欢聚族而居，一般是一个房族共住一个村寨。即使一个村寨有多个房族，也多半是分片居住。所谓"房族"，就是以父亲血缘为纽带的氏族群体，侗语称"补拉"（父子）。"补拉"观念在侗族传统文化中十分重要，婚丧嫁娶、财产继承、迎宾待客、修桥铺路、社会组织、娱乐活动等大多以"补拉"和"斗"（家庭）为单位进行。由此可知，侗族的传统文化实际上是原始文化的遗存，具有血缘文化的特征。

随着社会的发展和生产关系的变化，侗寨的构造形式也相应地发展变化，并且具有鲜明的时代特征和社会形态的烙印。到了原始社会末期，父系氏族制取代母系氏族制之后，由于氏族权力和地位的影响，弱小的氏族为了反抗强大氏族的掠夺和外来入侵的威胁，侗族村寨（部落）及房屋结构也相应地发生了变化，它们除了具有居住功能外，还要有防卫功能，即有利于防备和抵御外来侵犯。因此，一个部落的若干村落相互毗邻、犄角相望，以便日趋紧密、稳固，村落四周砌围墙或栅栏以作御敌屏障，使人们有一种安全依托感。

进入阶级社会以后，随着社会生产力的发展和人口的增长，侗寨的规模日趋扩大，结构亦日趋严密和秩序化。特别是进入封建社会后，在风水观念和宗法制度的影响下，村寨的位置、平面安排以及空间布置逐渐规范化、模式化。一个侗寨基本由一个姓氏或多个姓氏组成，并且以开辟村基者为核心。侗寨多依山榜水而建立，房屋有序地分布在风水轴线上，朝向一致，而且按同姓同宗依次排列扩展，四周无围栏，村与村之间遥遥相望。直到现在，这种传统的侗寨格局仍一直保持着。略有变化的是，由于人口的增多、经济的发展、人们生活水平的提高、风水观念的淡薄以及建房用地的限制，传统的侗寨布局逐渐被打破，房屋分布趋于分散，而且新建的结构形式与朝向不一，缺乏一定的规律性。同时，受现代文化的影响，建筑形式、规模及建筑装饰也发生了新变化。改革开放前，侗寨大多房子矮小、狭窄，一般为2层，至今已发展到1～3层，高的达到5层，整体木质结构，镶板子涂光油，走廊、门窗装有铝合金及玻璃。鼓楼是侗族村寨的寨胆、族徽，是寨中议事、举行庆典、聚会、娱乐、休息、聊天的场所。过去鼓楼一般有3～7层，今日最高鼓楼已发展到27层。

侗寨布局和建筑不但独具一格，而且和谐共生，与大自然合二为一的天然本色蕴含着侗寨发展变迁的全过程，也展示了新时代居宅建筑风姿。另外，"款"文化、岁时节令文化、传统手工文化、歌谣文化、饮食文化、服饰文化等随着生产、生活和经济社会的发展，更加丰富了侗寨的文化内涵。

（二）村寨的世界遗产价值

1. 能为一种已经消失的文明或文化传统提供一种独特的或至少是特殊的见证

侗族村寨凝结了侗族起源、迁徙和在当地生息的历史，是一部蕴含着大量历史信息和文化信息的大型资料库，是侗族历史和文化的集中体现。这种历史和文化历经千年依然存在并不断发展演变，为正在快速消失的少数民族文化传统提供了鲜活的见证，是世界多元文化的重要组成部分。

侗族没有本民族的文字，通过歌谣与故事的方式，将自己民族起源、迁徙、择居以及定居于当地后发生的重大事件流传下来。侗族村寨和村寨联盟的传统社会组织、习惯法和村规民约等也是通过定期举行村民大会并宣讲法规条文（侗款）而口耳相传，广为遵守。即使在有的侗族人掌握了汉字作为书写记录工具后，用汉字刻写的碑文也都是设立在侗族村寨的中心和路口。在相对封闭的环境中，不少侗族村寨还保留着先前传统的社会结构、生产方式和生活习惯。经观察与访谈，即可从中获得大量的历史及文化信息。侗族村寨是侗族历史和文化的一个缩影，是重要的历史学和人类学资料。

侗族人民在唐宋时期从岭南梧州溯江而上，向西北迁徙至今云贵高原东南边缘的苗岭山脉和湘桂丘陵一带，在此生息超过千年。他们生活在依山傍水的环境中，开辟梯田种植稻米，利用山林和水泽采集和补充生活所需。他们以女性神"萨岁"（或写作"萨玛"）作为自己的共同女祖先和民族英雄，将其作为村寨的精神中心，每年定期举行盛大的祭祀典礼，向萨岁祈求平安。他们居住在干栏式吊脚楼中，以鼓楼作为姓氏或族群活动的中心，并在鼓楼坪集会或举办庆典。侗族人的人生礼仪，往往通过节庆淋漓尽致地表现出来。侗乡的节庆活动丰富多彩，节庆有祈求风调雨顺、欢庆作物丰收、纪念民族英雄、举行宗教活动以及青年男女社交等内容。在漫长的历史长河中，侗族村寨虽也不断地进化，依据时代需求改变村寨结构，或发展出新的文化事项，但对女祖先萨岁的英雄崇拜、以鼓楼为核心的村寨结构、以风雨桥为特点的村头标识、鱼鸭共生的山区稻作农业的产业模式等一直保存。侗族村寨为世界多元文化提供了鲜活的见证。

2. 可作为一种类型建筑群或景观的杰作范例，展示出人类历史上一个（或几个）重要阶段的作品

侗族村寨的传统建筑，尤其是鼓楼和风雨桥等公共建筑，集中地反映出侗族传统建筑的建造技术和侗族聚居区域的人文景观。这些侗族村寨的公共建筑单体与民居建筑群体间结合巧妙，村寨建筑与自然环境和谐共存。其建筑元素和景观特征被侗族聚居区乃至周围其他民族聚居区的现代建筑设计采纳并发扬，成为地域建筑文化的典型代表。

侗族村寨以鼓楼和风雨桥等公共建筑作为标志，每个传统侗族村寨至少有一座鼓楼，有的侗族村寨多达四五座。鼓楼是侗族特有的建筑，是侗族人民团结的象征。一寨建设之始，必先建鼓楼。只要望见了高高的鼓楼，就可知道必有侗族人居住。侗族人深受宗法观念的浸染，故单姓同宗村寨只建一座鼓楼，而杂姓村寨则每姓氏各建一个鼓楼，因此鼓楼通常位于村寨中心或

各家族核心地带。鼓楼外形像个多面体的宝塔，糅合了侗族传说中的"仙杉"树意象和汉族密檐式塔的效果，别具一格。鼓楼造型雄伟壮观，结构严谨，工艺精湛，是侗族建筑技艺的集中体现。

侗族村寨多建有风雨桥，而且每村常常不止一座。风雨桥是侗族村寨富有特色的桥梁形式，多建于交通要道，方便行人过往歇脚，也是侗族人迎宾和社交的场所。侗族的能工巧匠根据自己的爱好和河床的宽度大小，设计出各式各样的风雨桥。风雨桥有单纯的长廊式，也有亭楼式，后者于长廊顶部竖起多个宝塔式楼阁，楼阁飞檐重叠，少的有三层，多的达五层。这些不同于他处的风雨桥与鼓楼一样，都是侗族村寨独有的建筑形式，是侗族村寨有别于其他民族村寨的标识。

侗族村寨的鼓楼和风雨桥等公共建筑的结构和形式对当地及邻近地区的其他民族建筑和现当代建筑产生了巨大的影响。不少其他民族的村寨模仿侗族鼓楼和风雨桥的元素装点自己的村寨，一些现当代建筑师也从侗族鼓楼和风雨桥汲取营养，创造出了一大批具有侗族建筑风貌的新建筑。如果人们今天到贵州、广西和湖南旅行，随处可见具有侗族建筑元素的公路收费站、公交汽车站、体育场馆、宾馆旅社和其他公共建筑。侗族村寨建筑已经成为地域文化的显著标志之一。

3. 可作为传统的人类居住地或使用地的范例，代表一种（或几种）文化，尤其是处在不可挽回的变化之下，容易损毁的地址

侗族村寨是侗族人民顺应自然、与环境和谐共生的传统聚居生活方式的代表，也是近千年来侗族人民对自然资源可持续利用和土地良性使用模式的突出例证。它是侗族人民在长期的生产和生活实践中形成的生存智慧的集中体现，是山区传统农业文明的宝贵遗产。随着现代化、城市化和全球化进程的迅猛发展，这些侗族村寨已经是为数不多的保留着传统的"文化孤岛"。

在中国的云贵高原东南部，流传着"汉族住平地，侗族住水口，苗族住山上"等关于不同民族聚居地选择的民谣。这个民谣形象地反映了侗族人民习惯选择在河谷阶地安家落户，建立自己村寨的基本条件。这样的环境使他们有溪流可以饮用、灌溉，有平缓坡地可以开垦建屋，又有山林可以采集狩猎，生活条件相对较好，是理想的居住地区。侗族居民在居住地平坦的地方建造鼓楼及鼓楼坪，并在其周围建造民居，由于村寨溪流纵横，侗民发明福桥（风雨桥）作为重要的交通设施。而且构筑鼓楼、房屋及风雨桥都是就近利用山林中的杉木作为材料。

侗民在村前屋后的平地和坡地上开辟梯田，种植谷物为主要粮食来源。在房前屋后设鱼塘，除可养鱼、灌溉、作生活用水外，因楼房皆为木结构容易引发火灾，所以鱼塘还有消防作用。为确保水源平均分配，侗族人民建立精巧的人造水网，合理利用水资源。稻田养鱼就是充分利用有限空间及合理分配水源的体现，展现了侗民的生活智慧。侗族村寨是侗族村民合理利用自然条件，创造与自然环境和谐共生的生活方式的载体，侗族村民在此休养生息，世代沿袭，它们是东南亚山区农业文明的宝贵遗产。

侗族村寨僻处中国西南山区，许多村寨不久前还不通电和公路，那里的人们长期生活在一个相对封闭的环境中，其生产方式、生活方式和文化传统能够保持特色至今。随着中国社会经济的迅速发展，乡乡通公路、村村通电信已经成为现实，公路和电波将原先偏僻的乡村与城市紧紧联系在一起。为了改变自己的经济状况，许多侗族人到城市寻找工作，即使留在村寨的人们也每天通过电视不断获取城市和现代社会的信息，新的生产技术、建筑材料、建筑形式和思想观念强烈影响和冲击着侗族村寨固有的传统，直接或间接地导致侗族文化的同化和异化，传统的侗族村寨正在迅速变化中。现在，侗族北部方言区的侗族村寨已基本失去自身特色，侗族南部方言区的侗族村寨也正在迅速改变，如果再不予以重视并保护，侗族村寨的文化特色就将淡化乃至被世界主流文化同化，作为世界多元文化的组成部分，侗族文化失去了其载体，也将会彻底消失。

（三）侗族村寨文化突出的普遍价值

侗族村寨是中国西南少数民族村落文化景观最具特色的代表，具有以下特点。

1. 是侗族乡土建筑遗产和侗族文化的典型代表

侗族村寨的建筑类型多样，以住宅为基底，包括鼓楼、风雨桥、寨门、萨岁坛、款场、戏台、学馆、祠庙、老井、道路、会馆等多种建筑类型在内。民居建筑形式灵活，一般都在两层以上，有的达四层，最普遍的是三层吊脚楼。以三层建筑为例，最常见的平面形式是长方形，穿斗木构架、木板墙，小青瓦屋面，青瓦清水脊，以悬山顶、歇山顶为常见，有些建筑的前后多建一“偏舍”之类的附属建筑物。

2. 是村落文化景观的典型代表

人与自然的完美结合集中地体现了侗族族群顺应自然以求生存与发展。侗族村寨是有机进化而来的景观（Organically Evolved Landscape）。它产生于初始的一种社会、经济、行政以及宗教需要，并通过与周围自然环境的相应联系或相适应而发展到目前的形式。这一类景观以其形式和组成要素的特征反映出进化的过程。侗族村寨又具有延续性景观的特点，它在当今与传统生活方式相联系的社会中，保持一种积极的社会作用，而且其自身演变过程仍在进行中，同时展示出历史上其演变发展的物证。

3. 是文化人类学的活态遗产

侗族村寨数量大、分布广、族群多，保留的文化信息丰富，是侗族物质文化与非物质文化的突出代表。从内容上看，侗族村寨是侗族传统建筑、语言、节庆、歌舞、饮食等生活方式以及习俗、精神、制度等社会状况的缩影。从时间上看，侗族村寨是对侗族主要族群及其发展演变过程的生动反映。从空间上看，侗族村寨是对不同地区侗族特色文化的同时展现。

4. 具有独特的文化真实性和完整性

首先是真实性。侗族村寨的真实性表现在物质、非物质、精神与情感三个方面。在物质文化方面，村寨公共建筑与民居建筑的形式与设计、材料与材质的真实性由侗族村寨当前的客观形态决定。村寨经选址，位置与环境便相对稳定，村寨的延展也依托于村落宏观自然环境而始终保持位置与环境的真实。物质层次的真实性以建造技术、传统工艺等方面的真实性为依托。在非物质文化方面，侗族村寨在语言、节庆、歌舞、饮食、传统等非物质遗产要素方面具有真实性，这些内容使得侗族村寨文化内在地区别于汉族及其他少数民族。村寨的社会生活和组织运转在很大程度上仍沿袭了数百年来传统的村寨管理模式，因此村寨也具有传统、技术与管理系统的真实性。在精神与情感方面，较之汉族，侗族村寨浓郁地保留了山川、林木等自然崇拜乃至祖先崇拜的信仰，两者均是对村寨与原住民精神与情感真实性的突出体现。侗族村寨作为典型的活态遗产，其真实性的核心是原住民及社区的真实，其中人的因素是以上三方面真实性的承载体。原住民及社区维系着侗族村寨当前物质与文化生活的真实性，并将这种真实性延续下去。

其实是完整性。侗族村寨代表着侗族村寨不同族群突出普遍文化价值的必要因素。侗族村寨分布三省，地理范围在同类国内外村落文化景观中足够大，此种选点体现出侗族不同族群、不同语言、不同组织方式、传统社会和当地社区所构建的文化完整性，能完整地体现文化价值的特色和过程。此外，侗族村寨的实体构造及其重要特征都保存完好，能表现遗产全部价值，绝大部分必要因素也应包括在内，如鼓楼、风雨桥、民居、南侗、北侗、语言差别、不同族源、不同侗款。更重要的是，作为活态遗产，侗族村寨体现出文化的种种显著特征、族群间的历史因缘、互动关系和能动机制。侗族村寨数百年来都保持着村落自生发展的规律，鲜少受到大规模的来自外部环境及文化的侵袭，这无形中促使侗族村寨的完整性完好保留。

（四）侗族村寨文化的遗产比较价值

1. 侗族村寨与中国列入世界遗产的村落文化景观相比

侗族村寨鲜明地体现出中国侗族文化特色，与西南其他少数民族村寨（如苗寨、藏羌村寨）相比，代表着不同的文化主体，具有不同的少数民族文化内涵。与中国其他地区村落文化景观相比，侗族村寨既不同于中原文化区皖南古村落对汉族传统社会经济结构的反映，也不同于云南红河哈尼梯田对稻作梯田这一典型农业景观的侧重反映。与土楼、开平碉楼重实体建筑相比，侗族村寨不仅有丰富的建筑类型，也强烈地呈现出使用中的遗产的特色，具有典型的活态遗产的特点。

2. 侗族村寨与东亚其他代表性村落文化景观相比

《世界遗产名录》已登录的其他亚洲村落或农业文化景观，包括：①菲律宾科迪勒拉山的水稻梯田，是社区可持续的稻作生产公共系统的生动例证，是对历史和千百代小农耕作方式的纪念，是人与环境相互和谐作用的土地利用的突出代表。②日本白川乡和五屹山历史村落，以种桑养蚕为生。当地农舍很有特色，在日本是独一无二的，比一般农舍略大，为两层结构，屋顶坡面很陡，用茅草覆盖，村落拥有与自然生活环境和社会经济环境完美适应的传统生活方式。③韩国历史村落：河回和阳东，是乔森（Joscon）王朝保存最好、最具代表性的两个部落村寨。村落建筑形式特殊，使用特殊泥墙、木框架和草顶，在选址、规划和建筑传统方面是对崇尚儒学的乔森王朝的独特例证。村落及其总体规划或单独规划，尤其阳班和村民的房子作为一个整体，反映了乔森王朝根据社会结构和文化传统、文学作品的影响力与哲学传统所形成的规则。

不同于菲律宾科迪勒拉山的水稻梯田因社会和经济的转变而脆弱，侗族村寨依然保持着生机与活力。在建筑材料和建筑形制方面，侗族村寨具有不同于上述日、韩历史村落的特征。侗族建筑类型更加丰富多样，民居建筑形式更富有变化。河回和阳东反映了儒家思想的浸润与影响，这恰恰反映出侗族村寨文化不同于汉族文化、不同于韩国两处历史村落的根本之处。

3. 与欧洲和西亚典型村落或农业文化景观相比

《世界遗产名录》已登录的欧洲村落或农业文化景观包括：①捷克霍拉索维采历史村落保护区，以南波市米亚民间巴洛克风格著称，代表着两种乡土建筑传统的融合，是中欧传统乡村聚落的突出例证。②瑞典吕勒欧的格默尔斯达德教堂村是北欧斯堪的纳维亚传统教堂镇的一个显著例证，很好地说明了在恶劣的自然环境中，传统的城市设计对特殊的地理和气候条件的适应。③罗马尼亚特兰西瓦尼亚村落及其设防的教堂，保留了 13—16 世纪建筑风格的防御性工事教堂，具有特殊的土地利用系统、居住方式和自中世纪后期以来保存至今的家庭农庄组织的特点。④匈牙利霍洛克老村及其周边环境，是特意保留的传统聚落的突出例证。村庄主要在 17—18 世纪获得发展，是 20 世纪农业革命前乡村生活的一个鲜活例证。⑤叙利亚北部古村落群，为古典末期和拜占庭时期的乡村农舍建筑、民用和宗教团体建筑，为中东乡村文明的生活方式和文化传统提供了独特证据。

与上述村落相比，侗族村寨是中国少数民族村落活态文化的突出代表。侗族村寨与上述欧洲村落文化景观具有不同的文化主体（侗族）、不同的建筑形式（从外观到材料）、不同的建筑功能（不强调其防御性），反映不同的时代（数百年演进至今），具有不同文化的侧重（并非以宗教为主）。更重要的是，在上述文化表象之上，侗族村寨不仅所含村寨数量众多，建筑景观特色鲜明，核心保护区面积广阔，更在文化内涵的广泛性、深邃性、生动性上独具特色。

第四章 村寨的构造：围绕"补拉"和 "团寨"展开的血缘和地缘关系

第一节 相关概念论述

一、汉族的"姓"（侗语称为"singv"）和"房族"（侗语称为 "doux"）

侗族人很早的时候就开始使用汉姓，在他们的地方文书中有时也会使用 "房族（或氏族）"的汉族概念。这可以说是比较汉化的少数民族侗族的一个 特征，也可以作为侗族的亲族组织具有某种程度上的暧昧性的原因。根据宋 代描述侗族的汉语历史文献记载（特别是贵州黎平的吴面儿、湖南靖州杨姓 首领等地方头领的记录），侗族人很早就使用汉姓了，尤其以吴、杨、石、 龙等姓氏为多。不过，侗族人因崇拜某位地方领袖而改姓，或者由于集团力 量小而加入大姓集团的现象很常见。笔者调查的贵州、湖南和广西地区的侗 寨都有类似的情况，所以侗寨地区姓与血缘关系的联系并不强。此外，侗族 地区还有"破姓开亲"的习俗。为了同姓内部通婚，而将同一个姓的人根据 不同祖父分成若干"房族"，不同房族的人一般是相隔四世代至七世代之后 的房亲另取一个姓，可以通婚（现在还有一些侗族地区保持有外姓和内姓的 说法，外姓是共同的，内姓是房族的区分标志）。换言之，不同姓而具有血 缘关系，同姓却不具有血缘关系的现象在侗族各地都很常见。因此，姓虽然 与侗族的来源有关，但只能看作一个附加的特征。

这里还涉及另外一个汉语概念"房族/氏族"。对侗族而言，房族是父 系小家庭组成的集团，相比于以"姓"为基础形成的集团，同一房族的人在血缘关系的联系上更为紧密。不过，虽然侗族人在他们的地方文书、类似碑文、公文等使用这个概念，但侗语中并没有这个词。对于与其对应的侗语，不同研究者存在一定的分歧，有人用"兜"（侗语称为"doux"），有人用"补拉"（侗语称为"bux lagx"）。前者主要是从具有血缘关系的父系小家庭一般是围绕着一个鼓楼（一族的集会所）共同聚居这一特征来解释的。因此，早期的侗族村寨比较常见的都是一个村寨一兜。后者则是从父与子的血缘关系来描述的。不过，与"姓"同样，就"兜"而言，围绕共同鼓楼聚居的人包括加入这个兜的其他"补拉"的人，而具有血缘关系的"补拉"分开在不同的"斗"的情况也很多。所以，用"兜"这个概念虽然比"姓"这个概念更接近侗族来源的特点，但仍然有很多让人觉得不满足的地方。

二、"补拉"（bux lagx）

1990年，侗族学者开始提出以"补拉"来指称侗族的父系来源。史书一般把它当作家族或宗族看待。据石佳能的考察，他认为"补拉"既不是家族，也不是宗族，而是父系氏族社会组织的次生形态。❶他指出了以下几点：

第一，"补拉"组织的一大特点是以父系血缘关系为基础，少者由二三十户组成，多者有一百多户，如湖南独坡石氏补拉就达一百三十余户。"补拉"内的成员都有父系血统关系，他们有一个较久远的共同祖先，传说有二三十代。

第二，"补拉"内部严禁通婚，同一辈分的男女都是兄妹，不能以任何理由为借口进行通婚。一般来说，一个"补拉"内姓氏不等，有的是一姓一个"补拉"，有的是一个姓分两个"补拉"，还有的甚至五六个姓合成一个"补拉"。"补拉"可接受外人成为自己的成员，在通常情况下，接受一个宗族入"补拉"的居多。加入"补拉"的人有的改姓，有的没有改。在侗族地区，没有一个人能独立于"补拉"而存在。

第三，"补拉"组织也有地缘特点，二三个或四五个姓氏由于居住在同一村寨而组成一个"补拉"。

第四，"补拉"中无正式首领。

第五，"补拉"与"补拉"之间互相联合是主要的，有争议时一般互相协调解决。❷

---

❶ 石佳能，黄雪鸿．侗族民俗及民族文化中原始社会残余试析 [J]．中南民族学院学报：哲学社会科学版，1988（1）：72-77．

❷ 石佳能．侗族文化研究笔记 [M]．香港：华夏文化艺术出版社，2000．

贵州黎平肇洞一带侗乡（现在的肇兴侗寨及周边地区）流行的"父子循环"取名表明了父系制的确立和世系按父系计算。可以说，"补拉"由具有父系血缘的人组成，且代代相传，他们认为他们有一个较久远的共同祖先，并将其作为共同祭祀的对象。由此可见，"补拉"这一称谓反映了侗族父系氏族的单系亲属制，也在一定程度上反映了侗族社会村寨母系制的遗风习俗，如不落夫家、姑舅表婚等。

侗族社会"斗"与"补拉"是父系氏族社会胞族群体内部的组织结构。其社会功能和特征：承担物质生产和人口生产的基本任务，参与政治、军事、文化、公共事业等各种社会活动；其成员有相互保护的义务和职责，有财产继承权利、共同操办各种婚丧事务的义务等。❶《侗族文化辞典》释"补拉"为家族组织，是侗语"bux lagx"直接音译过来的汉语词，直译为"父亲和儿子"。狭义的"补拉"指一个儿女众多的大家庭，包括若干个体家庭；广义的"补拉"指同一祖父所生儿子的个体家庭。"补拉"血亲间不能通婚。❷侗学者石佳能这样界定"补拉"："侗族现存的'补拉'组织，是远古氏族组织的残余、父系氏族组织的次生形态，是以血缘为核心，以地缘为纽带，以原始民主为机制的组织制度文化。"❸

"补拉"组织在侗族地区每村每寨都存在，规模小的三四家，大的有十几家甚至几十家、上百家。其结构组合形式大体有以下三种：①同宗、同房族叔伯间的组合体。这是一种比较纯正单一的"补拉"组织。②不同房族、不同姓氏，但具有同样"节气"（sibt qik，节日习俗），即在某一固定日期中祭祖、宴请亲戚朋友，以表示生产生活范畴中具有某种纪念意义的侗族民间习俗的多个住户为了日常办事方便而缔结在一起所组成的"补拉"组织。③不同宗族、不一样"节气"、同姓或外姓的后来才迁入村寨且户数较少的住户，出于生活习俗上的方便和安全考虑等，加入别的姓氏或房族而合为"斗"所形成的"补拉"组织。一个姓氏组成一个或多个"补拉"。但也有特殊的形式，如同一个姓因来自不同的迁徙路线、不同的地方而分成不同的族支，没有按照同是一个姓氏组成同一个"补拉"的原则，而是各支族各自为政。而不同姓氏的支系由于地缘等原因而合"斗"为"补拉"。❹

❶ 冼光位.侗族通览 [M].南宁：广西人民出版社，1995.

❷ 欧潮泉，姜大谦.侗族文化辞典 [M].香港：华夏文化艺术出版社，2002.

❸ 石佳能，廖开顺.侗族"补拉"文化内涵浅析 [J].贵州文史丛刊，1997（3）：91.

❹ 张泽忠，吴鹏毅，胡宝华，等.变迁与再地方化：广西三江独峒侗族"团寨"文化模式解析 [M].北京：民族出版社，2008.

不过，"补拉"在此作为侗族父系制特征的提出是建立在与汉族宗族的特征和功能比较基础上的。有学者从"补拉"的血缘性指出侗族的"补拉"是拟制的宗族。但实际上侗族的"补拉"并不能算是严格意义上的父系制。其中很重要的方面是"补拉"包括结婚对象的女性和未出嫁的女儿，且一旦"补拉"发展到二三十户以后，一般会建立鼓楼。后来迁入的住户都可以加入该鼓楼，成为该"补拉"的成员。因此，"补拉"也包含非父系关系的人。

三、鼓楼（侗语称为"liangc tingc"，凉亭）

1985 年 6 月 15 日，《人民日报》发表署名文章指出，侗族鼓楼是侗族民族文化的标志。文章说："作为民族村寨和族姓的标志，民族团结和兴旺的象征，民族悠久文化传统赖以承继的场所和维系民族思想感情的纽带，鼓楼在侗族人民心中具有一种至高无上的神圣地位。无论是在风雨如晦的过去，还是在兴盛发达的今天，侗家始终如一地将智慧和汗水无私地奉献给鼓楼，每一座鼓楼都是一座鼓楼文化灿烂的纪念碑。"鼓楼文化，狭义来讲是以鼓楼为代表的侗族建筑文化，与音乐、社会组织等文化并行。侗族村寨一般以家族为单元聚族而居，鼓楼就是家族的核心和标志，因此侗族文化与侗族村落文化是同一用语。❶❷

鼓楼可以说是侗族民族认同、民族文化的标志。鼓楼在侗族人民的心中不单纯是一座造型精致、壮观雄伟的木质结构塔形建筑，而是侗族氏族的标志、村寨的标志，是侗族的"族徽"，是人们精神的物化。侗族素有"未立寨，先立楼"的习俗，往往一个村寨一座鼓楼，一个家族一座鼓楼。鼓楼使人们的文化心态趋向共同和稳定，使人们产生民族认同感和家族认同感。

鼓楼承载着宗族观念，反映了维系村寨团结的集体精神。南部侗族大都以血缘关系（补拉或房族成员、家族成员）为纽带集中居住，几乎每寨都有一座鼓楼，族姓（家族）多的村寨，甚至多楼并立（如今天的肇兴侗寨共五座）。相传，侗寨建楼之初，楼体主柱材料一般由家族之下各小房族承担。在南部侗族地区，此习俗一直留存。1981 年，贵州黎平肇兴侗寨"斗格"（家族）建鼓楼，除右前柱外，四根主承柱都按照惯例由相应房族代表世袭捐献。❸鼓楼对外是族姓（家族）或村寨的象征，鼓楼的威严实际上是一种族姓

❶ 余学军，余岛，李文明 . 侗族文化的标帜：鼓楼 [M]. 哈尔滨：黑龙江人民出版社，2012.
❷ 易凯 . 民族文化的标志——贵州侗族建筑与风情展览侧记 [N]. 人民日报，1985-6-15（08）.
❸ 石干成 . 走进肇兴：南侗社区文化考察笔记 [M]. 北京：中国文联出版社，2002.

观念的外延。❶另外，族姓、村寨之间发生矛盾冲突，任何一方不得侵扰对方的鼓楼。❷

鼓楼是侗寨中最醒目、最高大的公共建筑，也是侗寨的标志性建筑，依据它可以轻易地区别侗寨与其他少数民族村寨。鼓楼还是一个血缘家族的象征，在这个家族中有着神圣的地位，家族的大小活动都在这里举行，成为侗族文化的代称。❸❹鼓楼体现的是侗族人聚族而居的传统。一个大的寨子通常会居住几个家族，或者由几个家族小寨构成，侗语称为"斗（兜）或基（支系）"。每个家族都会建造属于自己的鼓楼，几个家族共用一座鼓楼的情况很罕见，因此一座鼓楼下往往居住着一个家族，通过寨中鼓楼的数量，就可知晓这个寨子有几个家族。❺

四、人的来源或起源（侗语称为"tengh"，音译写作"吞"）

以族姓结寨是侗族村寨的一个原则，村寨内部在空间的划分上体现的是别群异姓的特点。村落往往几个家族按不同的片区分开居住，每个家族内部又按血缘的亲近程度集中分居在一定的地理单元，即同一房族者共同组成一个生活单元（侗族人称为"兜"或"斗"），如古歌"按族分开坐，按格分开住"。居住空间基本以鼓楼为轴心展开，鼓楼以其物化的形式内聚了族人的认同感，形成内敛性和向心力。❻

一般而言，在侗族地区，同一姓氏的血亲组织称为"补拉"，由三四十户以上的同一大姓"补拉"或多个不同小姓氏"补拉"围绕一个鼓楼顺应地势建造房屋共同居住形成"斗"，再由一个或若干个斗组成"团寨"，故同"斗"多是具有血缘关系的同一"补拉"房族或其分支，以鼓楼为单位展开社会生活。传统时期，侗族社会以村寨为单位往往组成地域性联盟，称为"合款"，由几个或十几个相邻的"团寨"组成"小款"，又以共同的款坪为中心联成"大款"。其中，最大的款为整个侗族聚居区域。款内有互相支援的义务和监督执行款约的权力，过去对维护侗族地区社会秩序、抵御外侮均起到重要作用。款组织虽于1949年后取消，但其文化上的约束和交往功能仍在

❶ 李时学.侗族鼓楼及鼓楼文化管见 [J].贵州民族研究，1992（4）：55-70.

❷ 杨明兰.古越遗风探微 [M].呼和浩特：内蒙古人民出版社，2010.

❸ 余达忠.侗族"鼓楼文化"的层面分析 [J].贵州民族研究，1989（3）：44-48.

❹ 廖君湘.南部侗族传统文化特点研究 [M].北京：民族出版社，2007.

❺ 周一编.人文贵州 [M].广州：广东旅游出版社，2009.

❻ 张海洋.民族研究文集 学科建设与应用研究卷 [M].北京：中央民族大学出版社，2006.

民间社会发挥作用，如村中的乡规民约和村与村之间的"为也"等，❶形成区域性互助和谐的地方社会。

举例而言，林溪乡的高秀村归"十二款十三场"的第六款，❷在行政区划上同属广西。1953 年，三江县实行分区，高友、高秀归广西，属三江县第八区，由林溪乡管辖，而沿高步河以上从陇城至黄土归湖南。但从婚恋和交往习俗来看，当地侗族人与湘桂交界合款的诸侗寨间存在密切关系，可以说构成了一个地方社会的范围。其中，"为也"与通婚是村寨之间最频繁的互动。村中现有 360 户 1 600 多人，世居向、吴、杨、谢、石、陈六大姓氏"补拉"，其中吴、杨、谢三大姓的房族及分支建有南门（上杨）、下杨、吴、西门（吴）、谢五个鼓楼，家户以所属支系鼓楼为中心相对集中居住，形成了五个"斗"和生活区。虽然不是所有的侗寨都具有这样的特点，但可以说鼓楼与补拉及团寨的数量具有一定的对应关系，是（传统时期的）侗族文化的重要特征之一。

第二节 "补拉"和"团寨"

一、对"补拉"的界定

关于侗族"补拉"组织，不同学者还有"卜拉"或"甫腊"等称法，都用以指称"父子"之意，属于侗族社会普遍存在的一种基层组织，每个"补拉"户数二三十户至一百户，以父系血缘关系为基础，相传并信仰共同的祖先，执行内部禁止通婚等习惯法。❸"补拉"作为"团寨"（村落）的社会族系❹，是款组织亲和力的基石。在社会关系上，它是一个自我保护、自我协调、自我教育的组织；在经济上，它是一个互助、由多个家庭联合起来的大家庭（代表各个家庭的财力和实力）。❺虽然有学者认为"补拉"是"拟制的

❶ 宋蜀华，陈克进 . 中国民族概论 [M]. 北京：中央民族大学出版社，2001.

❷ 流传于湖南通道县、广西三江县等地的《十二款十三场》中记："村脚横岭、黄土，村头高友、高秀。村中坪坦、坪暮，大河坪合款是第六……"高秀属于第六款。

❸ 石佳能，廖开顺 . 侗族"补拉"文化层面观 [J]. 怀化师专学报，1996（2）：140-145.

❹ 张泽忠，吴鹏毅，胡宝华 . 变迁与再地方化：广西三江独峒侗族"团寨"文化模式解析 [M]. 北京：民族出版社，2008.

❺ 邓敏文，吴浩 . 没有国王的王国 [M]. 北京：中国社会科学出版社，1995.

宗族"❶（薛琪薪，韦益金，2013），但侗族的"补拉"组织与汉族的宗族、家族等概念都有所区别，故在此保留地方说法。

对"补拉"特点的表述大致有两个层面，一是认为"补拉"是以血缘为核心，以地缘为纽带，以原始民主为机制的组织制度。同一"补拉"里的男性成员大多都有或远或近的血缘关系。同一"补拉"的各户成片聚居，间隔居住的现象十分罕见。"补拉"不存在正式的首领，而自然推举一个或几个被公认为德高望重、能言善辩的长者，负责处理各种公共事务。二是认为"补拉"是侗族民间自治体系的起点，其次是一个或多个"补拉"聚居的团寨和多个村寨组成的款，形成"补拉"—团寨—款组织的多层次民间自治，其对内自治一般表现在以严明的族规施行管理。❷有学者指出，"补拉"存在与汉族宗族相同的四组特征，即共同的血缘表现、同姓、家庭成员有相互继承财产的权利、成员间有相互援助和保护的义务。主要不同之处：①无世系连贯的族谱，不建宗祠，以鼓楼为集体议事、休息和娱乐的场所。②在外收入寨、他族入本族、成员外迁等方面更宽松。③侗族人依赖"补拉"更甚于汉族人依赖宗族。④"补拉"长老多自然形成，不世袭，不特权专制，使"补拉"内部关系缓和（杨进铨，1992）。

"补拉"的功能多被概括为对内管理、对外交涉的民间自治两方面。石佳能将"补拉"的对内管理功能归纳为六条：调解内部纠纷、进行婚丧的单位、维护成员和集体的利益、制定规约、主持重大节庆、教育乡规民约的违犯者（石佳能，2001）。廖君湘认为"补拉"具有参与的广泛性与血缘地缘上的开放性，因具有互助、规范成员行为、组织、教育、惩处的功能，而呈现内部严格、外部平等和睦的良性关系（廖君湘，2004）。不少学者从抽象的民族文化心理特征及族群认同层面上指出"补拉"的价值，认为其是侗族社会"和谐之基"。原始而质朴的"善"、与大自然友好相处的民族、和谐统一的社会群体、趋善避恶和抑丑扬美的个体，侗族众多的文化事象都统摄于"补拉文化"❸中，形成了侗族和谐统一的社会观（石佳能，廖开顺，1996）以及群体意识、互助意识、公益意识和平均主义等深层心理积淀（杨进铨，1992）。以上皆来自对1950年以前的文献或社会普查资料的概括性总结。

---

❶　麻国庆.家与中国社会结构[M].北京：文物出版社，1999.

❷　石佳能，廖开顺.侗族"补拉"文化层面观[J].怀化师专学报，1996（2）：140-145.

❸　他们在此处所谓的"补拉文化"将甫腊和款两种组织形式囊括其中。他们认为，侗族众多的文化事象均以"补拉"为单位进行，婚娶丧葬等方面最为明显，故称"补拉文化"。

关于"补拉"的溯源与历史演变的探究，石佳能认为，"补拉"为父系氏族社会组织的次生形态，属于父权制时代产生的长期残存，其存在的社会根源，与自然环境和生产方式落后、血缘关系紧密和闭塞、祖先崇拜的普遍性和绝对性有关（石佳能，1991）。1949年前后，"补拉"的这些传统功能仍维持了下来。1950年后，"补拉"在当代的发展与变迁在少数特定侗族村寨社会的综合考察和研究中有所呈现。从1958年民族识别的成果《广西侗族社会历史调查》中可见，中华人民共和国成立后，侗寨的房族在"社会经济"与"婚嫁和丧葬"上尚存联系，表现为较大的家族聚居的村寨皆建立祠堂，并置田产，同族结婚的禁忌和红白喜事的族内相帮的规则等。❶近30多年来，随着国家行政机构职能的成熟和经济生活的转变，现代村落与基层职能部门的互动加强，支持房族功能延存的社会基础不断被割裂，房族的认同感日趋淡化，其功能也将逐渐被其他职能部门替代（杨筑慧，2001）。但也出现了房族复兴的现象，原先通过口述传承的"补拉"族系记忆有了修谱、传谱的行为，在已经衰退的"款"社会中继续实践着自我管理的功能和规范作用（张泽忠等，2008）。

综上所述，先行研究者从多个方面对侗族的"补拉"组织做了概述，且认为"补拉"对侗族的和谐社会建构及其民族性格产生了重要的影响，但现在这种影响已经逐渐减弱，甚至消失。同时，研究者也指出其社会组织的构成比较松散。为了研究地方社会中"补拉"组织建构、形成的特点，有必要纳入动态的视角，基于对侗族社区的现地调查，理解"补拉"在当下村落生活中的日常感知与实践。具体而言，认同上为空间建构与历史记忆，实践上为村落社会的交往和权力互动。因为从空间特别是鼓楼的功能出发的讨论已很多❷，本书侧重于"补拉"的信仰体系及认同表象，材料主要依据2012—2015年在桂湘交界高秀村及周边侗寨的田野作业。

---

❶ 广西壮族自治区编辑组，中国少数民族社会历史调查资料丛刊修订编辑委员会.广西侗族社会历史调查[M].北京：民族出版社，2009.

❷ 比如：黄才贵.侗族住居空间构成的调查报告[J].国立民族学博物馆研究报告，1999，18（2）：303-346；韦玉姣.三江侗族村寨的地理环境与民族历史变迁[J].广西民族大学学报（哲学社会科学版），2002，24（5）：44-46；秦红增，梁园园.侗族村寨的空间结构及其文化蕴涵——以广西三江高友侗寨为例[J].西南边疆民族研究，2009（1）：64-78；何明.西南边疆民族研究（第6辑）[M].昆明：云南大学出版社，2009；赵巧艳.空间实践与文化表征：侗族传统民居的象征人类学研究[M].北京：民族出版社，2014.

二、高秀村"补拉"的表象

调查点高秀村位于广西三江县林溪乡东北部，介于东经 108°53′～109°47′，北纬 25°21′～26°3′。村寨四面环山，平均海拔 546 米。高秀村毗邻高友、湖南省通道县坪坦乡阳烂、高步、高团等侗寨。村中现有 360 户 1 600 多人，世居向、吴、杨、谢、石、陈六姓，300 多年前从江西、贵州和湖南迁入。其中，大姓吴、杨各建有两个鼓楼，谢姓建有单个鼓楼，全村家户以所属鼓楼为中心相对集中居住，形成了五个"斗"和生活区。另外，全村有一个中心鼓楼。

以社会制度与社会空间的变迁为线索，高秀村"补拉"的发展史大致可分为如下三个时段：

第一，传统乡土社会时期。高秀村在行政区划上属高步乡管辖，归湖南、广西的"十二款十三场"的第六款[1]，对外合款，对内执行寨老制，各鼓楼依赖"补拉"协作，由村民推选德高望重的寨老，聚众议事，保障生存与繁衍。"补拉"内部纠纷、修墓立坟等事务也由寨老管理。高秀村各姓氏"补拉"的支系分布在湘桂交界诸侗寨，村寨间通婚往来甚密，构成了一个地方社会的范围。

第二，动荡中渐变的乡土社会时期。1912 年到 1949 年前，寨老制改为保甲制。战乱匪乱时，寨老制仍发挥作用。[2]1949 年后，村委小组代替寨老制。1958 年前后，寨老还在民间偷偷进行管理。1960 年后，寨老被划为"四类分子"遭批斗，不仅寨上庙宇、神像全毁，鼓楼也被改造而丧失了宗族的职能。各鼓楼的大柱子全被砍掉，改成一层，作为生产队的仓库，中心鼓楼作为村生产大队办公点，由村委组织农业生产、民兵营联防、毛主席思想宣传等。[3]另外，高秀村 1961 年冬遭遇了一场大寨火，全村家屋 80% 以上受灾，其后两年间完成村寨重建。

第三，现代中转型的新时期。1982 年，高秀村里退休老干部牵头成立了养老休闲场所"老人之家"，1989 年改为老人协会，协助村委调解民间纠纷，组织公益活动和文艺事业。在其带领下，村落传统开始复苏，以鼓楼的重修

[1] 见杨锡光等人整理译释的《侗款》（岳麓书社，1988 年 10 月版）中记流传于湖南通道、广西三江等地《十二款坪十三款场》及吴浩主编的《侗族款词》（广西民族出版社，2009 年 6 月版）中所录流传于三江县林溪、八江、独峒等乡镇的《十三款坪》，高秀村属于第六款。

[2] 如曾在鼓楼处死过一个土匪头，组织大家逃到山里，至今仍流传"躲汉冲"的传说。

[3] 被访谈人：WGM，男，侗族，1946 年出生，1980 年任三江县林溪乡高秀村村部党支书。访谈时间、地点：2012 年 8 月 21 日，于西门屯鼓楼。

和加高为标志，2004—2015 年，共新建了鼓楼三座，为鼓楼加宽加高五次。此外，1970 年以来的农村改造运动也影响了村落景观的变迁。其中有两个标志性事件：1974 年开始的"农业学大寨"，开发南、东面山坡为水田，推倒祠堂、墓地，大量砍伐杉木，现在有些田地又改为墓地；1974—1978 年村中响应乡政策改防火线号召，对防火线经过的房屋进行搬迁，大致形成了现在的村屯聚落格局。

（一）"补拉"史的记录与记忆

1. 族谱

高秀村有文字可循的记录见于清乾隆四十九年（1784 年）吴姓祖公吴朝旺的墓碑，上面列记了该房族的历代成员。村中谢姓在清末民初曾设立私塾，请湖南的古文先生来授业，并较早订立族谱和族规，但文本已人为遗失。高秀村汉语教育始于 1980 年，仍以古文为主。虽然包括族谱在内的祖先及族内规范的记录经历早前的寨火后几乎无存，但村民们有一致的认同，就是他们的祖籍是江西省泰和县，清初入寨落作。

现代以后，YGH❶于 1997 年清明修订的《广西高秀村村堂一百五十户杨家族谱》❷作为村中硕果仅存的文字记载，大致叙述了十五户杨姓关于祖先由来和谱系发展的历史记忆：

"本房族历代祖宗的由来：昔闻祖辈遗传，起初由江西省泰和县泰和街（上半街）。因当时国家形势动乱，人民生活困难，饥寒交迫，无处所靠，生活不能坚持下去，不能坐以待毙，三人（兄弟）决定逃难出来，谋求生活，度日为生。逃难的经过：第一到湖南省城步县的地方，住的时间不久，第二到湖南绥宁县、通道县，住的时间也不久，第三到靖州县城里找零工度日，住的时间也不久，后去独坡八寨的地方居住，打工度日，时间比较长，又常到广西怀远县（现广西三江县林溪乡高步村）高团村寨（上半寨），现在是湖南省通道县坪坦乡高团村，寻找农业，开荒度日。在高团住的时间较长，后来又想更换一个安定的地方务农度日生活，则转到我们高秀寨这里来谋求生活，寻找长久住地，极力耕农，建家立业，现在发展（到）四十多家，后

---

❶ YGH 在村中较早接受汉文化，1980 年担任村中首个国语教师，对桂剧、侗戏在当地的传播也颇有贡献。

❷ 据 YCS 介绍，十五户杨家在村中的人口一直发展不多，但在修谱的时候，为了表示自身作为一个房族的强大，而以"一百五十户杨家"自称。

发展到几百人，本房族历代祖宗巷本概况就是这样。另有谁记得更清楚，请另补上及改正。"

除此之外，该族谱还清楚地列出了本房族字辈、历代祖宗的由来、本房族的祖宗坟地、成员花名册等，也记录了主要活动的情况，如五年一度的大祭，列入每届祭仪的主持者、具体内容和收支等。近年来，随着汉文化的普及，其他姓氏也纷纷效仿杨氏做类似的记录和整理。

2. 口述迁徙史

现在高秀村村民中数杨姓人口最多，发展最快，吴姓人口居其次。寨上杨家共有四个"补拉"，大约都是三百多年前来到高秀村，村民一般称自己属于不同的房族，即上杨、下杨、杨岩和十五户杨。他们分属不同的祖先，墓地不在一处，但皆在家中堂屋设神龛，供奉飞山杨再思。吴姓与杨姓差不多同时到高秀村。吴姓被认为有两个"补拉"（或"房族"），两房族原祖坟不在一处，可通婚。现居住区域位于寨中，沿河两边分布，有一处公共坟地，中间以石堆垒砌上下分界，各修有一个鼓楼和公用食堂。不过，关于村中"补拉"的迁徙与发展史，因缺乏民间谱系碑刻等记录，主要流于口述。具体梳理如下。

向家：最早到高秀村，可能是苗族。[1]后被其次入村落居的吴家、杨家或谢家赶走。向家三兄弟于是跑到林溪乡盘桥（村屯名）。他们被赶走后，村里糯禾长不熟，侗布也染不红，村民请仙师来看过后说得把向家请回来。当时，全村去请他们，但向家三兄弟怕遭陷害，只肯回来一个，选了寨上小而旱的田地落作，成为村中向姓的祖先，另外两兄弟分别去了林溪水团村和斗江南地发展。高秀村向家发展慢、人口少，没有自己的鼓楼，为获得保障，曾与上杨结拜为兄弟，约定内部不通婚。

上杨：因居住在河流上游而得名。自称祖先为杨银山，与杨岩、十五户杨、石姓等"补拉"一起居住寨头（南边），共一鼓楼，经过重建后，现在鼓楼命名为"南门鼓楼"。上杨房族属于比较早期定居高秀的"补拉"，从湖南通道县独坡乡坎寨村迁来。

杨岩：属于稍微晚到的"补拉"。祖籍湖南靖县，后到贵州土坡木瓜乡上岩村，再到高秀村。因上岩村的侗语称为"岩"而得名，表示是从上岩村迁徙而来的杨家人。由于人口比较少，入住时间相对晚于上杨等其他人口较

---

[1]　也有称在向家来之前还有苗人住在"岑牙缪"（侗音，苗人住的高处山坡），向家来了后把他们赶走了，但残留苗人喂猪的槽等生活物品。

多的"补拉"，为了寻求保护而加入上杨"补拉"。

十五户杨：从湖南高团分上来，因为入寨居住后每一世的人口发展都不超过十五户而得名。十五户杨家在湖南高团和通道其他地方也有分支。在高秀村的十五户杨家因落寨较晚、人口较少，为了寻求保护而加入了上杨"补拉"，与他们共用一个鼓楼。

下杨：因居住于河流下游而得名。自称是杨家将的后代，住寨尾（北边），建有一鼓楼和食堂，近年"补拉"内部筹集资金加高了鼓楼，并命名为"北门鼓楼"，与上杨片区的鼓楼遥相呼应。下杨房族也是属于比较早期定居高秀的"补拉"。

对河吴家：吴朝旺（清乾隆年间卒）的后代，迁徙路线是自江西过汉口，再由武汉到贵州，然后从湖南坪坦高团上来到高秀村。原本居住在寨中心，与后来加入吴姓房族的"伍姓"房族一起，在临近的地区建造了两个鼓楼，分别进行本"补拉"的内部事务。后来因为人口发展以及改防火线，搬到河对面与十五户杨的一部分家户共同居住，并建立新的鼓楼和食堂。

吴家：吴旺财的后代，来源不详，较对河吴家晚到，但间隔未明，传说该族原姓"伍"，落寨后，为防匪害，与王朝旺一族合为一"补拉"而改姓"吴"。后来因为人口发展以及改防火线，吴朝旺一族搬到对河那边，而各自建造鼓楼和食堂。

谢家：据称清乾隆以前入寨。他们的迁徙路线为江西泰和县到湖南的靖县，再到靖州县四乡，最后到高秀村。谢家的祖先到四乡有四兄弟，其中的两兄弟来了高秀村，成为现在村中谢家共同的祖先。谢家住在下寨背面山上，"补拉"建有一个鼓楼、飞山祠和公共食堂。

石家：大约两百多年前从贵州黎平县也洞乡分来高秀村，居住村中南边上寨，因人口较少，落寨后加入上杨"补拉"，成员并入上杨，并与上杨房族共用一个鼓楼和公共食堂。

陈家：最晚到高秀村。原先是从湖南西皮逃难而来的，居住在下杨所在的下寨。陈家只有两户，为了保障自身安全，入住后加入下杨，成员并入下杨房族。

（二）"同姓不同源"："补拉"的边界

1. 姓氏与房族

起初没有自己文字的侗族人在需要文字书写表述"补拉"组织时，常借用汉语的"房族"一词来表达。这通常反映在他们为新建或重修的鼓楼所作的序言或者其他民间文书。因此，多数研究者在研究侗族的"补拉"组织的时候，也往往不用这个汉字记侗音的词语，而使用汉族的"宗族"或"家族"等用语。对侗族人而言，鼓楼是房族的象征，此处的房族等同于他们所说的"补拉"，当然有时候也可能比"补拉"小，只是其中的一个分支。空间上，同一姓氏不同房族一般分属不同鼓楼，住在同一鼓楼附近的同姓族人皆为本房近亲。例如，杨姓以下杨、上杨为代表在高秀村的南面和东北面分别建有一个鼓楼；吴姓两房族以河为界，在高秀村的西北面和东南面建有鼓楼和公共食堂。此外，每个房族都在鼓楼附近设立各自的土地神位，作为本房族的守护神。

　　除居住空间的区分外，关于高秀村中存在多个支系的大姓"补拉"，村民们各有说法，流传着许多区分房族支系的"传说"。其中，吴姓"补拉"两房族的区分方法有三种：首先是节期，每年新米节是在六月的初六还是第一个巳日庆祝；其次是墓地，吴朝旺房族的祖坟上清晰地记载了从落寨高秀村时起至今历代的名录；最后是姓氏的来历，吴旺财房族原为逃难来的"伍"氏，后来才改为"吴"。

　　字辈也是区分房族的主要标志之一，同姓的不同房族可以通过字辈序次得以识别和确认。高秀村中的房族字辈情况如下：

吴氏 十二代卷宗：传朝勇顺　　　　仕大启昌　　　　家国永强
△　　　　　▲
（吴旺财支系本世公辈）　（吴朝旺支系本世公辈）
杨氏 十八代卷宗：章林居再正 通光昌盛（顺）进（俊）秀保友庆 彦汝安世
▽　　▼○
（十五户与杨岩本世公辈）
（上杨本世公辈）（下杨本世公辈）
谢氏 十二代卷宗：再志通庭勇进 文明永昌兴顺
△△△△（谢氏本世字辈）
石氏 十二代卷宗：迁诗道志 传成万庆 通光兴玉（石氏本世已不按字辈）

　　其中，吴氏两支，一支取十二代转宗中的"仕大启昌，家国永强"八字代代相传，到本世已传至"永"和"强"，另一支取十二字，到本世已传至"顺"和"仕"。杨氏四支同以十八转宗相传而在排序上有先后，到本世公辈，下杨为"光"，上杨为"再"，十五户为"昌"。在本房族成员中以班辈命名，既标识了族属，也确认了血缘亲疏、长幼尊卑的秩序。

杨姓"补拉"各房族的区分方法，尤其是其他房族针对下杨存在许多说法，透露着寨中人群关系的复杂性，带有神秘色彩：

"以前讲有点迷信，下杨讲话真的怕哦。我们村中别的姓氏房族养的牛、鸡、鸭（等家畜）进他的屋，或者克（去）林溪赶圩买小鸡小鸭回来，他讲蛮好蛮漂亮的哦。回去了，那牛啊鸡啊鸭啊就死了。要是醒得早（早点知道），晓得是哪家，就马上去跟他要点（饲料）来，牛就要他去割点青草，猪就喂点猪泔，鸡就喂点米，嫩子（这样）就没事。但也要醒得早（早点知道），要没醒得早（牲畜）就都没了。"

"听说下杨有群小伙子到广东打工的时候，有个老板家里养的肥猪，因为被他们说了'好话'，过不久也没有什么缘故就死了，老板就把那个猪送给那群小伙子了。他们得了免费的猪肉。"

"做房族也是走（即往来）的。如果跟他搞亲戚，他晓得就总是没讲了，好也不讲。好像我们有女儿嫁到下杨，她回屋了不要讲什么，进屋、吃饭、干活路，莫（不）要讲妈妈你喂鸡啦，你喂猪啦，不要问那些。嫁过去也会影响的哦。现在也是有。他们的人嫁来属于这边就不会了。"

"听说下杨是贯洞来的，以前可能不是'杨'，我们小时候看他们请客的长桌（百家宴时用，多为祖先留下来的）底下写的是'阳'。现在都是'杨'，成叔伯克了。他们留下来有一句话'咦，拉盖进赖斗哦（这群鸡崽真好哦）'……也不是巫法，他们有种'北马'，祖宗灵，专门保佑他们（房族）的，哪个想冒充他认亲都不行，有'北马'才行。"❶

这类经历和传说在高秀村传播甚广，主要讲述人都为下杨以外的其他房族。这些说法中可概括出以下三点：①下杨房族有特殊的房族神，他们讲"好话"会伤害到其他房族的生命财产安全。②该规则适用的主体不仅包括下杨族人，还包括嫁入该族的女性，适用的对象不仅包括高秀村其他房族，还包括村外的人，即族外的全体。不能与下杨成为房族，但可以与其女性结婚。③下杨不是真正杨姓。不过，与其他房族的说法相反，下杨认为自己是真正杨家的后代，理由是"下杨"的侗音为"定杨"，和"正杨"同音，因

❶ 被访谈人：YXM，男，侗族，1938年出生，属杨岩；YYX，男，侗族，1971年出生，属上杨；YYX，男，侗族，1937年出生，属上杨；YYX，男，侗族，1951年出生，属上杨。访谈时间、地点：2013年2月19日，于南门鼓楼。被访谈人：YCS，男，侗族，1943年出生，高秀村老协委员、芦笙队队长；WJX，男，侗族，1938年出生。访谈时间、地点：2013年2月20日，于河边吴姓鼓楼。被访谈人：XWF，男，侗族，1951年出生，高秀村老协委员。访谈时间、地点：2013年3月2日上午，于其家中。

此与其他族人各执一词。而且当私下问起下杨族人关于"北马"的事情，老人都回答不知道或不愿讲，个别年轻人答复有听说或有经历。其他村民虽然大多表示不喜欢下杨的人讲"好话"，但为了维护和谐的内部关系，他们一般不公开讲这些"迷信"情况。而如果下杨的族人自觉不乱讲，就会讨人喜欢，也会拥护他们充当村中的重要角色，像党支部书记 YNX、教师 YGZ 都因此在村中普遍受到尊敬。

2. 村落与支系

高秀村侗族人同一姓氏"补拉"有房族和支系、大房与小房 / 亲房的区别，与血缘远近有关。共一公即来自共同祖父的，为小房或亲房，也称为"宁高然"（家里人），小房中的各家庭之间关系更密切，一般是三代以内的亲人。大房是村中同姓族人，少则可为共一公的族人，多则可为三代以上同姓族人组成的房族。按习俗，当一个房族发展到三十户以上时，为减少亲戚往来的负担，同一祖公所生的兄弟往往分为两支，其中一支另寻地方讨生活。除 M 屯，湖南的大沙、长界、坡头等寨也皆是由高秀村分出的支系。目前，村中十五户有支系分到湖南靖县，下杨亦有支系分到湖南周边将近十个小分系。支系各自办理组内事务，但仍与原房族维持兄弟姐妹亲情，而在每年清明集体祭祖时相聚，一旦有家户遭遇困难、受灾，或有公共建设时，各家都会伸出援手，互相帮助。

超越村寨的地域范围，不同房族宗支通常以祖堂名号来区分，如十五户的"清白堂"、谢姓的"陈留堂"，名号显示了不同支系的亲近关系，同堂的都是共一祖公的血亲，很多村外的支系也借此向本村认祖归宗，表征了同姓各支系间的血缘亲疏关系。一村之中，同姓房族的支系属于同一堂，按相同的字辈依次为后代命名，确认长幼次序。

1949 年前，高秀村中各"补拉"的房族和支系拥有各自的集体财产，即田地、山林和祖坟，在生产经营和情感联系上相互依靠，形成了相对稳固的互助合作关系。分产到户以后，田地和山林划归各家庭所有。为了界限的问题，家庭之间、"补拉"支系之间经常产生矛盾，有些支系的血缘联系因此中断，甚至成为世仇，影响了情义和礼俗上的往来。例如，M 屯与高秀村杨姓因 1980 年的山林纠纷不再通婚，红白喜事极少来往，故 2012 年 9 月 12 日 M 屯的鼓楼上梁仪式，高秀村多数村民拒不出席，彰显了"补拉"间的利益关系。同时，有些支系的血缘联系通过共同的祖坟和祭祖活动得到维系和保持。

三、对"团寨"的界定与表象

在侗族民歌中，常常有"团（dongc）"或"洞（dongh）"这样的地域或地名称谓。邓敏文认为，"农垦团"无疑是现代词语，但这种一边守卫边疆，一边种地的军屯制应该自古就有。秦始皇的五十万大军"一军塞镡城之岭"应该不会是"凑巧"，"乃发适戍以备之"也应该不会是"凑巧"，这些"军"人、"适戍"人不可能不吃不喝，他们所需要的粮食从哪里来？湘黔桂边界山高林密，都从中原运来谈何容易。唯一的解决办法就是"就地取材"或"就地种植"，这就是当时的"donc（团）"，后来演变成"团"。这也不会是"凑巧"。如果"团"真像粟源先生所说的那样是秦始皇南征百越组建的"农垦团"，那么"镡城之岭"肯定就在湘黔桂边界侗族聚居区了，侗族的历史、姓氏以及侗汉交往、多元一体形成等，就真的可以追索到秦汉之际了。

那么"团"这个字如何界定呢？《说文解字》释义"团"，从口从专，形声。本义为"圆"。石绍章认为，侗语中的"donc"，一是指"圆"，二是指一区域。通常说的"donc xaih(zaih)"，donc 是 xaih 的组成部分。如 donc ul 即是寨子的上游区域，donc dees 是寨子的下游区域。

如今，侗族地区的一些地名仍然保留了对"团"字的使用。例如，天柱县邦洞镇"三团村"的"三团"之名来源于开基祖宗李志珂打猎到高野，在此一箭射中三只山羊，认为此地三阳（羊）开泰，宜开基立业，并将此地取名为"三团"。这是《李氏家谱》明文记载的。又如，贵州黎平县的永从乡有两个寨子分别叫"满团"（侗名：janc louc）和"管团"（侗名：kgons）。从江县历史悠久的肇兴侗寨分为五大房族，分居五个自然片区，当地称为"团"，分为"仁团""义团""礼团""智团""信团"五团，当然这是现代根据历史上或地理空间上，侗族人这种房族聚团而居的情况而赋予的称呼。湖南靖县平茶乡有个村叫"官团"，官团那边住有杨家。另外，还有通道县双江镇芋头村上团寨、前两年发生大火灾的通道县独坡乡骆团村。新晃县凉伞镇的桂岱村有个"老王团"，是个山区小自然村，20来户。贵州黎平的地名中带有"团"字的很多，如弄团、平团、锦团、路团、口团、罗团等。独坡镇有骆团村、虾团村，播阳镇有陈团村，临口下乡（现万佛山镇）有雷团、官团、贱团、团伦湾、平地团、黄家团、栖凤（西峰）团（现叫塘底），龙胜平等有陇团、成团，等等。

一般来说，侗语里的"团"是位置、地方的意思，从侗语的"dongc"到汉语的"团"，语言学是有规律可循的。如侗语的"dangc"与汉语的"糖"、侗语的"dongc"与汉语的"铜"都是古代浊音清化的结果。我们现在所谓的这样或那样的"村（senl）"可能接近吴川话村音"tun"。很可能都来源于"donc"，古代都指一个个的"居民点"。同一个"团"中往往居民较多，而且有围墙。而同一个"屯"中的居民较少，而且没有围墙。村庄在南方最早称"马 (麻)"，吴川有"马兆"、"马弄"、麻登、麻斜。"抱""板"也是村的意思。"那马"就是稻田边的村庄。

从区域、范围、位置来讲，"团"应该介于"峒""村"和"寨"之间。这四者的范围从大到小的排列顺序应该是峒—村—团—寨。在三江、通道一带，常有这样的对地域的称谓：林溪河流域，就称为"林溪这条村（jiuc senl liimc qip）"，而把"上广西"的龙胜这个更广的区域范围称为"峒村龙胜（dongv senl liong xingv）"，而称为"团"的范围就小了，比如，把两三个村寨合起来称为一团，高友村就叫"团高友"，也可以把一个大的村叫团，如"团高秀"（高秀村由田段、上段、吴家、边烂、下杨、谢家、成收、新坝等几个更小的氏族聚落组成），能被称为"团"的范围，一定是由几个寨组成，而寨就是一个独立的聚落了，是一个最小的"聚合在一起，分不开"（"团"的古义）的单位了。而这个"寨"当与"砦、堡、屯"等一起，带有保卫、守护性质的了，"寨"应该有围墙、门禁、瞭望等设施或功能。

而邓敏文认为，这里的"团"不应该是原住侗族的原始称谓，因为查资料得知"团"是古汉字，原义很多，并有通假现象，应该是历史上进入侗区融化而成为侗民的汉族人带来的。举例"团"的通假现象：通作"慱"。《诗·桧风》："劳心慱慱兮。"《传》："言忧思团结不解。与团同。又与园同。"《诗·豳风》："有敦瓜苦。"《疏》："蔓生专专然。音团。通作专。"《周礼·地官·大司徒》："其民专而长。"《注》："专，圆也。徒丸反。"《前汉·五行志》："蚬再重赤而专。"

"寨"是侗族地区自古以来的"溪峒（河域）—乡村—团—寨"的区域范围中最小的单位。汉语的"寨"至少有四个含义：①防守用的栅栏；②旧时驻兵的地方，如安营扎寨；③村寨，四围有栅栏或围墙的村子；④强盗聚居的地方。山居以木栅作篱落是寨之范式。本义为"防守用的栅栏"，如寨子、鹿寨（军事上常用的一种障碍物，古时多用削尖的竹木或枝杈，现多用铁蒺藜等做成），引申指"旧时驻兵的营地"。

我们在三江林溪、八江、独峒进行了杨家文化田调，当地村民在述说村落历史时都说："那时候我们这里是深山老林，树一抱地粗大，也没有现在这么大的寨子，这里住几户，那里住几户，后来才慢慢搬过来聚成大寨。"这里或许可以推测，"团"的地域范围称谓在秦始皇派兵"塞镡城之岭"时期经传进现在的侗族地区，而"寨"这种带有军事功能的聚落当是元或者明初那段时期随着人口的增加或财富的积累，才在侗族地区形成。也就是说，历史上，早期的侗族社会，氏族或胞族是大聚居而小分散的，大家团聚在一个"团"的区域，相互间是隔开一段距离的（几十米到几百米），这种居住形态现在在三江县的和平乡、高基乡的壮族人、瑶族人居住的地区很常见。湖南会同、靖州或者说北部侗族地区也常见。当地少数民族住民多是几户、十几户地散居在方圆三四里的地理空间里，完全不像南部侗区的几百上千户一个的大寨。特别是清朝、民国那一段时期，匪乱无常，官方治理无能，逼得侗族先人必须紧密地居住在一起，相互保护，"扎栅立寨"。

所谓"团寨"，是在侗族传统观念中，根据张泽忠等人的研究，广义上是指"安更"（angs gaeml，说侗语）的人所居住的整个地区，狭义上是指侗族的一个村庄的概念。他指出，这是一个共享同一地区文化的地区。张根硕在研究广西北部侗族的村落文化时，曾根据当地的事例，对"团寨"的概念做了如下说明：独峒村所形成的社区以及独峒村所处的苗江两岸的所有村庄都有着密切的联系，超越了政治意义上的"村"，包含生态、人文环境的意义，积累了有关地区社会历史和传统的记忆。也就是说，这个概念涵盖了前文所谓的"溪峒（河域）—乡村—团—寨"的区域范围。因此，类似"团""寨"或"团寨"这样的词语，根据具体的上下文语境的不同，相应的范围也不同。当然，这些与现代根据村民委员会和党支部的管理而划分的行政村的空间范围所指也不尽相同，也超越了以农业耕作为基础，由侗族人的家户聚集居住的自然村的空间。可以说，表示同一个地域单位，或表示同一个河域的"乡村（senl）"或"河峒"，或表示由沿着河川相邻的几个村子形成的一个地域社会的"团峒"等，都是"团寨"的同义词。一团或一寨构成的"团寨"和所谓的"乡村"或"河峒""团峒"等词虽然从小到大层次不尽相同，但都或多或少呈现了侗族社会聚族而居、聚姓而居、友好相助的习惯和特点。

侗族人居住的完整团寨空间包括风水山、古树、杉林、茶园、河流、福桥、家屋、粮仓、鼓楼、凉亭、鱼塘、水田、水井、庙宇等。比如，广西三江县林溪的侗族村寨中，除了耕地和山林等自然环境外，大多数村中所有的干栏式民居、鼓楼、老人馆、戏台、福桥（桥梁）、谷仓、大小凉亭（包括水井亭），加上分布于寨中的庙宇，如飞山庙、萨堂（坛）、雷子（神）庙、南岳庙、五通庙、观音庙、土地庙等神庙，构成村寨整体的人文空间，侗族人围绕此展开家庭生活、社会交往。可以说，该地区的侗族村寨的传统空间大都有我们前面所言的"团"和"寨"的特点。以高秀村为例，高秀的传统格局以穿过村寨的高秀河和东、南、北三面山为线，筑有一道两米高的石墙，构成依山傍水的聚落，并在各山路通口留了四个寨门，每天入夜后有专人关门守夜，以防盗，防老虎、土匪、强盗、官兵来犯，整个村子就是一个有围墙的"团"，整个村子就是一个守护森严的"寨"，构成了相对封闭的居住空间。

同时，对于大多数侗族人来说，所谓"团寨"的传统空间，通常还指的是在流经村庄的河流两端（村头和村尾）建造的木造屋顶桥（称为福桥）以及周围被山包围的空间构成的相对封闭空间。为了防止外敌，村寨周围的山上建有围墙，东、西、南、北的四方有四个寨门。寨门是居住在团寨的族人唯一进出的通道。主要是聚族而居的村落，村落周围往往还有防御围墙。侗族人相信，桥是连接阴间和阳间的通道，而人的灵魂将与之来往。所以，他们在村头、村尾设置桥梁，架设在河的两端的桥是将这样象征性的意义具象化的东西，被认为具有制止沿河流失财产（"宝"藏、风水的"气"），将其留在村落内的作用，具有期待着村子的繁荣和村民的财运与幸福的风水上的意义。同时，他们所谓的这个"团寨"是全村禳灾仪式的范围，和仪式空间相互重合。因此，"团寨"在狭义上可以指接近生活空间的"整个村庄"，但与行政划分的单位"村"不同。

第三节　侗族社会组织的血缘与地缘原理

滕尼斯将"共同体"作为现代"社会"的对应物，用以指因传统的血缘、地缘和精神与他人发生关系而构成社区成员间自然而有机的联系，同时，现代化的过程就是社会不断取代共同体的过程。●对于侗族人而言，"补拉"（家族及其制度）本身就是集血缘、地缘和精神特征于一体的统一体，由其构成的"团寨"（即村寨及其组织，相当于村落社会）和社会组织形式也自然而然拥有了其特征，从"补拉"的诸多表象中不难看出其在居住空间和信仰体系上对村落资源的占有，形成了村落社会聚落上的诸多特征。侗族的"小传统"传承、创造和享用的时空是自然的"团寨"，主体是作为侗族社会的基点的

● 尼斯.共同体与社会：纯粹社会学的基本概念 [M].林荣远，译.北京：商务印书馆，1999.

"补拉"。"补拉"是侗族村寨中血缘和地缘的统一体,是"团寨"历史建构与文化传承的主体,也是共同体的情感与文化认同的基本单位。那么,在当下社会生活中,"补拉"作为村落共同体的"团寨"有怎样的表达形态?下面从高秀村的两个事例加以说明。

事例(一):2013年2月底,因位于河边的吴家鼓楼一楼空间窄小,吴姓众老人商议对一楼进行扩建。他们很快就推选老人协会的 YCS 来主持此事。虽然 YCS 并非该鼓楼成员,但他平时也到鼓楼歇息,且热心村寨事务。在他的组织下,众老人分工协作,拆砖砌墙、修水管等;生活区的妇女通过出力、出钱、送水、送烟酒、做饭等方式予以支持。他每天记录下参与施工的人名、时长及乐捐物资和数量,待工程竣工,誊写于红纸并张榜于鼓楼侧墙上。因调查时我也经常帮忙做事,他主动提出帮我记工,并解释说"这是功德,对你将来是好事,以后你考学、找工作做什么事情也顺利了"。其他老人也纷纷帮忙说服我。他们积极参与此类集体活动,常与这种心理有关。

事例(二):近年来,随着来村里过新米节的客人增多,为方便请客,村中老人协会集合村民代表商量,最后达成共识,全村其他姓氏"补拉"也多在六月选吉日招待亲朋好友,集体过新米节。但是,在顺序上,每年都必须由吴姓在六月六和巳日抢新后,全寨才在卯日吃新,形成先后有序的"尝新"。后来,经过村中老人协会集合各鼓楼代表共同商议决定,为了节省资源和开销,自2012年开始,吴家不再在六月六和巳日抢新,而是全村一起在六月第一个卯日吃新,具体日子由先生看地理堪舆确定。2013年7月29日(农历六月十七),全寨集体举行了新米节。从当天的活动来看,村中六姓,除吴家外,其他家户只是杀鸡招待来访的客人,节庆性远大于仪式性,更为娱乐化和开放化。当天全村共接待客人超过四百人次,除了访亲的周边村寨侗族人,其他皆为游客。

从事例(一)中可见,像修建鼓楼这样的"补拉"中大事,多通过推选的方式产生临时的主持者。这是因为高秀村各"补拉"没有类似汉族宗族的"族长"❶,行为规范多以家庭教育为主。家中男性一旦结婚成家为父,便算另立门户,充当家长和家户代表,有权参与商议和处理"补拉"内部事务及寨上的公共事务。"补拉"的权威由四五十岁当上阿公的男人充当,近20年来,随着年龄和性别上的开放而更平权化。一般而言,办红白喜事由主家来

---

❶ 据传,谢家较早请私塾老师读书识字,而原有族长订立了族谱(现已人为遗失),并有族规保存在飞山祠庙堂中。其他各"补拉"没有族长。但尚未确证。

主持，"补拉"房亲都来帮忙；集体祭祖、修缮鼓楼、修桥铺路等大事由"补拉"中年长、有经验的"宁老（老人）"来主持，相当于临时"族长"。推选的形式通常是各"补拉"的老人、家户代表或家长聚集到鼓楼商量，有时也集合"补拉"成员在鼓楼坪聚餐并推选。

同时，"补拉"内部不设族田、义田或学田等公产，遇到支付生病族人的治疗费、救济困难家庭、小孩上学等情况，都是临时推选"宁老"，由他组织族人进行公益活动。"补拉"的共同族产指"农业学大寨"开山造田时期分到各生产队的造林公地、祖坟及公共墓地，贩卖杉木和公地外租的收益作为集体财产，以及在外任职的族人个人不定期的自愿捐款。其主要用于支出鼓楼修缮和维护费、电费，以及生活区水田范围内的修桥铺路、办酒送礼、祭祖扫墓等公共开支。对于祭祖、造鼓楼等族内大事，村中的杨、吴、谢姓皆每一年选一能事可信的宁老主事❶，专门负责主持清明节集体祭仪、联络和账目管理及公开，保障族产坟地的完好，如有人乱搞建筑或破坏，则要出面清理。同时，"补拉"分属的鼓楼由家户乐捐，建有公共食堂，备有至少四口大锅，几百只碗和筷子、勺子，十几餐围的桌椅板凳，方便操办红白喜事请客时煮菜做饭、摆桌设宴，不仅解决了场地问题，还节省了办酒的开支，体现了"补拉"内部的互助。

而在全村的层面上，1950 年以前，村中对内执行寨老制，各鼓楼和居住片区的住户依赖"补拉"进行管理，亦由族中"宁老"主持，包括制定本房族共同遵守的行为规范，举行共同的祭祀活动、经济活动和公益活动，操办本房族的红白喜事和其他族内事务。通过在各"补拉"之间民主选举产生一个或多个宁老充当寨老，决定村中大小事务，组织各鼓楼之间的协作，聚众议事，管理寨中事务，组织防御外敌侵犯，以确保所有成员的生存与繁衍。寨老通过制定地方款约、乡规民约等民间习惯法内容管理寨上和对外的事务。汉语传入侗族社会以前，款规款约以口承流传为主，每年定期（多是过年时）由年长的款首或寨老召集民众在鼓楼坪前讲解，重复讲解以维护村落

❶ 1980 年以后，高秀村侗族人从上寨往下寨，按生产队分为 7 个小组，向、石、上杨为第 1、2 小组，吴为第 3、4 小组，下杨与陈同为第 5、6 小组，谢为第 7 小组。传统以血缘为基础的围绕鼓楼中心形成的居住片区与生产队小组的分割范围基本重合，除因改防火线、种田搬迁出去的散户。现在，虽然红白喜事、祭祀仍以"补拉"为单位进行，但是与集体生产生活、修桥铺路等公益事业相关的大事也找组长来主持和商量，组长主要管理本组的族产收支，每月将收支和乐捐誊写于纸张，并于鼓楼张榜公布，组长在一定意义上也承担了宁老的职能。

社会的内部秩序。1980 年后，随着基层管理机构代替寨老制和款，村委利用现代制度和法律管理村中事务，老人协会制定的民间款约涉及治安防灾、文物管理、风水山林、红白喜事、社会风俗等内容，在维护正常的社会生产生活秩序、兴办公益事业、组织群众娱乐活动、传承民族传统文化等方面发挥重要作用。现代的老人协会每隔两年在九月九敬老宴中民主选举产生，称呼上仍为"寨老"，在年轻人所充当的村委面前"讲话仍然算数"。为了保障生产生活而进行的全寨仪式性的公共活动，如祈福禳灾、社会治安、防火等，都扮演着重要的角色。

此外，1949 年以前，高秀村风雨桥和神庙有桥田和庙田，属全村公产，由寨老分给家中田地较少或贫困家户耕种。按过去约制，凡村民自愿每天为桥上关公、庙中神灵烧香敬茶，当年庙田便由他耕种，收成作为个人收益，每年一轮换。该负责人除管庙，还承担喊寨之责，协助寨老维持村寨治安与防火。并且在每年五月十三，将当年收成的一部分办酒宴请全寨老人以示感恩。庙田被国家收回后，这一制度便已取消，但敬老宴的传统延续了下来。老人协会现在仍在每年五月十三中午带领全村老人祭拜桥上关公和村中神庙，并在寨中鼓楼坪场上会餐。这属于村寨内部的互助制度。

由此可以说，"补拉"与村落共同体的权威是重合的。在这个基础上，高秀村各"补拉"总是倾向于以村落共同体的有机团结为前提而采取一致行动。这也就解释了事例（二）中，原为吴姓"补拉"独有的新米节何以成为全村共享的公共节庆，尽管过节方式有所差异，但高秀村与 M 屯中诸"补拉"之间存在历史芥蒂而平时几乎没有礼俗往来，却在公共仪式场合中相互妥协，大抵是为了维护这种共同体和谐而采取的积极或消极的应对策略。

在高秀村，地域性的村落社会由血缘组织"补拉"组成，对当地侗族人的"补拉"而言，虽不一定具有类似汉族宗族完整的外显符号，如族谱和祠堂等的缺失或只是存在于特定历史时期的表现形态，但侗族人是通过日常生活的实践（禁忌、信仰、论述、行动）来形构与展演其自我认同的。❶可以说，居住空间、口述文本、祭祖仪式行为等不同形式的存在以及更为深层的血缘家世的阶序都透露着村民对共同聚居人群的分类知识，实则划定了许多有形或无形的边界，表达了同一"补拉"内部的认同和不同"补拉"之间的区分，影响了他们的通婚、节俗、仪式和交往等，现有人口的复杂关系也由此展开。

---

❶ 林淑蓉.从梦、神话到仪式展演：中国贵州侗人的自我意象与象征形构 [J].台湾人类学刊，2012，10（2）：101-137.

　　"补拉"通过对与祖先相关的仪式和习俗的身体力行来凝聚人群的力量，从而扩大自己的势力，实现对村寨地域空间的分割及对节俗资源和精神空间的占有。正因为"补拉"在血缘特征上具有超越村落范围的特点，牵涉到各房族支系及通婚所限定的多村寨构成的地方社会。而在聚落层面上，村寨时间制度和重要事件由"补拉"共同建构，涉及他们的祖先记忆与认同方式，从而建立和形成了村寨内外部的秩序。需要指出的是，"补拉"与村落社会并非完全重合的范畴，当两者的利益发生矛盾冲突的时候，前者总是倾向于后者作为共同体的利益，而有利于村落社会的内部团结。在当下的社会变迁中，这种社会目标也适度地调整着村落社会中各"补拉"之间的关系，体现了侗族人在处理人群关系上的生存智慧。

第五章 河域社会的构造：以"乡村或团峒"为基础的村落联盟

第一节 "乡村或团峒"的内与外

一般认为，宋朝时期被称为"溪峒"的地方多半是现在有侗族人聚居或杂居其中的地方，只是人口数量多少不同而已。历史文献中关于"溪峒"的记录，如《宋会要辑稿·蕃夷五之七九》："湖南九郡，皆与溪峒相接，其地阔远，南接二广，北连湖右。"也就是说，自现在的四川、贵州、湖南、湖北四省接邻地带往南达湖南、贵州和广西交界地带都有"溪峒"，即有侗族人居于各个"溪峒"中，而主要聚居区则在现在的桂、湘、黔三省区的连接地带，和现在侗族人的聚居地是相重合的。

诚州东部的邵州西部有团峒，如《宋会要辑稿·蕃夷五之九一》："（荆湖南路安抚使）谢麟言：邵州关硖（在今绥宁县东南）、城步（今城步县）、真良等处团峒元谋作过，酋首杨晟进等四十三人投降。"这里所谓的"团峒"，是武装起来的侗族村寨。关硖、城步一带的"团峒"是自诚州往东延伸的侗族村寨。自现在的靖县往东，经通道至城步、绥宁一带也有侗族的团峒。诚州南部的浔江、融江、王江流域也有侗族的团峒，如《宋会要辑稿·蕃夷五之八九》："元丰七年（1084年）四月十二日，降诏奖谕知桂州（驻现在的桂林）熊本……以招纳广西浔、融、王江溪峒蛮，并开路功毕也。"浔江即现在的龙胜各族自治县和三江侗族自治县境内的浔江，融江即现在的融江，王江即现在的贵州从江县以下的一段都柳江。这三条江河的流域皆有侗族与苗

族、瑶族等少数民族相互杂居的状况，侗族人主要居住在坪坝。❶

有研究认为，宋朝在侗族聚居区任命侗族中的贵族分子为土官，对侗族实行羁縻政策。❷《宋史·列传·卷二百五十三·蛮夷二》："诚（即现在的湖南省靖州苗族侗族自治县）、徽州（即现在的湖南省通道县），唐溪峒州（羁縻州）。宋初，杨氏居之，号十峒首领，以其族姓散掌州峒。"太平兴国五年（980年），诚州（后改为靖州）十峒首领杨通宝向宋朝廷入贡，宋朝即以之充当羁縻诚州刺史。侗族中的土官刺史都是一些大大小小的封建领主。在杨氏等侗族封建领主们的领地内，农奴从领主那里得到小块份地使用，世世代代被束缚在土地上，从事农业与小手工业相结合的生产，向封建领主提供实物和劳役地租。宋王朝将侗族封建领主们控制势力稍松弛的一部分侗族村社组织为"团峒"。"团峒"的成年男子武装称为"峒丁"，用以屏蔽"生界"（指的是尚未被王朝政府纳入统治的地区或地理范围）。而在这些"团峒"内部，原有的经济结构并不曾改变，仍与侗族封建领主们的统治区域内相同。《宋会要辑稿·蕃夷五》："辰、沅、靖三州之地，多接溪峒。其居内地者谓之省民，熟户、山徭、峒丁乃居外为捍蔽。其初，区处详密，立法行事，悉有定制。峒丁等皆计口给田，多寡阔狭，疆畛井井，善鬻者有禁，私易者有罚，一夫岁输租三斗，无他徭役，故皆乐为之用，边陲有警，众庶云集，争负弩矢前驱，出万死不顾。"所谓"其初，区处详密，立法行事，悉有定制"，盖即保留其内部原有的经济结构不变。"峒丁"使用的土地不得自由买卖，与侗族封建领主们统治的区域内完全一致；每年交实物地租三斗，服军事徭役以充劳役地租，这也和侗族封建领主们统治区域内的情况完全相同。南宋时期，在居住区靠近汉族的部分侗族中，土地自由买卖的现象已经发生，封建地主经济开始在侗族中的一部分地方出现了。《宋会要辑稿·蕃夷五》："嘉定七年（1214年），臣僚复上言，辰、沅、靖三州之地，多接溪峒……比年防禁日弛，山徭、峒丁得私售田……""淳熙八年（1181年），臣僚言，溪洞之民，往往于洞外买省地之田以为己业，役省地之民以为耕夫，而岁以租赋输之于官，官吏虑其生事而幸其输租于我，则因循而不敢问，遂致其田多为溪洞所有，其民多为溪洞所役。"而这一部分侗族人也逐渐接受了汉族文化。

"洞"和"款"是侗族社会两种重要的组织形式，不过，虽然历史上也曾与国家政权组织起过相互配合的作用，但尚未发展到政权组织水平，与王

---

❶ 尤中.云南文库学术名家文丛·尤中学术文选[M].昆明：云南大学出版社，2015.

❷ 尤中.中华民族发展史（第2卷）辽宋金元代[M].昆明：晨光出版社，2007.

朝政权之间有时配合，但相互之间的矛盾也不少，冲突也时有发生。洞的组织大多是配合国家行政的，款的组织则更多的是民众自发形成的，所以款在更多的情况下是代表广大民众的共同利益的。通常而言，村寨之间通过缔结盟约形成村落联合，称为"联款"或"合款"。"联款"的功能主要是联合与防范。防范外族入侵与盗匪掳掠是联合的重要目的。联合的各个村寨共同组成了一个相对较为坚固的防范网，各寨都设有警报点，有的是鼓楼，有的专门在本村寨的制高点的山坳上搭设木棚、安放铁炮，有专人日夜守望。一旦发现盗匪掳掠，立即敲鼓或者鸣炮，向周边同一联盟中的所有村寨传讯。在全款方圆数十里内，以鼓或炮为号处处相传，各寨听到鼓声或炮声，立即召集青壮年手持武器到各坳口、要道守卫，并派精壮人员直奔求援村寨。如果某寨听到炮声而不动声色，不堵隘口，不派人去援助求援村寨，轻则受罚，杀猪宰牛向各寨认错，重则被取消联盟或联款成员的资格。

这种联款或村落联合款的活动直到民国期间乃至到了1949年前后，仍然在侗族地区发挥重要的作用。比如，贵州九洞地区最后一次"起款"是在1934年冬天发生的。其主要原因是当时国民党政府对侗族人民的压榨日益严重，派粮、派款、派夫日益增多，伪区长张维扬更是作恶多端。当地在红军到达贵州的影响下，各寨头人"传牌"起款，赶走张维扬，并派人到黎平城和红军联系，由于红军队伍已经北上，九洞农民武装力量单薄，在反动政府保安团的围剿下，惨遭失败。

中华人民共和国成立前，各侗族社会的地方治安往往与各区各乡的政权相结合，受其左右，为其所利用。在防范盗匪、安定社会秩序方面，村寨联合组织起着良好的作用。在中华人民共和国成立前数十年间，九洞地方没有发生过重大的抢掠事件。

当时，国民党统治深入区乡，侗族原有的联款组织被区乡政权组织完全代替。洞的组织没有了，但其名称仍一直为人们所沿用，如"九洞""上半款""下半款"，各村寨的专职通信员或料理鼓楼事务的人员也仍被称为"款脚"。当时在村寨内形成了寨老、保长联合治理的局面。有的村寨保长和寨老有明确的分工，有的村寨保长只是寨老的代言人和执行者。在人选上，保长是政府委派的基层政权组织的工作人员，寨老则是自然形成的群众领袖。在职责分工上，保长负责政府差派的事务，如征兵、派工、征粮等，寨老则管理地方的风俗习惯，维护社会秩序。

第二节 "乡村或团峒"的村落联合与盟约

现在的侗族地区过去有多少"乡村或团峒"呢？根据《从江县民族志》记载，敖家辉根据一些地方款师口头念诵的款词进行汉译和整理的以广西三江县、贵州从江县、黎平县为中心的部分款区组成及其分布，根据贾福英念颂的十洞分款词内容整理，广西三江，贵州从江、黎平、榕江有十洞分款。具体而言，一洞包括广西丹州以上到良口一带，二洞包括宰略、大洞、大塘、西山和二千九一带，三洞包括四寨、乜洞、帮土、黄岗、双江等地，四洞包括银谭、大融、恰里、或里、大歹、上方等地，五洞包括口江、坑洞、互寨、构洞等地，六洞包括贯洞、云洞（庆云）、塘洞、晒洞（新安）、顿洞、肇洞（肇兴）等地，七洞包括水口、口团、龙额、雷训等30寨，八洞包括巨洞以上、传洞以下都柳江沿江村寨（包括下江、停洞），九洞包括信地、高传、吾架、增盈、德桥、朝利、往洞、贡寨、增冲、托苗、沙会里等地（有含榕江三宝之说），十洞包括黎平、尚重、矛贡、竹平、省团、月团等地。

另一种说法（另一则款词的版本）则不仅涉及建立了盟约而联合为一个款区的村落名称，还言及款首的名称。具体而言，一洞包括东腊、子目（指都柳江下游一带），款首是龙宝、隔后；二洞包括水口、抒南一带，款首是传金、万计；三洞包括八万、踩场（湖南一带），款首是万金、革西；四洞包括抒呆宁（指广西大年、良寨一带），款首是娃五、金或、金灿；五洞包括流芳、"我快"（侗语对黎平的称呼），款首是优昆、干痛；六洞包括贯洞、云洞（庆云）、塘洞、洒洞、顿洞、肇洞，款首是懒及、懒松、鞍金果；七洞包括三龙、铜关一带，款首是银硬、银韶；八洞包括岑胖、辨帮（榕江和黎平交界一带），款首是传龙、金扣；九洞包括高传、信地、吾架、增盈、德桥、朝利、往洞、增冲、贡寨、托苗、会里、沙往等，款首是相化、富宝；十洞包括三宝、车江，款首是万计、万进。上述款区虽然以侗寨为主体，但根据实际情况不同，也不乏包含了苗族或者瑶族村寨参加的款区。这可能与苗瑶等少数民族也和侗族类似，拥有自己的民间习惯法和协调社会纠纷与矛盾的制度和组织有关，因此能够与侗族村寨联合起来，共同维持地方秩序。

此外，根据吴进昌念唱的十洞款歌内容整理，与上述"十洞"不相重合的，侗族地区历史上还存在为数不少的款区，也存在过像"二千九款""千三款""千七款"那样规模较大的中款组织。这类款一般会将各联盟村落聚集商议的场所"款坪"或讲款的款场所在地理位置加以说明。具体而言，如"六洞"，包括贯洞、云洞、洒洞、塘洞、肇洞、顿洞六个小款，因此得名。其范围包括从江县贯洞镇、洛香镇和庆云乡全境以及黎平县顿洞、下皮林、肇兴等寨。据款词中介绍，总款场地名"登坪梦"，位于洛香镇佰二村东南面1 500米处。款场长约300米，宽约150米，四周是山坡，中间是荒草坪，每年雨季，阴河水上涨，就变成小湖泊，不宜耕种。另有"贯洞小款"，辖今贯洞、往里、潘今滚、八洛、田坝等民族村寨；"云洞小款"，主要辖今庆云、务垦、龙图、样洞、归省、务肯等民族村寨；"洒洞小款"，主要辖今郎寨、荣寨、岩寨、高天、高良、干团、弄团、登团、伦洞等民族村寨；"塘洞小款"，主要辖今独洞、塘洞、上皮林、大寨、宰抒等民族村寨；"顿洞小款"，主要辖今黎平县顿洞、管团、信洞、下皮林等民族村寨；"肇洞小款"，主要辖今从江县洛香、黎平县肇兴登江、纪堂等民族村寨。

规模比上述款区更大的或由多个小村落联合组成款区联盟而形成的较大款区，如九洞又叫"九洞款"，九洞款又叫平楼款，款场在往洞村平楼寨，由上半款和下半款组成。最初分为"上千二"（即所谓"上半款"，当地人称之为"上千二"）和"下九百"两个小款。其中，上半款"上千二"包括现在贵州从江县的信地、高传、吾架、增盈、德桥等民族村寨，基本上是现在信地乡管辖的范围，有一千二百户；下半款称为"下九百"，包括现在贵州从江县的朝利、往洞、贡寨、孔寨、增冲、托苗、沙往、会里等民族村寨，基本上属于现在增冲乡的地方，由九百户组成。全款号称二千一百户。在清代以前，"九洞"既是基层行政单位，又是其管辖下的各村寨的联合组织，也就是一个小范围的"联款"。

又如，"二千九款"也是一个规模较大的款区，分为"上九百""中九百""河边九百""腊弄（属广西梅林乡）二百"等小款区。其中，"上九百"包括小黄、朝里、归树、岜扒、弄向等民族村寨，"中九百"包括高增、银良、平求、新生、林庙、民主、摆共、建华、得面、美德、銮里、岑报（苗寨）、托里等民族村寨，"河边九百"包括平毫至长寨一线各侗寨，加上"腊弄二百"，总共大概有两千九百户人家，所以称为"二千九"。"二千九"款区的款场设在便难、岑考、四坝三个地方。另外，还有"千七款"，主要管辖高仟、秧里、则里、德秋、弄吾、平友、流架一带，款场在平友；"千五款"，主要管辖银潭、谷洞一带，款场设在大融坡头；"千三款"，主要管辖古里、谷洞、邦土及黎平四寨一带，款堂在弄树石灰坳；"千四款"，主要管辖大融、大歹、或里、恰里一带。

通道县现辖区域，除江口、县溪、溪口三个乡未列入款区外，其余地域均为款区所辖。根据侗族款词的记载，款区范围及分布如下：

第一款，"上峒下峒"（包括下乡、临口），上峒包括下乡、临口、木脚及杉木桥的小水、驾马等地，下峒包括菁芜洲乡的銮塘、地会、地连、菁芜洲等地，立为一款，款坪设在"杨柳坪"（今下乡街对岸）。

第二款，"双江黄柏"（龙头、吉利），下至塘冲，上至烂阳古桑，立为一款，款坪设在"棉花地"（今棉织厂一带）。

第三款，"芙蓉金甸"，包括双江乡的罗伍，菁芜洲乡的老王脚、曹家冲直至绥宁壁，立为一款，款坪设在芙蓉九龙庙。

第四款，"上粟下粟"，上粟指团头、古伦、地马，下粟指今牙屯堡乡外寨、老寨，立为一款，款坪设在枫树坪（今团头对面）。

第五款，村头上岩，村脚排楼，中村木瓜，边村骆团，立为一款，款坪设在豆地坪（木瓜附近）。

第六款，村头黄寨，村脚下甲（井水湾），包括枫香以下的树团、八毫、元现、土溪、茶溪一带，立为一款，款坪设在"木缆屯"。

第七款，村头高友、高寿，村脚横岭、黄土，中村坪坦、坪墓（今坪日），立为一款，款坪设"八亚（baxnyal）"。

第八款，村头路塘，村脚下宅，中村中步（包括安香、西壁、竹塘、远冲），立为一款，款坪设在"枫树坪"（今梓坛小学）。

第九款，村头塘头，村脚甫头（包括甘溪、洞雷、张里一带），立为一款，款坪设在"都垒塘头"。还有三个款区在广西龙胜、三江，共十二个款区。其中，龙胜县平等与通道县马龙联为一款。

坪坦河流域所处的款区主要在湖南与广西交接的三江和通道流传的《十二款坪十三款场》中被言及。这里摘录《通道侗族自治县民族志》中的款词来说明。具体内容如下："老龙腾腾飞上天，联款威力大无边。老龙跃跃满河江，合成大款保乡村。讲到哪，上讲到上峒、下峒、下乡、临口、杨柳坪合款第一。讲到双江、黄柏、龙头、吉利，棉花坪合款第二。讲到芙蓉、金殿，九龙庙合款第三。讲到上粟、下粟，坪地阳合款第四。讲到上厢、黄寨、下甲（今井水湾）、张黄，木缆坪合款第五。讲到村脚独坡、村头上岩、中村木瓜、边林骆团，上坪陈合款第六。讲到村脚横岭黄土、村头高友高寿、村中坪坦坪日（墓），上坪大河合款第七。讲到村脚下宅、头村路塘、中村中步，上坪枫树合款第八。讲到脚村三团、头村马胖、中村八斗，上坪王响合款第九（八江乡域）。讲到村脚你林、村头基门，上坪团头合款第十。

讲到村脚孟寨、村头柑冲、中村坪留华练，上坪溪合款第十一（独峒乡域）。讲到村脚盘峒、村头盘巴、中村河坪保俊，上坪菌（青钢树）合款第十二。讲了以上十二款坪十三款场，大众合意同心，就这样约定，这样讲成。"由此可见，这个区域的款区主要分布在河流上，所以每一个"乡村或团峒"中的村落大致都分布在同一条河流沿岸，和周边的山脉形成了相对封闭的空间，既方便聚集，又利于依托天然屏障保障自身安全。另外，便利的水利条件也有利于发展物品交易和贸易等事业。其中，坪坦河流域的侗族村寨有一部分被纳入其中的"第六"，坪坦村过去也确实曾经发展成为重要的物资交易的码头。这首款词清楚地介绍了每一个款区的范围，分别是从哪一个村寨（村脚）到哪一个村寨（村头），以及中间的村寨（通常是聚会的款坪所在位置）是哪里，都详细说明。

另外，北部方言区其实也有侗款，就锦屏县的九寨地区而言，"九寨"之名始于清初，大约在顺治年间，瑶白、黄门、小江、平秋、石引、高坝、皮所、魁胆等九大侗寨曾结盟为款，因而得名"九寨"。雍正时期，九寨开始向黎平府纳粮附籍，属黎平县经历司管辖，称东北路。1914年，黎平府被废除以后，成立了锦屏县。次年，锦屏县属从铜鼓迁至王寨，王寨因此退出九寨，原属开泰县管辖的彦洞替补加入，成为现在"九寨"款区的形态。[1]不过，比较遗憾的是，不管是现存的口头传承还是相关的资料记载，关于包括靖州、会同等地区以及侗族北部方言区的款区分布的信息比较仍然比较欠缺。

侗款制随着侗族社会的发展而发展，其变化的主要标志就是与政府的羁縻制度相联系，被官府利用，为其服务。到明代，中央王朝对侗族地区直接统治加强，封建统治者实行"以蛮制蛮，以夷制夷"的政策，利用款组织为其服务，形成保甲制与侗款制并存的双轨制社会组织形式，保甲长依靠款首治理地方，村寨以保甲名义应付官府，款约制在通道侗族地区一直延续至中华人民共和国成立初期。就通道而言，侗族历史上有过两次较大的合款：一次是宋崇宁初年在双江龙头、吉利，集300款首，400款长；一次是清乾隆年间，集贵州的从江、榕江、黎平，联合广西三江、湖南通道，集100名款首合款（俗称九十九公）。通道款首金别（音译，独坡人）参加合款。明万历三年（1575年）民间藏本绥宁《尝民册示》记载："（原绥宁）罗岩、石驿、

---

[1] 李生柱，杨亚安. 记忆的狂欢：清水江边瑶白侗寨摆古节的民族志研究 [M]. 北京：中国社会科学出版社，2020.

芙蓉、扶城（半里）每岁立冬同会四安坪（今下乡款场坪）约禁各条各款。"

可以说，"洞"是过去各代王朝赋予侗族社会的民间区划单位，"款"则是侗族社会独自的民间管理组织。当然，随着时代的变化或管理组织的更迭，款词等口头传承中所描述的关于"洞"的范围、"款"的管理范围也可能会发生一定的变化或差误，不过大致体现了传统侗族社会中存在的基于村落联合与联盟形成的"乡村或团峒"的基本格局。

第三节　从"乡村或团峒"的河域空间到"款"的盟约政治的伦理

本节主要探讨侗族的"款约"这种盟约或契约政治的伦理。以盟誓的形式来表达对等主体之间的合意是古代民族、部落生存和发展的基础，以契约形式订立纠纷矛盾调解协议对稳定一个地区的社会秩序非常重要。在古代，盟与誓性质相同而形式有别。《礼记·曲礼下》："约信曰誓'，莅牲曰盟。"这是从形式上来区别的，盟用牲，而誓不用牲，誓只是约言而已，一般来说，盟大而誓小。周去非《岭外代答》"蛮俗"之"款塞"条记载："史有'款塞'之语，亦曰纳款，读者略之，盖未睹其事，款者誓词也，今人谓中心之事为款，狱事以情实为款，蛮夷效顺，以其中心情实发其誓词，故曰'款'也。"历史上侗族盟约的法律效力正是来源于这种对神起誓，盟誓中的条款一般能得到严格遵守，从而成为实际上的法律。但随着形势的变化，盟约的形式和内容也会改变。所谓盟约就是结盟之后又重新确定过去所订的盟约，盟誓之后必须重新确定，这就显示出盟约并不十分可靠，所以后来盟约逐渐被法律取代。侗族生活的"款约法"就是在这一变化中的独特形式。

侗族地区不同层次的"款组织"都订立了自己范围内使用的"款约法"。这是在平等自愿基础上，通过"盟约"立款方式建立的侗族独特的民间法制度。侗族款约法开始是口传的，清朝以后是成文的和不成文的并存。其中，与刑事相关的侗族习惯法的内容主要反映在《约法款》中的"六面阴""六面阳"等条款中。"六面阴""六面阳"中"六"的含义是指东、南、西、北、上、下六个方位，意为来自不同方面的"越款"行为，都将按其违款情节的轻重，分别处以不同的处罚，相当于一部综合的刑事法典。"六面阴"指向六种重罪，"六面阳"指向六种轻罪。其中规定了对严重损害村寨群体利益、违犯款约者的多种制裁方法，轻者有批评教育、游行示众、罚款、罚服劳役等，重者有杖刑、放逐、杀头等。侗族人把这些处罚条款概括为所谓"六面阴事"和"六面阳事"。"六面阴事"是指凡偷牛盗马、偷金盗银、乱砍滥伐、抢劫杀人、吃里爬外、盗坟掘墓等行为都必处以死刑。"六面阳事"指破坏别人家庭、通奸、弄虚作假、偷引田水、偷鸡摸狗、移动界石（埋岩、栽岩）、引贼入寨，犯者也要严厉处罚。一般来说，"六面阳事"是一些尚未构成死罪的犯罪事项。此处，还有"六面厚"（即重罚）、"六面薄"（即轻罚）、"六面下"（即"无理"）等12细则条款、10条规章。这些都是人们研究侗族社会刑事法律的重要资料。

口承法律文化的传承人是村寨的寨老、款组织的款首和民间头脑清楚、记忆力好的人，靠他们的努力，习惯法的内容才得以代代相传。但口传文化最大的缺点是内容的"易失性"与"易变性"，而法律文本应该是严谨和准确的。事实上记忆力再好的人也会忘却，记忆的"文本"可能根据传承者的思想变动有所变化。所以，同一个"款约法"由于不同的传承人留下不同的口传"文本"。大概从明末清初开始，汉文化在一些侗族地区开始渗透，汉字开始被部分侗族人掌握。黔东南山多石，侗族人便以石碑为载体，借用汉字镌刻各类规矩条款，于是出现了刻有汉字的竖岩（立碑）。有村寨订立的规约，如"禁条""条规""乡例""族规""章程"；有小款、大款、大款联合不同款组织订立的"款约法"，其中勒石竖岩也叫作"款碑"。随着国家行政权力在侗族地区影响的加强，官府也用这种形式推行政令，将重要的地方官府法令（如禁约、告谕等）刻碑公示，不仅能让百姓遍晓，还能使之"垂诸久远"，这就在黔东南侗族法文化空间中形成碑碣器物群。侗族是喜欢立规矩和立碑的民族，法规碑碣的密度极高，从清朝到现在从未间断，如繁星点点遍布于侗族村镇、清水江两岸。碑碣多的村寨有百余块（如三门塘），少的有三五块（如彦洞），这些碑碣记录了黔东南社会经济、乡村治理和法制发展的历史，是侗族史和侗族法研究的重要资料。❶

侗族的款约具有调控的功能。"乡规民约"是在一定区域范围内人们就社会生活中某些事项会集在一起缔结盟约，表达缔约者之间的共同合意。村寨社会内公共生活在很大程度上是通过"约"的形式实现的。因为人们为谋求经济或安全保障方面的相互帮助，不得不与他人结成各种各样的社会关系，于是契约形式就被引到纠纷调解、订立禁约等方面，可以说社会生活是

---

❶ 徐晓光.款约法：黔东南侗族习惯法的历史人类学考察 [M].厦门：厦门大学出版社，2012.

依靠这些相互的契约关系来支撑的。如果以契约形态思考某一地区或国家的政治，架以使各种政治力量的利益达成平衡所形成的合约就是"宪法"了，这就与18世纪欧洲学者创立的"社会契约论"理念很相近。一般来说，契约规范主要集中于经济生活领域，正如现代合同在狭义上一般指民事合同。但清水江流域少数民族借助契约这一形式所从事的活动不仅仅限于民事法律关系的人身问题及财产流转问题。

侗族地区用"合款"形式订立"款约"，就是民族地域特色的"乡约"，这种契约形式与"款约"传统形式有内在关联性。侗族传统"合款"组织本身就是通过盟誓方式结合在一起的以民族共同体为基础的社会组织，"合款"以地缘关系为基础的地域性联合逐渐取代了早期血缘群体的社会组织功能，是将各村寨结合成了更大的共同体，可见议约体现了侗族社会原始民主和高度自治的特点，所以议约在很大程度上带有公意的色彩。在清代，"议约制度化"是村寨的愿望，也是官府的要求，国家政府、地方官府总是对民间习惯法加以利用，这一点也值得注意。实际上乡约民规在清代已经染上了浓厚的"官方"色彩。顺治十六年（1659年），清朝建立乡约制度，规定由乡民选出约正、约副，建立"约所"制度，每月望朔两天讲读。乾隆五年（1740年）又规定：约正免其杂差，以便专心从事教化，如果教化有成，三年内全乡无斗殴命案，朝廷给匾奖励；各地方官则须轮流下乡，督促乡约教育的实施。清代的"乡约"活动以讲"圣训"为主，用朝廷统一颁发的教材，康熙朝编定的《上谕十六条》、雍正二年（1724年）颁发的《圣谕广训》成为乡规民约的基本教材，后者是对前者的逐条解读，且通俗易懂，主要宣传"以孝为本""以和为贵"的道德观念，提倡尊老爱幼、礼让谦和的社会风气，这一点和苗族、侗族传统道德是一致的。顺治十七年（1660年），朝廷议准"贵州苗民照湖广例，即以民籍应试，进额不必加增，卷面不必分别，土官土目子弟仍准一体考试"，又议准"贵州各府、州、县设义学，将土司承袭子弟送学肄业，以俟袭替其族属人等，并苗民子弟愿入学者亦令送学，各府、州、县复设训导躬亲教谕"。该地乡约教育及文化教育从此达到鼎盛时期，大大促进了这一地区的文化发展。

增渊龙夫教授考察了"约"的本义，指出"约"字意味着单方面的命令、禁止和拘束，其本义并不存在相互合意的含义。寺田浩明指出："虽然其他一些对等者之间通过相互合意缔结禁约，其参加者们相互之间的合意是没有疑问的。"例如，声称"合村又同心商议"就是这种合意的表示。但无论是哪种契约或盟约，其形式过程都不是自然发生的，大都能找出首先把规范或宣言提出来的特定主体，如纠集众人开会者，并被推为约首的人物，或是以某个或某些具有感召力的人物为中心而有意识展开的。也就是说，所谓款约的缔结，必然要伴随着聚众结盟的形式，其中也不完全是对等的合意，而是由某个主体"首倡"，再通过众人"唱和"而形成的结果。为稳定侗族村寨的社会秩序，乡村常常订立乡规民约。乡规民约往往从本地实际考虑，为解决目前面临的重要问题，一般由一位或几位当地有头有脸人物发起，再由一些积极参加者和一大批随大流者参与，经过集体讨论订立出来。款约可以说是介于"法"与"契约"之间的规范，基于相互合意形式订立。具有威严的地方头人（一般是款首）的提倡是基础，而地方官府的认可则彰显了它的权威性。

规范民众行为的盟约或契约的内核是"各自权利、义务规定"，这正是近现代民法学中的定义。中国传统契约并不是以"平等的"主体间意思一致为前提，契约的各方参与者完全有别于民法学中相互承担权利义务的主体。正如马林诺夫斯基所说："法是赋予一方以权力，另一方以责任的有约束力的义务，它主是由社会结构所固有的相互性和公开性的特殊机制有效地维持的。"寺田浩明把明清时期国家与地方的法状况看作"法领域"和"契约领域"这两极，前一极是皇帝单方面宣布命令的国家法体系，不必依靠个别的、具体的契约性关系；后一极是人们相互间缔结的对等的契约的世界。如此架构下，他认为以契约形式建立的禁约发挥的作用有限，在一定程度上只是纠风、整风的行动而已，所以很难结晶成客观的、制度化的规范。寺田浩明的"法领域"与"契约领域"的划分是在明清社会这一层面而言的，前者指国家政治法，后者指民间契约社会。实际上在清水江苗侗地区这种国家政治法并不多，反而民族地方官府推行的"禁示""告示"等的作用很大，经过官府认可的"款约"中，诸多禁止性规定、处罚条款及"送惩"的规定使禁约成为村寨公共生活中的行为规范，构成了地域法的重要内容。另外，在林业经济兴起、契约环境形成后，民间契约的大量缔结也构成了契约型社会法的重要基础，从而形成这一地区的法秩序。由于该地处在各民族聚居、杂居的清水江流域，这种法秩序便可以称为"民族性法秩序"。

"民情土俗，万有不齐，立法更制，随方便宜，随时润泽，可矣……"可以说，在中国古代立法体系中，国家立法与地方立法并存，至明清时期，地方立法形式更趋多样化，特别是清代中后期，"省例"的出现说明了我国古代地方立法进入比较成熟的阶段。此外，省、府、县等长官颁布的条约、告示、檄文、禁约情形各异。即使在国家立法中，也有载于律典的专门条例或者针对某一地区的专门立法，如乾隆五年（1740年）制定的《大清律例》

中，关于苗疆的规定就有 24 条。这些条例的适用范围仅仅局限在新辟"苗疆六厅"地区，它们与地方政府或者长官颁布的法律一样，都属于适用某一有限区域的法律规范，贯彻了"因俗而治"的统治方略。有学者将上述几类法律规范统称为"地方性法规"，也有学者将中央政府所制定的专门条例称为"地区性特别法"，而将地方政府制定的省例与禁约、告谕等形式的规范称为"地方法规"。与民间主体制定的规范相比较，它们都是由国家不同级别的政府制定的。从立法的形式来看，有的地方立法并不一定同国家的律典或地方省例一样，具有较长的篇幅，需要编纂成册。有的只是为特定区域内的某一类特定事件而制定的规范，多以禁约、告示、晓谕的形式张贴、颁布，使国家政策贯彻到民众生活中。正如织田万在《清国行政法》中所做的论述："告示者，即各官厅之对人民而所发之命令也。或用出示晓谕等字，或用示谕、谕告、谕示等字。盖所有告示，不必得以为法规。其属于事实行为者，不为法之渊源固无论。其属于法律行为，而兼处分之性质者，则止于处理一时事件，固无法之效力也，又无拘束一般之效力也。然则此种告示，不足以为法之渊源也，明矣。故告示亦察其内容，而后始知其为法规与否。"

第六章　河域社会的治理方式：关于地方守护神的祭祀和地方头人的言说

第一节　"补拉"的守护神：祖先、飞山神、民间信仰

一、祭祖的制度与仪式

高秀村"补拉"内部成员为了实现组织内部认同，自觉创造和遵循着一些制度和规范，包括特定时期共同举行的祭祖、神庙庆典仪式，以及公共节庆和与此相关的禁忌等。这些制度和规范缺乏书面制度和口头规范，是一种对祖先的祭祀仪式，包括家祭、墓祭和祠祭三种。家祭以单个家庭为单位，由家中男性家长在祖先纪念日、逢年过节时祭祀家先，也有些共一"宁高然"的"补拉"亲属定期（清明节）集中到某一成员家中举行公祭。墓祭主要是清明和年节前除夕的扫墓。此外，村中谢家视飞山祠为家祠，在其中供奉全族祖先神位，自承一套祠祭仪式。

（一）家祭

高秀村侗人一般在家屋二楼的堂屋正壁木板墙上安置本"补拉"的神龛，供奉三代以内的祖先。祖先神龛正对着走廊，左右两侧为卧室，内侧为火塘间或厨房和仓库。通常是贴一张红纸于其上，在中间写大字"天地君亲师之神位"，左右两边分别写"左昭""右穆"。村中杨家的神龛在中间写"祭敕封家奉飞山都主威远侯王神位"，左边写"左昭"（或"金花小姨"）、"金炉不断千年火"，右边写"右穆"（或"银花小妹"）、"本杨氏历代门中宗祖三代仙灵""玉盏长明万年灯"，以此祭祀本家三代以内的祖先神灵，即三代家

先。位于其下的是本家的瑞庆夫人、兴隆土地、进宝郎君、招财童子等神位，也是书于红纸之上。上下神坛中间以木制的神台为分界隔开，上面摆放香坛、油灯。近年来，全寨响应林溪镇政府寨改政策，改防火线搬迁和灶改时，有些家户家中不专门设神龛，只在家中新式火塘或煮饭的灶边祭祀祖先。但他们相信祖先自立神位时就在堂屋正殿不会离开，所以搬新家时，要请仙师招呼祖先一起到新家去，凡逢年过节或家有喜事，都得准备祭品先敬奉他们。

每年的家公诞辰、忌日和清明节等祖先纪念日，祭祀仪式较为隆重，同一父系血脉的兄弟，一大早杀鸡，准备猪肉或鱼和水果，烧香烧纸祭祀家先，并在屋外放炮。仪式结束后，一起到辈分高者家中聚会。年节期间，如除夕傍晚、初一早上、元宵节，都要在饭前祭祀家先，祭品祭仪相对简单，通常由家中妇人准备过节的饭菜。此外，二月二、四月八、八月十五等节气，也要在家中的神龛烧香烧纸，敬奉家先。人一生中的三朝、满月、结婚等重大事件，也伴随着祭祀家先的仪式。以家庭为单位的祭祖仪式，多由家中男性家长主持，妇女则负责准备祭品。

因没有与汉人祠堂祭祀职能相应的公共场所，各"补拉"五代以上的祖先并不设在宗祠中供奉，有些姓氏"补拉"（如十五户和下杨）将历代祖先神位安置在族内某一户家屋的堂屋，由仙师协助确定放在哪家，其功能相当于祠堂中的神位，并定期举行集体祭祀、会餐，一般是每年一小祭，三、五年一大祭，所有支系都来参加。根据十五户族谱中的记录，从1986年的清明节恢复集体祭祖以来，他们的房族都是在家中进行大祭的。❶

大祭时，祭品的购买、集体聚餐的支出一般按家户平摊，有钱人多捐亦可。届时，全体聚集到房族中供奉历代祖先牌位家户的堂屋，由德高望重的长者主持，先向全族人宣讲本族迁徙史，再行祭礼，最后全族聚餐。聚会中，不仅公布该次祭祖的收支情况，还选举下次大祭的主持，接管剩余资金并组织下届大祭的操办。如果族中有遭灾受难家户的，也会发起捐款。

（二）墓祭

高秀村侗人实行土葬，在选择墓地时也讲求风水。村民对墓地风水和祖宗庇护现世子孙的期待，与汉人无异。清明节时，村民先集体祭祀祖坟（五代及以上的祖先），再分别到自己近代祖先（五代以内）的墓地祭扫。祭品

❶ 族谱中记录："本房族集中祭祖记次：第一次，一九八六年清明在YGH家举行；第二次，一九九七年清明在YCR家举行；第三次，一九九八年清明在YGF家举行；第四次，二〇〇一年清明在YSH家举行（注：YYP为YCR的子/女）；第五次，二〇〇四年清明在YCX家举行（注：YCX为YCS堂弟）；第六次，二〇一〇年清明集中祭祖设在YJN家举行。"

不可缺少的是用艾草做的糯米粑，且提前两三天准备好。清明节当天一大早，各家杀鸡、杀鱼，准备猪肉等，不能带酸（酸鱼、酸菜等）。各家都需要同时准备荤、素各一份祭品。素斋包括大豆、豆腐等豆制品，茶水、面条、粥、青菜、水果等，用以祭祀纳入祖坟中代数较晚近的祖先"公茫"以及"萨茫"❶和五代以内祖先墓地中的近亲。

根据 2015 年对 WYP 一家（属吴朝旺房族）清明祭祖的记录，时间表大致如下所示：

4月5日（清明节）	
9：00	家中准备祭品
10：00	家中祭祀家先
10：20	家中早餐
11：00	前往房族祖坟
11：28	除草、修饰坟墓
11：35	挂纸
11：50	各家个人上香
11：55	上祭品
12：00	敬酒
12：40	各家个人上香
13：00	烧纸、烧封包
13：10	集体叩拜合仪（三回）
13：20	放鞭炮（二联）
13：40	向空中鸣炮（9炮）
13：45	长者敬酒
14：00	分享祭品
14：05	（艾粑·茶水·水果）
14：30	前往五代以内近亲墓地
15：00	清理墓地
15：08	上祭品
15：10	各家个人上香
15：12	敬酒、烧纸
15：18	集体叩拜合仪（三回）
15：20	放炮
15：25	集体叩拜（一回）
15：30	就地集体聚餐
15：32	各自返家休息
16：15	男性族人喝酒
16：20	晚饭前祭祀家先
20：30	去外婆家（上杨）挂青
4月6日（翌日）	
10：00	祭扫仪式与吴姓同，但不在墓地吃饭，而回外婆家吃午饭

高秀村中各姓氏房族的墓祭祭品、祭仪和尚飨方式上也都有所不同。吴姓族人祭祖坟，要拿煮过鸡的汤水熬粥，拿去墓地祭祀。而且，整个房族的成员一起去，到了墓地后，先察看墓地四周的树木和坟地是否完好，清除墓碑周边的杂草，烧香烧纸祭拜后，放炮，全"补拉"一起在祭桌上喝酒吃饭。杨姓族人祭祖坟和私墓，只准备艾粑、鸡和猪肉，各家自行到墓地去祭拜，既不煮粥又不在墓地会餐，礼毕就各自回家。石姓的祖坟在贵州，但已不再去祭祀，只祭祀村中四代以内祖坟。清明节时，他们 11 户代表各自带上艾粑、糯米饭、鸡、猪、鱼、米酒和水果等，约好一起去上山祭扫挂青，先去年代较远的公墓，其次是新近的墓地，祭仪结束后，一起围着祭桌会餐。

---

❶ "公茫""萨茫"为侗音标记，在"腊·子—己身—甫·父—公·爷爷—公茫·曾祖父"五代中，即第五代，己身的曾祖父母。

集体祭祖近年来在高秀村开始兴盛。以下杨为例，自 2000 年始，每五年进行一次大房族的集体祭祀，通常在清明节的翌日或第三日举行。届时，由于本房族中平常缺少联系和往来的支系，多为迁至湘桂交界村寨的小房族和其他散户回到寨上，村中住户也常借此机会相互认识、加强对坟地的管理。因为在村中不是亲戚就是朋友，如果遇到有人在墓地种菜园、搞破坏也不好意思讲，只能在大祭时依靠外来的房族支系来帮助处理。❶所以，三年或五年一期的大祭时，从高秀村分出的支系也趁机回来认祖归宗，出资参与集体祭祖，并清点全族共同的财产，即祖先坟地。大祭的费用包括公共扫墓的祭品购买和集体聚餐的支出，平摊到各户共同承担，而且每次大祭都推选一位德高望重的长者主持。此长者一般对本族祖先来历和发展较为了解，由他管理资金、主持祭祀仪式、重新修谱和联络各房族支系、汇报总结当次集体祭祖的情况等，实行一届一议的制度。

2015 年 4 月 6 日（清明节翌日），高秀村下杨房族举行了五年一度的集体祭祖活动，共两百多人参加。4 月初，他们在祖坟中央新修了"杨氏三公之墓"，代表高秀村及从家族分出的所有支系的公墓，包括盘别、阿玉、岭冲、大沙、坡头、泗里、双江等桂湘交界 13 个侗寨。侗人准备好祭品，包括全鸡一只、猪头一个、糯米饭一篮、生米一碗、水果和糖等。祭祖时，祭词《请公甫》和《送公甫》为高秀村下杨歌师 YGZ 依据古歌所作，唱诵祖先来源与恩德，并抒发子嗣后代祈求兴旺发达、心想事成的愿望。集体合仪，上香、叩拜、献烛、尚飨。除祭祖之外，他们当天还清点房族的公共财产，举行百家宴、唱戏，联络并强化了房族各支系间的情感。

当天的仪式过程如下：

- 4 月 6 日（清明节翌日）
- 11:00　球场下·杨族人准备祭品
- 11:05　红纸通道定庙食堂迎客抵达楼
- 12:02　收取送炮登记讲话稿各杨家捐资等
- 12:10　迎送炮队伍抵达楼
- 13:20　鼓楼坪迎客（鼓楼）
- 13:28　陆续供桌达前参观祖姓墓碑
- 13:30　准备三支桌献祖
- 13:35　湖南支系三声代表献祭
- 13:36　鸣炮三声
- 新到族人老翁布萨铺头
- 13:42　祭祀仪式由一代表跪地叩拜和发言，祭祖发言开始
- 13:43　回顾房族来历（三声鸣炮）
- 13:46　全族人向空请祖（三声鸣炮）
- 合仪
- 13:48　全族人代表叩首上香（三回）
- 13:51　献烛绍烛（本届清明祭斗萨）
- 13:53　放炮分祖炮（鞭炮）
- 13:55　再送祖先（三声鸣炮）
- 14:00　恭送祖先各人自享水果（斗萨）长萨联责成员
- 14:10　全体人族分伍鞭炮回支登台百家宴各家捐款
- 14:30　放炮（鞭炮）·开台戏
- 14:40　球场坪收取鞭炮
- 14:40　继续祭祖
- 16:00　祭祖活动收取登记祖坟地·戏台送客文艺表演
- 20:20　鼓楼坪·百家宴各家捐款
- 20:30　球场坪·百家宴文艺表演
- 21:30　放炮（鞭炮）·百家宴送客文艺表演
- 23:10　放炮·送客

---

❶ 被访谈人：YGZ，男，侗族，1945 年出生，三江林溪乡高秀村歌师. 访谈时间、地点：2013 年 3 月 2 日中午，于其家中。

《请公甫》词如下："开四方条凳！亥刚当初，呀有吞之，亥要母初，呀吞骂。道有甫养，呀有母养。公甫情恩，吞央个金，深央湖海。日乃甫仔正杨，齐邓齐到。办了酒大斗萨，辣苟斗地。买苦落萨，额苦落地。二人练二耳，私人练四坝，盆铜多下，刀帮多务，被干四领，砍肉四方，盆铜神肉闹，盆下神肉油。乃尧未请人奴占滚，请你寨下公亡，成咬公甫，定盘公亡，阿玉公甫，些要实便便骂，占得饱亥，呀要领个太盘恩情；乃尧未请人努占滚，请你长介盘吴公甫，领冲公甫，些要实便便骂，便骂便到，占得饱亥，呀要领个太盘恩情；乃尧未请人奴占滚，请你大沙公亡，坡头公甫，些要实便便骂，占得饱亥，呀要领个太盘恩情；乃尧未请人奴占滚，请你双江公亡，山溪公亡，些要实便便骂，占得饱亥，呀要领个太盘恩情；乃尧未请人奴占滚，请你高村溪典冲公甫，下寨公亡，些要实便便骂，占得饱亥，呀要领个太盘恩情；乃尧未请人努占滚，请你高友公亡，泗里公甫，些要实便便骂，占得饱亥，呀要领个太盘恩情；乃尧刚亥了名人，留亥了名姓。千亡骂公千，万公骂共占。❶排班，就位，鸣炮三声；上香，再上香，三上香；跪，叩首，再扣首，三叩首起，献宝蜡，献腾云，献家禽，献糖果；跪，叩首，五叩首，六叩首；起，跪，八叩首，九叩首。"

译文如下："开四方条凳！不讲当初，自有根源。不要母初，自有根来。咱有父养，也有母养。祖公恩情，贵如黄金，深似湖海。今天杨家儿孙，齐来齐到。备了大酒祭祀，饭篮祭地。买衣祭婆，拿衣祭地。二人踩二耳，四人踩四腿。铜盆在下，菜刀在上。切肉四方。铜盆装瘦肉，木盆装肥肉。现在我没有请谁人先吃，请你寨下（地名）太公，成咬（地名）祖父，定盘（地名）太公，阿玉（地名）祖父，都要整齐齐来，齐来齐到，吃得饱否？也要领一个太盘（大的意思）恩情。现在我没有请谁人先吃，请你长介盘太公，领冲祖父，都要整齐齐来，齐来齐到，吃得饱否？也要领一个大恩情……（下同，略）现我讲不清人名，留不了名姓，千祖父来共杯，万祖父来共吃……"

集体合仪跪拜之后是送祖先，《送公甫》词如下："旧尧请你公亡，同骂同到，同占同饱。占满额，信满隆，十李刚一李荣。日乃甫仔万杨些邓、奶仔些到。研你公亡恩情，萨亡情大。化了冥纸香纸。你鸟阴千安稳，吊鸟阳干快活送贺，事业有成，想媳得媳，盼仔得仔；猛拜外得钱大，猛鸟寨发

---

❶ 寨下、成咬、长介盘吴、领冲、大沙、坡头、双江、山溪、村头溪典冲、下寨、高友、泗里皆为地名，分布在广西和湖南交界山区的侗族村寨。

财厚；猛做干部度慢上，猛耕牛供旧禾满仓；人老长寿有平安，妮子后班关村乡！旧尧请你公亡骂，时乃在尧送你公亡转。乃尧送你寨下公亡，成咚公甫，转你常坟，归你坟墓；乃尧送你盘别公亡，阿玉公甫，转你常坟，归你坟墓；乃尧送你岑长盘美公亡，岭冲公甫，转你常坟，归你坟墓；乃尧送你大沙公亡，坡头公甫，转你常坟，归你坟墓；乃尧送你双江公亡，山溪下寨公甫，转你常坟，归你坟墓；乃尧送你溪典冲公亡，高村公甫，转你常坟，归你坟墓；乃尧送你高友公亡，泗里公甫，转你常坟，归你坟墓；乃尧送你边阴转岑，千名转常坟，千魂归坟墓。"

译文如下："前面我请你太公，同来同到，同吃同饱。吃满喉咙，装满肚子，十话讲一话荣。今天下杨父子都来，母子都到。念你太公恩情，太婆情深。化了冥钱香纸，你在阴间安稳，咱在阳间快活轻松。事业有成，想媳得媳，盼崽得崽。外出的人得大钱，在寨的人发厚财。做干部的人都得升，做田工的人禾满仓。老人长寿又平安，子嗣后代管乡村。前面我请太公来，现在让我送你太公回。现我送你寨下（地名）太公，成咚（地名）祖父，回你坟堆，归你坟墓（下同，略）……现我送你也阴间转山，千名回坟堆，千魂归坟墓。"

虽然共同祭祖的形式或多或少受到汉族祭祖仪式的影响，但从请祖先和送祖先的仪式和祭词来看，仍然较多延续了村落祭祀中的请神、送神的传统内容，保持了传统的一贯性。在侗族村寨中，村民进行祭祀或重要节日活动时要念诵祭词，主要是叙述村寨或特定习俗、传统节日的相关来历，并邀请村寨中祭拜的诸位神灵都前来参加接受集体村民的供奉，以显示神威。所请的神灵、每位神灵的排列次序，根据不同村寨和习俗不同略有差异。然而，不论哪个村寨的请神款词或祭词，都会最先邀请侗族最大的女神萨祖母，还有就是姜良姜妹和天神、土地神，以及飞山神、祖先神等。

（三）祠祭

高秀村侗人没有祠堂，[1]也不像南部侗区尊萨岁为祖母神，并在大年初一集体祭萨，他们以飞山公作为本氏祖宗神加以祭祀和供养。杨家祭祀本家的飞山，轮流由本族支系中一家（如下杨的现供奉在 YGZ 家，十五户的现供奉于 YJ 家）保管和供奉历代祖先神位，并在清明节举办集体祭祀。只有谢

---

❶ 据描述，旧时吴、谢、上杨、下杨建有四个祠堂，为砖瓦结构，主要是停放尚未达到安葬吉时或家中贫穷无钱安葬的已故族亲，祠中供奉祖先牌位，清明节亦有人在门口烧香烧纸。造型和功能接近于汉人的义庄，在 20 世纪 60 年代被拆除。

家有家祠，即飞山祠，位于他们居住片区的鼓楼旁，原是歇山式木墙瓦顶结构，后为防火一楼改为水泥墙。祠中筑有两米长半米宽的神龛，供奉祖先神位。中间写"本祭家奉飞山土主威远侯王之位"，左边为"两班文武""神德恩扶家祠旺"，右边为"十二朝官""祖公福庇子孙贤"。下方供奉兴隆土地、进宝神君和招财童子之神位，并有对联写道："保一方清泰，佑四季平安。"龛上长年供奉六个香坛和两盏油灯。凡村中谢姓家中操办红白喜事，无论三朝、结婚、进新屋等活动，都先到祠中祭祖，再拜家先，逢年过节也到祠中祭祀。通常由家翁或长子前往，以鱼、鸡、猪肉三牲及果糖等为祭品。

关于谢家飞山祠还有传说。1961年冬，高秀村寨发生火灾时，只有谢姓居住的南区未受灾。对此，谢姓族人认为："寨上数我们这飞山庙最灵了。大火烧到飞山庙的时候，我们的老人家就拿腌了好多年的草鱼，腌得蛮大个的，去庙里拜拜，结果突然来了一阵风，火就往另一面的山头烧，不往我们谢家烧了，寨里头好几次火灾，都单单我们姓谢的没有被烧到，全靠了这个飞山。"将火灾中幸存的记忆与祖庙显灵联系起来，不仅是谢姓族人的说法，还代表了大多数村民的普遍看法。事实上，只能从口述和民间碑刻中推测，1961年的寨火是建村以来最严重的火灾，而谢家表述中反复出现的"好几次火灾"，且他们每次都因祭飞山而逃过灾难的一系列具有重复性的灵验事件的真实性，如今已无从知晓。但这些口述是基于他们对祖先信仰的建构或创造，通过这类记忆的编织和重现，与围绕飞山祠的人生礼仪、岁时年祭等共同祭仪的身体力行联系起来，将祖先显灵"现实化"，❶在一定程度上强化了他们对祖先的集体情感和亲缘认同。对于"补拉"而言，既凝聚了人群的力量又扩大了势力，实现了地域空间、田地和山林等自然资源以及精神空间的占有。

（四）姓氏节

除了全寨共度的农事节日，一年中，高秀村各姓氏的"补拉"有本房族内部成员单独过的节，即所谓的"姓氏节"。姓氏节一般与祖先祭祀及祖先崇拜有关，不同的姓氏之间存在差异。

具体而言，按照民间惯例，吴家在每年六月稻禾刚抽穗结苞时尝新，祭祖以祈求糯谷丰产。作为其姓氏节，先由吴朝旺一支在六月六进行，再是吴

---

❶ 马歇尔·萨林斯．"土著"是如何思考的：以库史船长为例 [M]．张宏明，译．上海：上海人民出版社，2003．

旺财一支在巳日进行，这时的新米节可以说是姓吴的侗人之间共有的节日。节日当天早饭后，高秀村的吴姓家户都要去田里剪三到六根稻禾回来，放在餐桌上。然后，午饭前，杀一只鸡／鸭来煮，并用鸡／鸭汤和稻禾来熬粥，与鸡／鸭、鱼、水果等祭品及剩下的稻禾一起放在神龛上祭拜家先。祭祀时，喊家中小孩到祖先神位前，说："诶，又一年了。"礼毕，家人分享敬过祖先的鸡粥表示尝新。而献供过的稻禾则拿去喂牛吃。新米节也是亲友间走动往来的重要时机。

杨姓自尊为杨家将的后代，产生了许多与纪念杨家将相关的节日。所有杨姓为纪念杨文广被关在天牢时为狱卒所害，杨八姐施妙计送黑米饭使他得救，而在每年四月八日吃黑糯米过节。上杨过去有冬节的习惯，在每年十月初四过节时，去田里抓新鲜的鱼，叫"吃冬"。初四吃冬的是杨四郎的后代，初一是大郎，初三是三郎，按辈分排序。杨岩除每年清明节回湖南独坡乡集体挂青外，还在每年六月六日包粽粑祭祖，祈求全族幸福安康、人畜兴旺、五谷丰登。

谢家为纪念祖先逃难，每年比全寨提前一天祭祖过春节。他们在农历的腊月二十九当天，一早就打糯米粑，准备一担箩筐、一根长扁担，摘几片树叶来放些粑粑和猪肉，烧香烧酒祭拜祖先。用树叶有两层含义，一来表示没有碗（贫穷），二则表示为了随时逃难做好准备。过完腊月二十九后，才与全寨一起在大年三十过除夕和年节。

石家在每年的十月十二日，为纪念祖先从贵州来到广西的高秀村落作定居，各家各户要杀鸡烧鱼祭拜祖先，并邀请寨中的亲戚朋友到家中吃饭。

为纪念向家入寨最早，村中历来有禁忌：过年前，村中各家各户将舂米的碓封起来，不到河边去洗衣服或洗头，等元宵过后，首先由向家的人到河边去洗头、洗衣服，即开河，其他姓才可以到河边洗。另外，每年六月开始泡蓝靛染侗布时，也一定要向家的人先染一天，其他姓才可以染。

这些节日与禁忌的实行与村中各"补拉"的祖先记忆有关，也体现了村中六姓的差异和秩序。与节庆同时进行的是节庆诠释的历史。❶对于"补拉"而言，姓氏节承载的更多的是"补拉"的认同和祖先的记忆，不同"补拉"之间节气的差异，通过祖先纪念的讲述与相区别的祭祖仪式的重复，也表征了不同"补拉"之间的边界。可以说，村落史也承载了"补拉"的诸多集体记忆，在聚落层面上，"补拉"在地域性组织与血缘性组织之间相互交织，

❶ 皮柏著.节庆、休闲与文化 [M]. 黄藿，译.北京：三联书店，1991.

实际表征了村落历史发展的线索。❶

　　例如，湖南省通道县境内的吴氏多数都在农历八月的甲戌日过节日，有些地方称之为"甲戌节"。但是，在同样日程中举行祭祀的同姓人中，如果各自选不同时间段进行祭祀，或者祭祀的方法和内容也不相同的话，他们就会被认为是分属于不同的"补拉"支系的人。具体而言，居住在"四团八寨"地区的吴姓人，为了纪念最早定居在该地区的吴氏房族（被称为"老大哥"），他们通常在甲戌日举行祖先祭祀。这时候，所有的吴姓人聚集在一起吹芦笙，并且共有一个祖先的人共唱同一首歌。而居住在播阳六团地区的吴姓人，在甲戌日之际，聚集在乞团坪这个集会所，举办盛大的芦笙会和男女对歌等民间文艺活动。

　　不过，据调查，坪坦地区的吴姓人并没有举办这样的芦笙会，取而代之的是当天各家各户在家里举行热闹的宴会，住在同村另一个土生土长的其他姓的人，特别是母亲的娘家（汉语中称为"外婆家"）的父母邀请亲友到房屋里去。根据坪坦村居民的说法，吴姓的人之所以继续举办传统节日，是为了纪念祖先定居在村子里，加强与土生土长共住的房族之间的联系，同时区分相互之间可以通婚的不同"补拉"支系的人们，特别是娘家人或舅舅之间的联系。出于类似的目的，属于同一"乡村或团峒"的高步村的吴姓族人，每年都会举行围绕被称为"janl xiah 吃社节"的节日，这是一个关于地方土地神即"社"的节日，包括春社和秋社，是围绕土地神的传统祭祀。村中的吴姓族人也会邀请自身可以通婚的对象（如本村中的杨家等"补拉"的成员），以及其他的亲戚和朋友到家里做客。

　　在高秀村的吴姓人，既没有甲戌节又没有社节，而是如前文所说，每年农历六月都会举行尝新祭，即新米节，并招待杨家或谢家等他们可以通婚的亲戚。其中，吴朝旺"补拉"和吴旺财"补拉"虽然共有同一尝新节，但因为他们并不是共有一个祖先，所以他们举行的日期和祭祀的方式也各不相同，他们之间也可以相互通婚。也就是说，分开进行不同的节气或姓氏节的"补拉"或房族之间是可以相互通婚的。当然也有例外的，只能说共同姓氏节的"补拉"，通常不被纳入可以通婚的范围之内。

　　高秀村的人口构成和节气如表 6-1 所示。

❶ 刘晓春.仪式与象征的秩序：一个客家村落的历史、权力与记忆 [M].北京：商务印书馆，2003.

表 6-1　高秀村的人口构成和节气一览表（2013 年统计）

"补拉"	杨姓					吴姓		谢姓	向姓	石姓	陈姓
	杨补				杨爷	吴旺财后代	吴旺旺后代				
	下杨	上杨	杨岩	十五户杨							
世带数	63	95	35	21	4	54	42	52	11	11	2
节气	黑米节	黑米节　冬节	黑米节　祭祖节	黑米节	黑米节	新米节	新米节	祭祖节	无	祭祖节	无
日期（农历）	四月八日	四月八日　十一月八日	四月八日　六月六日	四月八日	四月八日	六月六日	六月巳日	十二月二十九日	无	十月十二日	无

二、侗寨的居住空间和民间信仰

坪坦河流域（第六款）的侗族村寨的家屋空间都比较相似，他们的房屋为杉木制成的三层吊脚楼。一层饲养鸡、鸭、猪、牛等牲畜和设置厕所，二、三层住人、储藏粮食和安置神龛。随着人口的增长，有的家户也以四层作为卧室。一层是牛圈猪圈，由一条单独的楼梯上到二层是宽敞的长廊，中间设堂屋，安有祖先神位和土地神，是一家人祭祀、待客的主要场所。两至三代同住一屋的家户，多以堂屋左边为尊设老人卧室，家中兄弟各居两边。堂屋背后设火塘间，为血亲家庭成员聚宴、炊烤、取暖的空间❶，也是粮仓所在。寨改后，不少家庭将一层建成砖房，仍圈养牲畜，但置烧热水间、厕所或设为厨房和粮仓，一层以上保留木房，作起居。为了防火，多在一、二层之间留一块水泥地安灶建厨房，并采用移动式火塘。

家屋中，一般在堂屋正壁木板墙上安置本"补拉"的祖先神龛，正对着走廊，左右两侧为卧室，内侧为火塘间或厨房和仓库，具体如图 6-1 所示。

---

❶ 学者曾指出，家庭内部成员，特别是青年男女之间联络感情，寨与寨之间"月也"主客打油茶、唱歌谈心，都是在火塘间进行交流的。除此之外，家庭成员间听讲故事、传唱抒情歌谣、叙事长诗等也在火塘间里进行交流传播。因此，认为火塘文化偏重于家庭型的，是家屋的"心脏"，好比鼓楼文化偏重于社会型的。（过伟. 侗族民间叙事文学 [M]. 南宁：广西人民出版社，1993：99-101.）

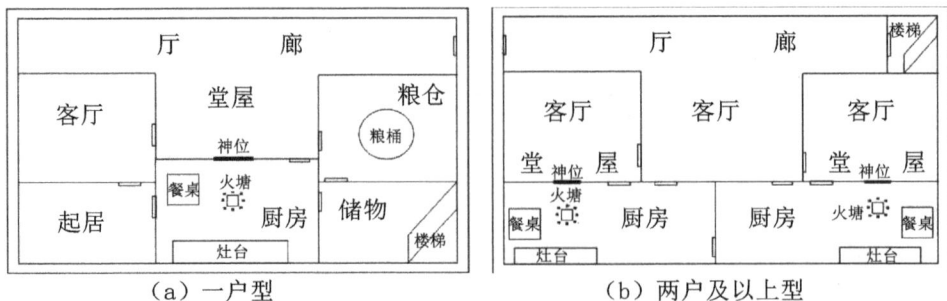

（a）一户型　　　　　　　　　　（b）两户及以上型

图6-1　家屋二层的堂屋与火塘间的布局

火塘（侗音"萨贝 sac beil"）具有延续香火、传宗接代的意义，是侗人家屋至为重要的元素，被当作家庭的象征。高秀村家屋中的火塘约三四尺见方，放一个带三条脚的圆圈铁架，即可放锅做饭或烤红薯，上又悬挂吊炕而能晾糯禾、熏肉等。全家围火塘而坐，有各自的座位次序，面向门口，祖父母坐火塘上方正面，父母亲和儿子坐在火塘左右两侧，媳妇或女儿坐在火塘下方，她们在这个位置方便动手添置柴火，但也是受烟熏浓烈的地方。在分工上，妇女管火塘间，男性管堂屋；妇女多在厨房中持火钳、管火塘、煮饭做饭，男性在堂屋吃烟烤火、接待客人。迎亲那天，新娘一到屋首先要在火塘边打油茶，每有客人来就送一碗，以获得房族亲友的承认。待家中所有兄弟成婚分家时，要请有福气的老人家持火钳把共用的火塘分点柴火去新屋起第一把火，意味着另起炉灶。小孩刚出生或生病时，也要请仙师来家中烧香祭拜火塘或念诵法水，小孩三朝时第一次洗澡和办"南堂"也在火塘边举行。

因没有与汉人祠堂祭祀职能相应的公共场所，各姓氏房族的祖灵并不设在祠中供奉，有些"补拉"（主要是杨家）将历代祖先神位安置在族内一家屋堂屋，由仙师协助确定，职能相当于汉人祠堂中的神位，并定期集体祭祀会餐和轮流管理，一般是每年一小祭，三至五年一大祭，周边村寨的房亲族系也前来参加。例如，高秀村的 YCS 在族谱中所记，"十武户杨"从1986年清明恢复集体祭祖以来都是在各自家中进行的。❶

---

❶ 族谱中记录："本房族集中祭祖记次：第一次，一九八六年清明在光华家举行；第二次，一九九七年清明在昌荣家举行；第三次，一九九八年清明在光繁家举行；第四次，二〇〇一年清明在顺怀家举行（注：杨愿培，杨昌荣的子/女）；第五次，二〇〇四年清明在昌显家举行（注：杨昌显，字云芳，为杨昌生堂弟）；第六次，二〇一〇年清明集中祭祖设在杨俊能家举行。"

（一）万物有"关神"

除了在家中祭祀家中祖先和火塘以外，侗族人具有较为普遍的神灵信仰，他们相信万物有"关神"（灵魂）。旧时，桂北侗人存在"山山有风水，处处有鬼神""不信鬼神，人畜不宁"等说法。❶与桂北山区侗寨的送火仪式类似，融水侗人为不让凶恶的"押变婆"（饿鬼）来村里作祟、捣乱偷食，在家家都丰衣足食的时候，一般是大年初一，全寨举行驱赶"押变婆"仪式。小儿男扮女装，用布袋蒙住头，在村中岩坪、巷子里乱蹦乱跳，"鸣夫，鸣夫"地乱叫乱嚷，或使劲吹芦笙。当他们玩到精疲力尽时，大人鸣枪三声，并把这群小孩带出村外，他们才能脱下布袋走回家里，❷体现了侗人普遍的泛灵信仰。

火神在侗族地区是掌管人间烟火之神，侗语称为"萨贝"，与火塘同义。在他们的观念里，火神既造福人类又很贪婪，所以他们对火神又敬又畏。桂北黔南等地侗人每隔一段时间，一般是三到五年，就要以公鸡、白米和茶水等祭祀火神，以免其发威，烧毁全寨的房屋、牲畜和谷物，该习俗被称为"驱火秧"或"赶火神"。新建村寨或建寨后未请萨岁的村寨，重建萨堂时，要先请仙师来安萨，并于萨屋火塘中刨木点火，让寨内家户来堂中接火种回家。❸有些地方则在火灾发生后，由法师主持举寨送火。高秀村侗人在秋收农事结束、谷物进仓之后适时进行防火宣传，这是为了保障粮食和财产的安全，保佑屋内一年里平安，远离火灾隐患。送火仪式作为年终辞旧迎新、村落空间清洁与净化的社会性活动之一，具有重要的象征意义。驱赶秽恶在农耕循环的周期中，类似于西方替罪羊的献祭与净化仪式，不断进行着死亡与复活仪式的循环表演，"每个送走死神的仪式，一般还要跟着一个带回夏天、春天或生命的仪式"❹，具有保障食物和生命安全的价值。在自然季节交替的分界点进行一定的仪式，有利于减缓从一种境遇到另一种境遇的危险，达到安全过渡，以实现生命"更新"❺的意义。同时，人居环境从家屋到公共空间

❶ 广西壮族自治区编辑组编.广西侗族社会历史调查[M].南宁：广西民族出版社，1987：144.

❷ 广西壮族自治区编辑组编.广西侗族社会历史调查[M].南宁：广西民族出版社，1987：177.

❸ 欧潮泉，姜大谦.侗族文化辞典[M].香港：华夏文化艺术出版社，2002：512，516.

❹ 弗雷泽.金枝（上）[M].徐育新，译.北京：新世界出版社，2006：295.

❺ 郭于华.死的困惑与生的执着[M].北京：中国人民大学出版社，1994：38.

乃至整个社区的净化仪式是"一种划定共同体边界的仪式"❶，社区成员悉数参与，既象征性地分享和建构了共同体的集结，又强化了边界，特别是村落与外部、人与鬼的边界。

侗人相信万物有"关神"，对山、树木、石头等有普遍的信仰和禁忌。比如，山有山魈，尤其在人迹罕至的深山，常会碰到爱捉弄人的"柴浓岑"（即山兄弟），因此放水收鱼时要在田边打"酿加"（即草标），抓蝌蚪时不能说蝌蚪多，以免"柴浓岑"把鱼或蝌蚪收走，上山不能大声说话，碰到石头要赶紧喊声"公，让开哦"以免犯"柴浓岑"而得病。村中这类传说和亲身经历的讲述很多。同时，为让幼儿健康成长而拜寄石头、大树为干爹干妈的也很多。就自身而言，与人来到世间走过的四方十二座桥相应，他们相信人有十二个灵魂，即"十二度关"。人在世时，所有的灵魂毫无损伤便身体安康，如损失其中三个，人便会生病甚至死去。平常遇到大树神、绊到石头、落入水中，受祖灵、恶灵纠缠，遇到山魈和不干净的东西，或受了不属于自己的物，如占用公物，都会损失灵魂而致病或遭遇不幸，须请恩拿过阴、问路抓鬼以找回灵魂。人死后，灵魂一个在坟墓，一个在家中神龛，一个去投胎。❷这些信仰已融入他们的日常生活。

（二）"合神"与"好功德"

侗人普遍好功德。据 1958 年《广西侗族社会历史调查》，"由于受佛教思想的影响，侗族人认为，人死后会到另一个世界：贫与富，幸福与痛苦的境界。死后这一遭遇，人们认为是生前行善与作恶的报应。故劝人们在生时多办善事、好事，不偷不盗，修桥铺路，不奸不邪，以便死入阴间达到极乐世界。"❸日本学者兼重努曾调查过三江县林溪乡冠洞村侗族人的功德观念与积德行为，认为这是受到（大乘）佛教果报思想的影响和集体的实践。高秀也有修阴功的信仰与行为，他们的"好功德"与为去阴间的"高胜衙安"❹的

---

❶ 梁永佳 . 象征在别处：社会人类学探讨 [M]. 北京：民族出版社，2008：96.

❷ 至于数目上死后的灵魂去向与生前的"十二度关"并不对应的情况，即使是村中学识最高的"香消"也没能解释清楚。当问到，人有十二个灵魂，但是一旦死后，灵魂就变成三份，其他九个又去了哪里，他的回答是不知道。又问到，去世的父母成为家先，而他的灵魂会分到几兄弟各自家中都有一份，每个人的后代数量不同，那就会出现人去世后灵魂数目不同的情况存在，怎么解释，他的回答也是不知道。

❸ 广西壮族自治区编辑组编 . 广西侗族社会历史调查 [M]. 南宁：广西民族出版社，1987：152.

❹ 侗族传说老人去世后理想中的极乐世界。

愿望有关，但并不见得是宗教层面的终极目的，而是为了今世命理的"合神"调解❶和来世"好的命理"的祈愿，连当地最有知识的"恩拿"和"香消"（巫师）也很难说出极乐世界里的安乐，从当地侗人与疾病有关的知识与他们关于"人"的观念及其身体表征系统可以获得解释。

在桂北侗人一生中，生育被看得至为重要。从妇女怀孕、小孩初生到成长的儿童时期，家人都非常谨慎。因为经血、生产被视为"亚血"（不洁）或污秽的❷，会对前来投胎的灵造成损害，致使流产，所以妇女一怀孕就要请先生去念诵《救苦经》和《佛说血盆经》以保胎。小孩出生后，先请恩拿看关煞，尤其是体弱多病、有问题的小儿。他们相信每个人都有自己的命根，命理、年岁、运气是前世功德修来的。人的成长和疾病，都与个人的关煞、八字有关，受其影响，经常运气不好，容易遇到四面八方的鬼魅、不干净的东西或家中祖灵，都会生病，表现为身上又冷又热不好受。一般而言，孩童从出生至16岁成年之前最易生病惹灾；大人少点，只在一些年岁（"男怕三五七，女怕二四六"）要特别注意；等到人老了，没什么毛病，也要时时小心，以免死得难受。妇女到适育年龄仍迟迟不能怀孕生子也是命理的问题。

为了影响和改变不幸的状况，恩拿依据八字帮人改命或补命，即"合神"调解。除了驱鬼和拜祭，主要方法是为别人做好事。在田埂、山间或平地上的溪流沟道上"办桥"，在山坳或山路边"安定凳"，在道路三岔路口"设分路碑"，多具有象征性意义。身体不好、不易长大成年的要办桥；命根比父母大的要拜祭大树或一对多子多福的父母为干爹干娘；还有些没有姓氏的，则要拜一块大石头为母。其中，最常见的是架桥，村中侗人基本上儿时都有过架桥的经历，一般由家里阿萨趁天未亮时按"香消"（巫师）所指方位去办，过程不能让人看见，这样小孩才能长得快，身体好。❸

按照当地人的观点，与身体表征系统相对应，结合他们通过"架桥"前后希望处理的现实状况和处理结果，他们对世界和人自身在世界中的位置的看法，即世界图式的建构，可表述为以下几组对应关系。

❶ 当地侗人认为，今世的命理是既定的，前世带来的，命理不好影响个人的健康和运气，健康受损或运气不好的时候，有效的调解办法是"合神"，意思是与神鬼讲和、消灾解难，途径就是要做好事。

❷ 因此孕妇及其家人都不允许参加任何与禳灾祈福有关的仪式场合，于公于私都一样。

❸ 被访谈人：杨昌平，男，侗族，1943年出生，三江县林溪乡高秀村鬼师，并得到杨代英、杨桂兰、杨艳菊、吴修銮和谢水娇等妇女的佐证。访谈人：黄洁。

阴间	←	桥	→	阳间
疾病、灾难	←	桥	→	康复、平安
村内、安全	←	桥	→	村外、未知
灵魂	←	桥	→	身体
死	←	桥	→	生
高胜衙安	←	桥	→	人的世界

对侗人而言，无论在个人的身体体验和人居空间，还是在更为抽象层面上的象征性，桥都是作为从一种状态、空间向另一种状态、空间实现过渡的媒介，而通过架桥的仪式能实现其间的逆转。正如前面所提到的，在一年一度的春节场域下，他们所进行的从村寨、家屋到个人为了辞旧迎新的禳灾仪式，实际上是他们对这种认知体系的操演，说明其在当下生活中仍在发挥有效性和意义。

第二节　村寨的守护神和"乡村或团峒"河域社会的守护神

一、侗族社会中的萨信仰

一般认为，在侗族人的宗教信仰中，最重要的是萨崇拜。侗族人认为，萨祖母是他们所崇拜的至高无上、无所不能的女神。因此，在侗族的南部方言区，几乎每个村寨都建立有萨坛或萨堂。萨坛或萨堂，多为一个半圆形的土堆，四周砌满石块，里面供奉炊具、针线等女性日常生活用品，以表示对萨祖母的尊敬。村民将萨祖母敬奉为村落的守护神，因此每月初一、初十都要烧香敬茶，供奉萨祖母，并且每年新春，全寨男女老少都要集合在萨祖母的神坛前面的广场或旁边的鼓楼里，边唱边舞，祈求萨祖母为他们降福消灾。旧时，同一个流域的"乡村或团峒"的村寨在农忙过后的秋收季节，必定要聚集村民讲款，通常在农历九月初举行（俗称"九月约黄"），即告诉村民，要爱护个人和集体的劳动果实，要管好鸡鸭牲口，并警戒偷盗或损人利己之行为，同时提醒村民要遵守款约和先辈立下的规矩，团结起来，防匪防外患。这时，村寨之间还要举行相互访问的活动以庆丰收，其中较为重要的活动便是祭祀萨祖母神。比如，坪坦河流域的侗寨，村村建有萨祖母的祭坛，并与鼓楼、风雨桥、戏台、芦笙广场等社会公共空间，以及土地庙、飞山庙等神圣空间等，共同构成了完整有序的传统侗族人的生活空间。每年秋收以后到第二年二月开春之前，坪坦河流域的侗寨之间往往相互拜访做客，进行文化交流互动，其中少不了祭祀萨祖母的活动。以往坪坦村迎接客人进入村寨进行文艺交流活动的时候，首先会邀请客人到萨祖母的神坛前，吹奏一曲芦笙之后才能开始交流。在进行全村的祭祀活动或正月之前的扫寨消灾仪式时，也必须首先祭祀萨祖母，之后再祭祀村中其他神灵，不能破坏了萨祖母与其他神灵的先后祭祀顺序。这些都体现了作为村落守护神的萨祖母在侗族村寨空间和村寨集体活动（包括村落之间的交流活动）中的重要性。

　　广西三江县独峒乡的侗族研究者吴浩认为，萨的本体可能有三种可能的推测。①她是一位为了保护侗族利益而与汉族军队战斗的女性英雄（也叫圣尼和杏妮）。为了纪念她，侗族人把她当作祖母神。②她是苗族婆婆，即少数民族领袖孟获之妻。③萨与侗族的原始信仰（太阳神信仰）密切相关。其详细内容可以参考吴浩 1989 年发表的论文。另外，黄才贵在他的《女神与泛神》一书中分析了萨的信仰及其来源和文化意义。他指出，萨信仰是侗族信仰的一种，在历史上，由于原始宗教的变迁而具有了独特性，现在已经成为一种民俗心理，在侗族人长期的自给自足的生活中，可以看到侗族文化的整体发展。❶可见萨信仰在南部方言区的侗族社会中，已经被看作侗族整体文化的一个重要特征。

　　日本文化人类学者铃木正崇认为，在贵州省榕江县地区，萨神其实是一种假托历史现象，人们将对自然崇拜的根本或本质寄托（置之）于祖先祭祀的活动或仪式之中。因此，可以看到，榕江附近萨崇拜以女性为主。这不仅仅因为作为祖先的萨祖母是女性，还因为萨祖母祠堂的运营者也以女性为主，且管理祭祀活动时为萨祖母撑红伞的人以及相关祭祀活动的主持者"堂萨"大多是女性宗教职业者。不过，国学院大学"21 世纪 COE 计划"2005 编写的《萨岁祭：中国贵州省南部侗族祭祀及神观相关研究调查报告》和笔者于 2014 年 7—8 月在贵州省从江县高增、黎平县肇兴、纪堂、岩洞、述洞等村进行的短期调查显示，部分地区也有男性祭祀负责人。

二、村落中萨神坛的样式

　　在南部方言区的侗族村落中，存在各种形态的萨神坛。这里列举林溪乡的若干例子进行具体说明。根据三江县林溪乡平寨民族学者吴世华于 1990 年左右对林溪乡的萨神进行的调查报告显示，林溪乡有很多萨神坛，其中位

---

❶ 黄才贵 . 女神与泛神：侗族"萨玛"文化研究 [M]. 贵阳：贵州人民出版社，2006.

于林溪岩寨的萨神坛,最初是在明洪武年间(1368—1398年)设立的,之后迁到了现在的林溪街的吴全德家。当时还设置了有大约32 000平方米的萨神田,由吴家耕种,并由吴家人专门祭祀萨神。❶

在三江县林溪乡附近的侗族村寨中,岩寨有三个萨神,分别被称为"sax mags""sax senl""sax yangp"。它们在地理位置关系上处于上部(属于"jinh ul",指位于河流上游部分),是从贵州省的黎平县萨岁山请来的,相当于周边区域中侗族村寨萨神的神坛,守护多个民族的村寨。亮寨的萨神被称为"sax yangp"。它在地理位置关系上处于中部(属于"sax dav",指位于河流中游部分),该萨神据称是从大田寨请来的,也不单单是本村落的守护神,也对周边多个侗族村寨具有守护作用。大田寨的萨神被称为"sax unh",它在地理位置关系上处于下部(属于"jinh deeh",指位于河流下游部分),该萨神也是从贵州省黎平县请来的。

那么,岩寨的萨神坛和当地周边其他萨神坛之间有什么关系呢?在当地的调查中,当地居民经常提及岩寨的萨神和距离该地方约300~600米的河流中、下游的亮寨和大田寨两个侗族村寨所设置的萨神坛之间存在一定的关系。例如,有"sax mags suik jinh ul, sax unh suik jinh deeh"这样一句侗话流传于民间街坊。其中,"sax mags"表示"大的萨神",位于河流上游(下面)的神殿里,"sax unh"表示"小的萨神",位于河流下游(下面)的殿里。根据吴世华的研究,岩寨的萨神坛是数个萨神坛的总坛。笔者在当地了解到,被称为"sax senl"或"sax yangp"的萨神,被定位为保佑多个村子的萨神。这里,侗语的"senl"是"地区"或特定地域的意思,"yangp"是"乡"或"乡村"的意思,也就是说是"乡村或团峒"的萨神坛。另外,亮寨的萨神坛也被称为"sax yangp",和岩寨的萨神坛一样,也属于"乡村或团峒"的萨神坛。

关于在岩寨的萨神坛的由来有几个不同的说法。第一种说法认为,萨神坛来自贵州省从江县的洛香。宋元时期,吴姓的十二兄弟迁移到林溪的时候,从洛香带来了萨神坛。❷第二种说法认为,林溪岩寨的萨神坛是贵州远口祖先移居时带来的。❸第三种说法认为,以前作物收成不好,所以从贵州省的洛香请来了萨神。为了不让(或防止)萨神从神殿(jinh)里逃走,每年都会举行一次祭祀。

---

❶ 吴世华.侗"萨"时代初探:三江林溪萨神遗迹调查[J].贵州民族研究,1990(2):41-42.

❷ 同上.

❸ 杨通山.三乡萨神崇拜调查[J].贵州民族研究,1990(2):30.

除了林溪的萨神，据说湖南和广西的萨神也是从贵州请来的。比如，三江县独峒寨的萨神传说是由贵州省黎平县的纪真寨请来的。❶如果设置新萨神坛的话，必须去旧神坛迎接萨神，带上香盆，将萨神请到新的神坛所在地才行。另外，关于湖南省通道县萨神的来源有三种传说。其一，传说其来自贵州的古州（现在的榕江县）。其二，传说其来自贵州黎平的纪堂。其三，传说其来自广西三江。从民间歌谣和祭祀词中可以看出传说其来自贵州省古州（即榕江县）的最多。另外，据说在通道县的24个乡镇中，其中15个主要的侗族乡镇共有64个萨神坛。萨神坛多在侗族居住地区的古老村庄中，只有一个在县溪镇的汉族村庄。全县64个萨神坛中的，大部分是在中华人民共和国成立前建造的，中华人民共和国成立后建造的只有一个，中华人民共和国成立后复建的也只有一个。在安置萨神坛的时候，必须到萨神坛的某个地方，或是桥畔、河边、山脚，或是山与山之间的平地迎接萨神。❷

在林溪乡和临近地区附近，萨神殿分为露天冢和庙宇两种形态。露天冢呈圆形，用石头堆成，上面种着被称为千年矮、叶比较大、生长速度较慢的常绿树。没有神的名字等的记载。庙宇形态的萨神殿中设置了木质的神坛，上面写着神的名字。亮寨下屯、大田寨的神坛上写着"本节大油得道李王之神位"。下面木板的中央写着"本祠下坛土地之位"，右边写着"守庙童子"，左边写着"扫寺郎君"。在亮寨下屯，神位右侧放着棒状的黑色百褶裙、伞和黑色布鞋。

那么，20世纪50年代以前侗族地区的萨神是什么样子的呢？据吴世华（1990）介绍，民国时期，林溪乡的所有民众都参加了萨神祭祀活动，即春天和秋天的祭祀活动。

（1）春天的祭祀，指的是每年插秧前都会举行的萨神祭祀活动。那个活动用侗语叫"aol songc"。songc是松树的意思，关于aol，吴世华没有提到，但被认为是"取（得）"的意思。插秧期临近，人们选择了"福生"这个吉日，村里的长老聚集在岩寨萨神的总坛上进行祭祀。准备三牲的供品，去坛主苗床的东西南北角，拔出几棵松树苗祭祀萨神。祭祀结束后，把这几棵松树苗插进田里。取松的春祭是向神祈祷稻苗能像松树一样苗壮成长，实现五谷丰登。春天插秧前必须祭祀萨神，否则就会减产。侗族的歌中也唱着"bedl mix deml bav nouc ams sat, gas mix jonv songc nouc ams laemp"，歌词的大概

---

❶ 杨通山.三乡萨神崇拜调查 [J].贵州民族研究，1990（2）：39.

❷ 吴万源.通道侗族"萨岁"文化调查 [J].民族论坛，1990（2）：78.

意思是"鸭的翅膀还不长，谁来杀它呢？秧还没'取松'的话，谁会扯来插田呢？"。❶

（2）秋季祭祀，指的是秋天向萨神祈祷人丁兴旺、团寨安宁的祭祀。以前每年举行一次，但是在近现代变成了三年或五年举行一次。祭祀地点不是岩寨的总坛，而是亮寨的分坛。为什么这样做，吴世华推测可能是因为在祭祀的时候祭词中出现了很多关于"性"的词汇，为了避开这些不雅的词汇，所以避开街上的总坛而选择在稍微远离街道的分坛上进行。秋祭那天，村里准备了三牲的供品，村民整理好服装，聚集在祭神坛的地方进行祭祀。祈祷师念叨着平时难以听到的（关于性的）话，人们跟着唱。词是押韵的。虽然有性方面的内容，但是大家都非常虔诚，谁也不会笑。这和侗族举行的"还愿"祭祀仪式基本相同。❷如上所述，在村民看来，岩寨和亮寨的萨神不仅可以保佑五谷丰登，还可以实现人类子孙兴旺。

20世纪50年代后，人们的萨神信仰发生了比较大的变化。林溪乡盛大的祭祀萨神活动被视为迷信活动，被停止了。亮寨的萨神坛在四清运动时被破坏了（现在正在重建）。萨神的田地也被压碎整合变成了市场。管理着岩寨的萨神坛的吴家最后的继承人数十年前去世了。现在，春秋的祭祀没有举行。吴万源等人的报告显示，不仅在林溪乡，在湖南通道侗族自治县和广西龙胜县平等乡，萨神的祭祀活动也基本上消失，信仰萨神的人也大量减少。❸

据《龙胜各族自治县平等乡平等村侗族社会历史调查》（1958年调查）显示，平等村的达摩女儿之神（这里的达摩女儿之神指萨神）是从湖南通道县麻龙乡的达摩女儿那里请来的。达摩女儿分为"婆家庙"（男家庙）和"娘家庙"（外婆庙），男家庙基本上每村都有，外婆庙在附近数村只占一定比例（庙分为婆家和娘家，和俗世的姻亲关系是一样的。据说萨神被认为是彼此的姐妹或母女关系，贵州榕江县车寨村在村落内有4个服务神，彼此有姐妹关系，车寨的萨神被视为妹妹寨的萨神的女儿。另外，寨头村的萨神被认为是章鲁村的萨神的姐姐，与村子里的姐妹关系密切的萨神，在二月一起举行祭祀活动）。达摩女儿庙的祭祀是由侗族中老年女性集体进行的。祭祀分为定期的和不定期的。定期的是在每年农历的初二，一二天祭祀一次，村里的

---

❶ 吴世华.侗"萨"时代初探：三江林溪萨神遗迹调查 [J].贵州民族研究，1990（2）：42.

❷ 同上。

❸ 吴万源.通道侗族"萨岁"文化调查 [J].民族论坛，1990（2）：78-81；陆德高.平等侗寨史 [M].桂林：龙胜各族自治县，2008：77-79.

中老年妇女都参加。每个人都带着茶叶、米花或玉米聚集在庙里制作油茶，用油茶祭祀萨神，祭祀结束后大家一起吃油茶，聊天。聊天的内容是家庭邻里之间的闲话，最近村民和家畜是否繁荣等，同时会唱歌的人会唱歌给大家听，会讲故事的人会讲故事给大家听，有歌有故事，非常热闹，玩得开心之后才散会。

不定期的祭祀则发生在村子里发生紧急性的传染病，或者哪家养的鸡突然在夜里不正常的打鸣，或者看到月食或日食，或者深夜有虎进入村中偷吃村民饲养的牛和猪之时。这时候，寨老拜托祈祷师选择祭祀的吉日，占卜后问神，如果占卜的结果是"达摩女儿回老家了"，那么需要再请老先生选择吉日，组队去娘家迎接她回来才行。

另外，在南部方言地区，一部分侗寨（过去作为地域社会的"乡村或团峒"）所属的多个村子曾相互缔结盟约，保持有共同建立一个萨的总坛，然后在各村分别建立萨的分坛的习俗。位于九洞下半款中心的朝利村和位于同一小款周边的村子就保留有这种习俗。根据贵州省民族研究所的调查，现在朝利村设立了两个萨祖母的神坛，其中一个是九洞下半款总坛，是整个小款所有周边村寨的总神坛。与朝利村同属于一个"乡村或团峒"的兄弟村寨，即往洞、平楼、贡寨、孔寨、增冲等几个村庄共有这个萨祖母神坛，其是整个"乡村或团峒"，乃至其所在河流流域共同的守护神。还有一个是朝利村本村的萨祖母神坛（相当于团寨的萨祖母神坛），这个萨坛是朝利村居民独有的，和其他村寨所独有的村寨萨坛一样，是本村的守护神。这两个萨祖母的神坛都紧邻朝利村内最高鼓楼的内侧而建，从外形上来看，萨祖母总坛的土堆比萨祖母的分坛要大。这体现了总神坛的萨神的地位要高于分神坛的萨神。

在举行重要的萨神祭祀活动时，属于同一款的村子聚集在朝利村举行公祭。另外，朝利村萨的总坛被认为是该地域社会（即特定的"乡村或团峒"）最重要的神，其他村子的萨的分坛被定位在其下位。因此，朝利村的萨神与在同一中心的其他村子相比，具有最高神权地位，且在地区社会中发挥着更大的作用，特别是在防卫和战争中，朝利村的人们应该站在最前面。另外，在进行斗牛和"吃相思"等民俗活动时，朝利村也必须站在同一个村子的最前面。据报道，这种传统至今仍在延续。❶神和神的地位是一样的，被称为

❶ 贵州省民族研究所，贵州省民族研究学会.贵州民族调查卷二十三 2005 贵州都柳江流域民族乡土知识调查 [M].贵阳：贵阳民族出版社，2006.

"总坛"的朝利村在九洞下半款这个乡村、团峒内部具有优势，朝利村拥有对属于同一级别的其他村子的支配权。

三、侗族民族精英对萨信仰的重新建构

1987 年，侗族的文化精英（包括中国文学界人士）共同提倡并建立了一个独立的文学团体"中国侗族文学研究会"。为了更好地保护和传承全国各民族、各地区的非物质文化遗产，2006—2010 年，10 个以建设国家级民族民间文化生态保护区为目标的国家项目被确定。在这样的背景下，2008 年，中国侗族文学研究会也提出了以三省交界处的三省坡为中心建立一个侗族文化保护区的构想。在侗族文化精英中，有人认为，侗族缺乏强大的文化象征力，整合力、凝聚力、整体性尚未形成，所以在精神、物质两方面都应该创造凝聚所有侗族的文化象征。于是，他们从侗族文化要素中选择了"款坪"和"萨之祠"（或萨坛、萨堂）这两个主要的政治空间和信仰空间，将两者建设在三省坡，作为侗民族统一的象征物。其中，"款坪"是指属于款这个自治组织的村民曾经集会过的广场。款坪的建设，是基于发生事故时，属于款组织的各个村落打破"乡"和"县"等行政区域的境界，联合起来与敌人作战这样的集体记忆而构思的。而萨（祖母神）被强调为侗族宗教信仰中最受侗族人尊敬的神灵，她不仅仅是村落和特定地域社会（"乡村或团峒"）的守护神，更是侗族整个民族团结统一的象征。

以《侗族简史》（1985 年刊）的编纂为契机，侗族文学学会相关人员首次构筑了侗族的历史。之后，他们又编纂了《侗族通史》（2013 年刊）。其与《侗族简史》（1985 年刊）的记载有很多不同之处。《侗族简史》将"萨信仰"记述为母系氏族社会母权制的产物，但在《侗族通史》中，这样的表述被删改，萨神被认为是侗族独有的神灵，是保护侗族不受敌人伤害，英勇奋斗、直到战死沙场的历史上实际存在过的女性英雄，萨被神格化了。另外，《侗族简史》将鼓楼描述为侗族建筑艺术的结晶，而《侗族通史》则强调了鼓楼这种集体建筑和公共空间在"加强自民族归属意识"等的意义上，及其与民族意识和民族身份之间的内在联系。

侗族知识分子在 2013 年发行了《侗族通史》，开启了侗族历史书写的新篇章。侗族精英以编纂《侗族通史》为契机，改变了被排除在服务国家与社会等内容之外的相关负面言论，重新建构了"鼓楼"和"萨信仰"等民族文化元素作为民族统一象征的重新定位。该书的开头部分便新设了"单一民族形成"的章节，用大量的笔墨强调了侗族具有统一的民族名称、共同的分布

地区、共同的民族语言、共同的心理素质、共同的民族宗教信仰，重点记述了款组织、鼓楼、萨（祖母神）信仰的相关内容。《侗族通史》主要强调了以下三点：①款这个社会组织促进了侗族作为单一民族的最终形成；②鼓楼（具备太鼓的楼阁建筑物）是"共同的心理素质"（即侗族的民族意识和身份）的代表；③之前被视为"封建迷信"的萨信仰，在《侗族通史》中被重新定位为"本民族的宗教信仰"的代表。

第三节　地方头人的条件和作功德

20 世纪 80 年代以来，在东北和华南地区的汉族农村中，宗族势力通过修族谱、恢复祠堂等比较多见的形式得以复兴，虽然并未恢复到原有的势力，但通过一种民间的历史记忆、自我表述的方式积极与国家进行互动，促使了民间文化得以延续。❶对于西南少数民族地区而言，新时期社会政治生活的新特色也在这些地方体现出来。除了新旧政治力量互相结合❷外，少数民族当地也出现了一种新型的社会政治生活。20 世纪 90 年代，高丙中的调查小组对贵州杉坪寨苗族调查时发现，族内很多人扮演着双重角色，对外是干部，对内是鬼师、歌师或寨老。❸而国家的政治势力、宗族势力在当地的磨合，往往需要这样的人在两边进行沟通，成为一种新型的社会政治生活方式。

在桂黔湘交界地区的少数民族社区，笔者也接触到上述这类具有双重身份的老人，他们多是退休国家干部、正式教师，或是 20 世纪 60 年代参加过四清运动、毛泽东宣传队，或当过兵，退休后回到村中。他们在当地当寨老、歌师、巫师、地理先生，成为组建老年人协会、歌队、芦笙队等民间组织和修订乡规民约、发展民族文艺、筑建村寨治安消防的重要力量，也成为我们进行田野调查时，接触到的地方性知识的承载者和主要报道人。格尔兹认为"人是自我编织的意义之网的动物"，这些人很早就离开出生地的意义

---

❶ 刘晓春 . 仪式与象征的秩序——一个客家村落的历史、权力与记忆 [M]. 北京：商务印书馆，2003.

❷ 杨昌才 . 少数民族习俗改革与社会主义精神文明建设的关系 [J]. 民族理论研究，1992（2）：16-19.

❸ 高丙中，纳日碧力戈 . 现代化与民族生活方式的变迁 [M]. 天津：天津人民出版社，1997：109-110.

之网，而进入国家体制之中，他们面对的是完全不同的另一种意义之网，可以说是边缘的"他者"，而几十年后返归家乡，他们非但没有成为"不适应的老人"❶❷，反而在与基层政治组织相互配合，在发展当地经济、政治和文化生活中积极发挥作用，更是成为"最懂民间事情"的人。

本节尝试对一个侗族村寨的个案进行研究，以社区中自生长的民间组织老人协会（简称"老人协会"）的公益活动和权力实践为中心，围绕返乡老人的个体体验、知识结构和公共实践，描述在当下的日常生活中展开的村落权力文化网络，揭示侗人的自我和社会关系，以理解当下社会变迁中的少数民族乡村社区政治生活和人们延续传统的生存智慧。

这里以坪坦河流域上游的一个侗族村寨高秀村为例进行说明。高秀村位于广西壮族自治区三江侗族自治县林溪乡东北部，介于东经108°53′～109°47′，北纬25°21′～26°3′。依据侗族地区传统"合款"的地理划分，高秀村原归属湖南广西的《十二款十三场》的第六款，由高步乡（属通道县）管辖。1949 年取消"合款"后，其文化上的约束和交往功能仍在民间社会发挥作用，特别是村中的乡规民约和村与村之间的为也。❸村寨四面环山，平均海拔 546 米，河流自南往西北穿过村寨，连通毗邻湖南的甘溪、陇城及通道县坪坦乡阳烂、高步、高团等地。

当地侗人沿河而居，并与过去"合款"范围内诸侗寨之间仍存在频繁的互动，构成了一个地方社会的范围。村中世居向、吴、杨、谢、石、陈六姓，大姓吴、杨、谢及其分支共形成五个"补拉"（即同一姓氏的血亲组织），各"补拉"的家户多围绕一个鼓楼（集会所）顺应地势建造房屋共同居住。按 2013 年重阳节的统计，村中现有 360 户 1 600 多人登记在册，常住人口多为 40 岁以上的老人、妇女和小孩。其中，60 岁以上的老人共有 290 人，为本文主要访谈对象。

一、"宁老"在侗族社会中的地位

（一）"宁老"与民间自治

首先需要说明"宁老"在侗族社会中的地位。老人在侗族社会中拥有其他年龄层无法比拟的社会地位。高秀村侗族男性达到 60 岁时，劳动负担由年

❶ 威廉·托马斯. 不适应的少女 [M]. 钱军，等译. 济南：山东人民出版社，1988.

❷ 郭于华. 在乡野阅读生命 [M]. 上海：上海文艺出版社，2000.

❸ 宋蜀华，陈克进. 中国民族概论 [M]. 北京：中央民族大学出版社，2001.

轻一代接替，一般被视为家庭的权威、最懂传统、有智慧的人。具备管理房族事务、参与社区建设的能力，充当公共活动的倡导者，德高望重的阿公被推选出来担任"宁老"。"宁老"通过制定地方款约、乡规民约等民间习惯法管理寨上寨外事务。汉语传入侗族社会以前，款约以口头传承为主，每年定期（多是过年时）由年长的款首或寨老召集民众在鼓楼坪前讲解。

同时，高秀村侗人有敬老之俗，除了在日常交往上的礼节，全村还在每年五月十三关公磨刀日和九月九重阳节办敬老宴。这些与传统的庙宇祭祀管理制度有关。1949 年以前，寨上的桥和庙分别有桥田和庙田，属于全村公有财产。按村中旧制，凡村民自愿每天去烧香敬茶祭拜桥上的关公、庙中神灵，当年庙田便由他耕种，收成也属于他个人的收益，每年一轮换。桥田、庙田一般由寨老分给家中田地较少或贫困家户耕种。负责人除管庙还兼任喊寨之责，协助寨老维持村寨治安与防火。并在每年五月十三，用当年收成的一部分办酒席宴请全寨老人以示感恩和敬老。庙田充公后该制度取消了，但敬老宴延续了下来。在九月九办敬老宴，并举办老人协会会长的推选，与此传统有关。

（二）"宁老"与乐捐的组织

"宁老"在现代侗族社会中的重要职能之一是组织乐捐等公益事业。在高秀村，乐捐分几种，最常见的乐捐是逢年过节村里有文艺表演时，大至村中文艺队和芦笙队的演出，小至幼儿园的歌唱比赛，村民为了鼓励而主动给予演出者红包，一两元到五十元不等。再就是村中建凉亭、修桥铺路时的乐捐，多是为了方便本村或周边村寨民众日常便利的公共建设所需。据调查，高秀村及周边 10 千米内共有 22 座凉亭，皆为村民捐钱捐工所造，包括湘桂交界行走的山道，路边凉亭、井水亭，供农户、赶圩的人、商贩、挑夫等休息纳凉、遮阳避雨。

鼓楼、戏台的建造和修缮也是重要的乐捐项目。相对而言，鼓楼的修建很少外出"化缘"，其建造、维修及设施的购买和电费等，由本族或本村自行乐捐，族外的参与人员则由亲疏关系决定。因为鼓楼是本族或本村所有，若自己没能力建造会被人笑话，除非是外村外族好心乐捐的。而且对主动乐捐的善士，鼓楼落成举办庆典时，须请他们参加以表示答谢。

乐捐由老人协会负责组织，实行一事一捐。一旦村中有工程建设需筹措资金时，他们就委托喊寨人通知到村中各鼓楼商量。除了本村，也到邻近其他地方"化功果"或"化缘"，依靠各村老人协会协助。为示公正，老人协会每次乐捐都印有二联单据（分阴牒、阳牒），委员仔细抄录姓名、村籍、款项，乐捐善士保存其中一联，记录有当次乐捐的功德事项，协会留存根。同时，有专人在施工地每天如实记录捐工人次、物资、会餐开销等，待项目竣工后，将乐捐物资、开支明细等写于红纸张榜公告，或择日找木匠石匠，刻板刻碑立于建筑工程附近。

二、"宁老"与村落权威的产生

（一）"宁老"的产生

侗人没有类似于汉族宗族的族长，行为规范也多以家庭教育为主。一族之中，操办红白喜事，由主家主持，房族亲戚都来帮忙；而集体祭祖、修缮鼓楼、修桥铺路等大事，则由本族年长、懂事的"宁老"（老人）主持，相当于临时"族长"。推选的形式通常是各"补拉"的老人、家户代表或家长聚集到鼓楼商量，有时也集合全体成员在鼓楼坪聚餐并推选。

2013年2月下旬，位于河边的吴氏一族的鼓楼，因为空间狭窄而不能容纳越来越多来休息娱乐的人，众老人商议对一楼进行扩建。他们很快就民主推选了YCS主持此事，作为临时的"宁老"。在其组织下，众老人分工协作，拆砖、修水管、搬砖砌墙等。这时，生活区的妇女通过出力出钱、送水送烟酒、做饭等方式予以支持。他每天记录下参与施工的人名、时长及乐捐物资和数量，待工程竣工，将其誊写于红纸并张榜于鼓楼侧墙上。因为调查时笔者也经常帮忙做事，他主动提出帮笔者记工，并解释说"这是功德，对你将来是好事，以后你考学校也好找工作也好，做什么事情都顺利"。其他老人也纷纷帮忙说服笔者。他们似乎对此深信不疑，都很积极参与此类集体活动。每天午饭和晚饭的时间，他们都聚集到吴氏鼓楼的公共食堂里一起就餐。负责煮饭炒菜的是属于同一鼓楼的女性。这样的修复工作进行了将近半个月。

在高秀村，对鼓楼进行维护，属于生活区内各"补拉"（相当于宗族）成员的义务。近年来，为了保障村民（主要是老年人）的生活，各户共同出资为各"补拉"鼓楼配置了电视、电灯、收音机、扫把和饮水桶等新设备，并自发乐捐每月的电费。有时村里哪家起了房子剩下木头，也会削光滑了拿来为老人做枕头。冬天需要烤火，每人来鼓楼时都会为火塘带上一份柴火。夏天纳凉，住民会为鼓楼捐购水桶和杯子，住在附近的妇人或来得早的老人家，都会主动挑一担井水，供乘凉老人饮用。一旦有事，一家老小包括在外务工的年轻人都会出资出力，村里逐渐形成了乐捐的习俗。不过，上述诸情况虽然属于本族内部事务，却不像汉族的宗族那样统一由族长来管，往往像此次吴氏修鼓楼，由大家集体公推一人主事并召集其他族人一起行动。

（二）老人协会会长的推选

在高秀村，老人协会是除村委会之外的发挥作用的民间组织。老人协会两年一换届，成员的推选在重阳节的敬老宴上举行。2011 年，重阳节这天，村中举行敬老宴，村中妇女和青年男性都来帮忙烧菜做饭，在村中心的球场和鼓楼坪上设宴请全村所有的老人吃饭，饭后大家将集体商议推选新一届老人协会成员。村中只要当上阿公的男性侗人都可以参选。在当时选出的成员中，有村委主任 SK，作为名誉会长，"给予组织以行政上的支持"；有刚从县里退休回来的 WJN，由于热心公益事业，有工作经验，说话算话，做事亲力亲为，不计报酬，被推选为当届会长，村民也称其为"寨老"。此外，被推选的成员还有 WJG、XWF、YCS 和 WGZ，往届寨老 YZN、计生员 YLH（女）等。无论机构成员的组成，还是村寨建设、文艺活动的组织开展，老人协会与村基层组织管理机构有诸多交叉，特别是将村主任和计生主任纳入老人协会的组织体系。

就个人经历和"寨老"身份，此届老人协会成员大部分都在年轻时离开过家乡。其中，寨老 WJN（1941 年生）1964 年从林溪农业学校初中部弃学，参加修林溪公路，1965 年前往北京当铁道兵，1970 年进柳州机车车辆工厂，在厂里待了 14 年。1983 年后进入三江电影公司，任职统计 3 年、副经理兼书记 6 年、经理 10 年。2008 年返回高秀村，次年被选为寨老。与此类似，同为老人协会成员的 XWF（1951 年生）和 YCS（1943 年生）都在青年时代有离开高秀村的经历，但相对于 WJN，空间距离上较近，时间也较短，两者在村中较早接受文化教育，也都当过民办教师，进入老人协会以后主要负责文化相关的工作。芦笙队队长 YCS 于 1971—1991 年在高秀村小学教书，1991—2003 年在林溪乡教委办学区教改办教研所当主任，2003—2005 年在村部当村主任，之后退休去了老人协会，现在主要管芦笙队和文艺队。从外面退休回家后，他从一直留守在家中的父亲（高秀村有名的古文先生兼歌师）那里学习了古文、书法和地理知识，现在在村里当地理先生，经常有人请他到家里办安龙谢土（过年时）、南堂祭萨（新生儿三朝）等法事，在村寨对外的文艺交流活动中，他也相当活跃。

从老人协会提交给广西区民政部门的，关于 2012 年 11 月至 2013 年 11 月的组织活动及经费使用情况的"工作总结"来看，他们在村中开展的工作主要包括以下几项：加强对日常喊寨和守夜等防火防灾事项的管理，应林溪乡的政策要求推进村中寨改和消防安全制度，制定村《老年人协会规章制度》和《村规民约》，将防火、风水山树、村中公共财物和文物的民间管理等放在重要位置。此外，还包括组织村民修缮丁哨桥、重建戏台、修田埂和水泥路、慰问老人等公益活动，处理村中家庭婚姻纠纷、山林财产纠纷，组织寨上的节庆文娱活动，如戏台庆典、新米节、红薯节、芦笙比赛和春节时的"为也"等，还会参加其他村寨的文化交流活动、接待行政单位来访等。

（三）老人协会的角色扮演：与邻村的冲突事件

2013年春节，高步村村委年前就打电话约请高秀村去"为也"（侗语称"week yeek"，一般指正月村寨集体去别的村寨拜年做客，是春节期间全村参与的最热闹的活动），但眼看已经快到元宵了，却一直以表演场地未定为由没正式来请。老人协会对此颇为介意，认为他们小的（因村委会基本为年轻人）不会办事，不懂礼节。之后，XWF告诉笔者，村里向来与周边村寨相处和谐，唯一一次纠纷还闹到县里头，就是跟高步村。

"1982年冬天的一个晚上，高步村有几个青年来村里行歌坐夜时，到姑娘家门口随便放鞭炮，打掉福桥檐上的几片瓦，还去田里烧了几堆村民冬天留下来喂牛的稻草。得知后，村里组织了村民，每户派代表，男的在屋就男的去，男的不在就女的去，到高步村抓人。没抓到人，就把他们的猪和牛拉回来，全村杀来吃。

"隔天，高步村也聚众来高秀村里闹，讨要猪和牛，结果年轻人动手打起来，最后惊动了县里。上头派人下来调解，先是将两村村委集中到高步，后来把几个肇事青年封在那里了教育了几个小时。我们定的条约和上面的不太合，吃了他们的猪和牛，罚款赔了他们就算了。但周边几个侗寨包括高步的老人在内，都认可我们的做法'像以前的款那样'。"

高秀村的侗人认为，之所以必须那样做，主要是怕再有像肇事青年一样的人来寨上玩火。更重要的，也是为了与友寨的继续来往和共同的社会治安，村寨之间相互协助、教育后辈。所以，他们认为，"全靠那一回老人协会去押那帮浪仔，现在他们也变好了。从那以后，要是还有别的人搞这个，在家里头或到这里玩到那里玩，到这里偷到那里偷，怎么办，老人就传教，你看那几个人，这样他们也就不敢了。"可见，他们将这种邻里之间的和谐关系归功于老人协会的教育作用。

另一个与邻村的冲突事件发生在1985年冬天。

"湖南阳烂村几个青年来村后的山坡林地放牛，他们烧火取暖，回家时没有把火星熄灭，后来引发火灾，把大半山林都烧光了。林溪乡派出所来追究火灾责任。我们去阳烂村要人，那些青年躲在家里不敢出来。后来，他们村寨村干部，找到我们老人协会、村委协商，因为我们和阳烂村已经有很多年的情谊了，经常为也、结亲，也共同组织公益事业，那些青年还小，送去派出所对他们将来影响不好，于是就商量留在他们村里自己教育。两个村子就各个乐捐、共同承担这次火灾的经济损失。"

村民认为这延续了旧时"款"的社会交往传统。因为共用一条河的地缘关系而相互往来的若干村寨之间虽然不可避免地产生隔阂和冲突，但也常常基于"为也"的往来而加深了情谊，为类似的邻村冲突提供了谅解和解决的可能性。而老人协会在这种村寨间关系的调节中至今仍发挥着重要作用。

三、成为"宁老"与作功德

格尔兹将"地方性知识"（local knowledge）称为"一种赋予特定地方的特定事物以特定意义的方式"、基于不同的"世界存在方式"的"一种意义结构或体系"，人们据此组织行为并维持这些系统的方式。[1]在人的社会关系网络中，个体行动者运用地方的各种规则或资源，以左右事情的发生。在这个意义上，结构等同于规则与资源，而反复体现在社会系统的再生产之中。这种规则或资源，可以描述为信仰、常识或文明等由特定地方所限定的"意义体系"。结构性制约不能离开行动者的动机而独立存在。[2]人一旦处在一个社会的网络中，他的行为始终受到这个网络的控制，身体和心性的互动是其特征。[3]因此，日常生活中的自我（心性）、行为与社会之间往往在互构中获得意义。

（一）成为"宁老"

高秀村老人协会理事会成员的推选标准，自成立时起就与村寨的基层组织和管理机构密不可分，据老人协会发起人 XWF 回忆：

"寨里头 1982 年组织成立老人协会时，WGM 任村长、大队长，现在任村委主任。会长起初都不敢用民间懂事的那些人，开始用党员，党员比较放

---

[1] 吉尔兹.地方性知识：从比较的观点看事实与法律 [M].王海龙，译.北京：中央编译出版社，2002.

[2] 安东尼·吉登斯.社会的构成 [M].李康，译.北京：生活·读书·新知三联书店，1998.

[3] 诺贝特·埃利亚斯.文明的进程——文明的社会起源和心理起源的研究 [M].王佩丽，袁志英，译.上海：上海文艺出版社，2009.

心点。第一届用了 XYC，他是党员又是老兵，第二届用了 SWL，其对古事较为了解，第三、第四届用了 YZN，他是老党员，不懂客话，但对办理公益事业比较上心。现在这届，会长 WJN 当过铁道兵又在外面工作过，WJG 早先在村里搞副业带大家创收，YCS 和我都是退休老师，在县里头工作过，他还当过村主任。还有喊寨的 XSG。我们五个都爱做义务工。老人协会主要协助村委会，村委会想牵头做什么，或村里搞建设，他们要找老人协会商量，老人讲的话他们要听。老人协会在民间做活动需要钱，也要请村委会给予支持。"

在早期会长的推选中，党员成分和行政工作经历受到决定性的重视。其之所以受到重视，与特定时期村寨为了实现认同而获得存在的合法性的目的有关。之后的老人协会成员，不仅多由回乡的退休干部、教师等组成，更有本身原属于基层管理组织成员，后由村委转到了老人协会。这些老人大多有过脱离"地方性知识"而参与到国家或体制的经历，而当再次回到家乡，则主动"适应"当地的意义结构，自觉地承担起建设村寨的义务，以获得大家的信任。

需要指出的是，这种对村寨的贡献往往是以大姓的鼓楼为单位展开的。侗族社会是"以父系血缘关系为基础，相传并信仰共同的祖先，执行内部禁止通婚等习惯法"❶为特征的亲缘社会。对于返乡人，回到生于斯长于斯的地方社区，他们一方面学习文艺（如吹芦笙）、信仰（如地理、义理）、民间习惯法等地方知识，参加公益事业的"义务"行动，努力地适应与迎合自己曾经所生长的文化土壤所孕育的意义系统，以获得亲属乃至其他社区成员的认可；另一方面他们主动将自身所在这一地方其他社会成员对他们角色扮演的评价、认同和期望，作为"自我之镜"❷，投射到个体的价值观和行动上，以逐步完成对自我的建构。

在具体的实践中，村委借助老人的权威施行村寨的管理，老人协会借助行政的资金支持开展活动，这种在村寨的现代建设和发展中的"共谋"，尤其表现在村中文艺娱乐活动的组织上。特别是近几年在"文化搭台、经济唱戏"的背景下，县、乡政府对发展民族村寨的文娱活动愈来愈重视。20世纪90年代后，村中先后组建了文艺队、芦笙队、多耶队、琵琶队和情歌队五个队，文艺队属村委管，其他队属老人协会管。但不同队伍的成员有很多

---

❶ 石佳能，廖开顺.侗族"补拉"文化层面观 [J]. 怀化师专学报，1996（2）：140-145.

❷ 欧文·戈夫曼.日常生活中的自我呈现 [M]. 冯钢，译.北京：北京大学出版社，2008.

交集，平时排练、集会也常一起进行。一旦寨上有文化活动，如 2013 年一年之中，寨上组织与林溪乡岩寨、冠洞、湖南坪坦等村的文艺交流，办新米节、红薯节，接待南宁、柳州、三江县领导等，都是村委和老人协会共同组织，村民配合展开的。这种可谓传统和现代两种力量的"合作"，似乎解释了老人协会与村基层行政机构为何有诸多交叉，以及为何在外担任过公职的人，更易被接纳成为两个机构的成员。

（二）作功德

当地人修桥铺路、完成工程后，都会立下石碑、木板或张贴红纸，为此誊写的碑记主要包括两部分内容，首先是本次工程实施的原因、过程的纪事说明；其次是功德名录，包括首士（即发起人）、梓木匠、择日师和捐工捐钱的信士等。从其文字描述看，他们以修桥铺路、修建鼓楼为"侗乡之美德"，认为"行善""助善"是"为了集体的方便"，甚至"为了社会的发展和国家的进步"，这在一定程度上体现了他们的社会理想和追求。

崇尚修桥铺路、参与乐捐和公益，除了为集体方便外，他们也受到了"好功德"观念的影响，这也是"命桥"在现实生活中的表象。在高秀村，桥被认为承载着帮助人的灵魂往来于阴阳世界的功能。

每一次乐捐后，人们通常都会留下记录善行的阳牒存根，包括乐捐事由、时间、善士姓名、来源和乐捐内容等。他们将每次施善行乐的阳牒累积下来，等去世做法事时，由家人在屋中的祖先神位前焚烧。也有每行一善便将该次阳牒存根拿回家在祖先神位前焚烧的。无论如何，施善行动是最重要的。他们相信，只要在有生之年积累善行，无论事情轻重、数量多少以及以何种形式，祖先和神灵都看得见。

乐捐以自愿为原则。当地侗人认为，乐捐是行善，而不拘于数额和形式。只要参与，对于个人的功效是一样的。因此，很多家庭都是一家老小都会乐捐，记名记功过。他们认为修桥铺路，是在修阴功、积善行，对自己和家人有益。这种对幸福及人生意义的理解与实践所呈现的自我，"可以宽泛地理解为追问'何为善好（生活）'"。❶

XWF 表示："在老人协会时，我经常去做义务工，修路架桥、建鼓楼、修凉亭都做过。这是修阴功，没什么损失。我大女儿也是老师（在古宜镇中

---

❶ 流心. 自我的他性——当代中国的自我系谱 [M]. 常姝，译. 上海：上海人民出版社，2005.

学），儿子是国家干部（来宾市政府副秘书长）。子女外出很好，自己老了能做点事，也很开心、幸福。在村里做点好事是应该的。"

他的说法代表了高秀村大部分侗人的想法。平时，高秀村侗人很注重从小对家庭成员进行乐捐习惯的教导，每逢文艺乐捐，常由家长亲自带着或鼓励小孩手拿红包送到舞台。对于村中的公益活动，每家老少都会捐上一份，这样的习俗几乎贯穿高秀村侗人从小到大整个成长的过程中。等他们成年当家，成为家中乃至"补拉"和社区的权威时，便在耳濡目染之中，自觉延续这种社会规则和价值的代际传递。这种个人的积善行善，既是对共同体统一利益的维护，又是个人对来世再生的信仰和"好功德"的表征，影响了乐捐习俗在侗人社会中的代际传承，从而形成了一种推进社会和谐和寻求个人心理安宁。●

四、结语

无论是从经验层面讲还是从理论层面讲，所谓"真正传统的民俗从来都不是一成不变的，而是当下限定的"。高秀村村民的生活经历让我们了解到共存于村落这一具体时空坐落中的各项"地方性知识"的存在形态和意义体系的变迁。随着国家当下的基层制度的介入，当地占主导地位的民族文化传统的整体和固有的意义体系，或多或少与国家意义体系发生了联系与相互作用，进而影响到当地社会的组织形态和个体的生活历程。

不过，更为重要的是，高秀村的返乡侗人并没有因为由社会与文化的变迁带来的新的意义格局和价值观念的改变，而成为处于社会边缘的"不适应的老人"，他们在当下的村落生活中，在村落相互交织的文化政治中，明显地表现出新型的政治生活方式。正如黄宗智曾指出，"仍占中国社会绝大比例的农村，需要相当长一段时间才能培育出民主或市民社会的习惯和传统。因此，这应该是中国城镇和村庄的民俗学者和人类学者应加以关注的一个主题。我们所思考的是在中国农村，是否存在可以建立在市民社会之上的，或正在建立其上的某些传统。"❷高秀村的人们的生活经历对此或许具有一定的参考意义。

---

❶ 吉尔兹.地方性知识：从比较的观点看事实与法律 [M].王海龙，译.北京：中央编译出版社，2002：249.

❷ 王斯福.乡土社会的秩序、公正与权威 [M].王铭铭，译.北京：中国政法大学出版社，1997.

第四节　守护神的礼仪和地方头人的角色扮演

坪坦河流域侗族村寨的居民用侗语把祭祀神称为"斗萨"（写为"douv sac"）。比如，在高秀村，共同进行祭祀活动的时候，民间宗教者把居民聚集在团寨的鼓楼坪上，设立祭坛进行法事，供奉猪头、鸡、糯米、粳米、酒和茶等，烧香、烧纸、招神祈祷，然后送到天界，如下所示念经。

开四方条凳，吵！

沈大斗杀，囟大斗地、代快斗地、代快银请斗地。乃尧没请人谁骂乃吃前，请您高寨一团，定寨二团，中寨三团两果，四团两交，些要乡乃来细到，吃得饱没，牙要骂领呆盆安席子。

乃尧没请人谁骂乃吃前，请您南岳忠静大王、五通灵应、些要成平成晨成都相金骂斗，吃得饱没，牙要骂领（呆）盆安（席）子。吵！

乃尧没请人谁骂乃吃前，请您飞山土主五方侯王、些要成平成晨成都相金骂斗，吃得饱没，牙要骂领（呆）盆安（席）子。吵！

乃尧没请人谁骂吃前，请您雷子大帝、无世大君、些要成平成晨成都相金骂斗，吃得饱没，牙要骂领（呆）盆安（席）子。吵！

兴乃没请人谁骂吃前，请您萨少押花大办、婆大开伞打条、些要成平成晨成都相金骂斗，吃得饱没，牙要骂领（呆）盆安（席）子。吵！

乃尧没请人谁骂吃前，请您桥头土地、文昌帝君、些要成平成晨成都相金骂斗，吃得饱没，牙要骂领（呆）盆安（席）子。吵！

乃尧没请人谁骂吃前，请您桥头魁星、中桥大关圣帝君、吃得饱没，牙要骂领（呆）盆安（席）子。吵！

乃尧没请人谁骂吃前，请您五方门楼土地、些要成平成晨成都相金骂斗，吃得饱没，牙要骂领（呆）盆安（席）子。吵！

乃尧刚之了关人、领之了关姓，千神骂共位。吵！（完）

送：各位众神法事圆满、有殿回殿、有庙回庙、有宫回宫、各归原位。

正如上文所述，在高秀村，侗人供奉着南岳武林神、五通神、飞山公、雷神、地神、萨、关公大王、文昌帝和观音等众神。相应地，村里建有南通庙（庙里供奉着南岳武林神和五通神）、飞山庙、雷子庙、萨坛、位于福桥之上的关公庙和文昌庙、观音庙和地庙等庙。另外，在进行斗萨的时候，必须招待所有祭祀这些神的居民。

调查地坪坦河流域第六款区中心的居民传承着与之类似的经文和唱词。但是，由于每个团寨的历史和文化空间的不同，当地人祭祀的神和排列也不同，举行祭神仪式时招请来的神灵也各不相同。不过各个村寨祭祀的神灵之间存在一些共通的特征。第一，祭祀最多的是土地神。各房屋的主屋、风雨桥上、鼓楼周边、石板路和道路附近以及团寨东西南北中的五个方位设有地庙。第二，团寨人们以不同的鼓楼为单位聚集居住，除了鼓楼旁边建设的共同祭祀的土地神位外，临近居住的十几户人家还会单独再建造一座土庙，作为这几家人共同祭祀的神。在举行祭祀和年中活动的时候，很多人只祭祀房屋的土地神和鼓楼附近的"补拉"共同的土地神。但是，在整个村子里进行的仪式上，也有些村民会跟随村中的长老一起祭祀团寨中所有的土地神。

一、招来之神和外来之神

和其他南方方言区的侗族一样，这个地区的居民把"萨"这一女性神作为团寨最重要的守护神。他们相信萨是在建造团寨的时候，由祭司从贵州的萨岁山（又名"弄堂概"，位于黎平县，传说是萨传承的地方）请来的祖母神。因此，在坪坦河流域的侗寨内，各村分别在团寨的中心建了萨冢供献。这些萨冢大多是石造圆丘，上面插着红色的伞和桂树。居民相信，在团寨的众神中，只有萨是侗族的神。

根据居民的说法，团寨内的众神根据村子的不同而有所不同，萨、土地神和飞山公是侗族固有的信仰对象，除此之外，如南岳武林神、五通神、雷神、关公、文昌帝和观音等，主要是来自汉族的神。

各寺院内主要祭祀汉族人带来的外来神。例如，在广西都柳江流域的富禄地区社会，和萨神一起供奉着妈祖、孔明、关公、三王等神。从明清时朝到民国时期，广东、福建的汉族商人经营着盐、木材、大米、桐油等。汉族移民为了水路运输的安全和生意兴旺，在富禄地区建立了妈祖庙、孔明庙、关公庙、三王庙等，供奉着与之对应的神。这些外来神长期以来都是以侗族为首的少数民族的祭祀对象，成为该地区社会中重要的神。

坪坦村的居民供奉着关公、孔子等外来神。这与明代建造的普济桥和位于村子中心鼓楼附近的孔庙等公共建筑的历史有关。明清时代，坪坦作为码头在地理上具有重要位置。因此，当时附近各省的商人来到坪坦从事盐、米、木材和地方产品的买卖和运输，这里成为繁荣的米市。当时，沿河各村都是乘船来往的，两岸的人们交流不便，商人建议建桥。这座桥的建造工程不仅得到了很多居民的支持，商人也积极地捐款。居民为了得到神的守护，为此将该桥命名为"普济桥"，把关公神安置在桥上祭祀。根据明代建造的孔庙的由来，孔子是附近的汉族商人从自己家乡移过来的神。这些外来神由村民、住在同一个城市的人以及附近的居民一起祭祀。

二、作为祖母神和村的守护灵的萨神祭祀

侗族研究者冯祖贻等人在《侗族文化研究》一书中介绍了侗族村落文化的整体情况，即侗族人以自然村寨为居住单位，形成了具有风水意义的山脚河岸型、平坝田园型、半山狭隘型三个村落形态。"寨"（xaih）这个单位的运营是由长老进行的，同时在各个寨里，"萨坛"（或者"萨堂"）供奉着"萨"女神。建立萨坛供奉萨，在侗族村落中是最重要的一件事情。

根据以前的研究，萨神主要作为祖母神、英雄神、太阳神等被信仰，关于她的传承在侗族的南部方言地区广泛流传，不过，在侗族地区萨神有地域差异。更严格地说，对萨的信仰和祭祀的实际情况是不同的。调查地流传的关于萨神的传说与贵州从江、黎平流传的关于侗族女英雄的传说大不相同，融入了他们的日常生活，成为个人仪式和村落生活的一部分，变成了更现实的东西。本节将考察团寨和款区的萨信仰和祭祀方式，探讨萨祭祀所表现的地域社会秩序。

（一）团寨的萨坛和分部的萨坛

在南部方言地区，大多侗族的村子都会建一个萨坛，但是在多个"补拉"居住的村子里，也存在两三个大姓"补拉"共同建一个萨坛的情况，还存在各个"补拉"分别建一个萨坛的情况。比如，贵州省从江县的高增村有4个萨坛，总萨坛（被称为"部兵"）被安放在母寨后面的小山上，作为高增村的守护神供奉地。此外，母寨分小寨、上寨、下寨三个子寨，分别设有萨坛（被称为"地头"），是管理各子寨侗族女神的地方。根据向零的调查，管理这些萨坛，进行萨的祭祀活动的负责人，由最初定居在高增村的12个家族的家长（被称为"祖公"）和其子孙（父子继承制）构成。村民从12名祖公中选出最有威望的1人，作为管理"部兵"和"地头"的全部萨坛的人（被称为"抬萨"）。抬萨在农历每月初一、十五，给萨坛上香和烧纸钱，献茶水。另外，在高增地区各寨的牛王在出征之前，或参加"吃相思"等而到外地时，或发生重大事件时，12位祖公会带领村民，在总萨坛前举行萨神祭祀。在祭祀时，每个小寨都会准备3尾鱼、3杯酒、1碗年糕饭等供品，供奉萨神和祖先。

一般情况下，团寨（母寨）的分节（子寨）在新建立萨坛的时候，会从原来团寨的萨坛邀请萨神到分支所在的子寨，而不是到贵州的总萨坛去请。

接下来，从调查地的高步村的事例开始说明。高步村有建村时建造的萨的祭坛。那个祭坛在"文化大革命"时期被破坏了，但是20世纪80年代侗人从"弄堂概"中招来了萨神，重新建造了萨神的祭坛。另外，在当地的传统习俗中，从高步团寨分化而来的各分支所在的子寨在建造萨坛时，会从高步的萨坛邀请萨神。

2017年3月1日，高步村的子寨高升村新建立了萨坛，并举行了萨的祭祀仪式。那个礼仪包含两个重要阶段。先去"弄堂概"的总萨坛，把萨神请来高步村的萨坛。一个月后，从母寨的萨坛石墙中取出石头和泥土，并将它们埋在高升村的新萨坛里，并筑起石墙。在高升村新建成的萨坛与高步村的萨坛保持着同样的风格，即在宽广的平地上，堆起半圆形的石墙并设置祭坛，祭坛上种着黄杨树。除此之外，附近的高上村（建于20世纪80年代）等其他高阶的子寨的萨坛也是这样建造的。因为人们认为将从母寨高步萨坛带来的石头和泥土埋在祭坛里，那么这个祭坛就是高阶的分萨坛。

原因如下。

贵州省黎平县的地坪村，除了拥有全村祭祀的萨坛之外，村子里的四个寨还分别建了萨坛，那是用从母寨的萨坛上取来的土和石头筑成的。另外，在地权村附近，除了上述五个萨坛之外，芒寨、山寨、韦寨、寅寨等周边的各个村庄也设有各自的萨坛。该地区的居民围绕各村的萨坛，农历每月初一和十五分别上香祈祷。位于地权村的母寨之萨，被视为地权全村或地权地区的守护神，每年正月初三都会举办超越村子这个框架的萨岁祭祀。由此可见，母寨的萨神相对于分支或子寨的萨神占有更重要的地位。

（二）款区的萨坛和团寨的萨坛

在侗族南部方言区的一部分区域，过去属于地域社会的"省 senl"的多个村子曾相互缔结过盟约，或进行过合为"补拉"的习俗，共同建立了一个"总萨坛"，然后在各村分别建立了"分萨坛"。比如，位于九洞下半款中心的朝利村及其兄弟寨。根据贵州省民族研究所的调查，现在朝利村设立了两个萨坛。其中，一个是九洞下半款的叫作"总萨坛"的圣萨坛。该萨坛为朝利村及其兄弟寨往洞、平楼、贡寨、孔寨、增冲等共有。还有一个是朝利村的团寨的萨坛。那个萨坛是朝利村的居民独占的。这两个萨坛都建在朝利村内最高的鼓楼后面，从外形看，总萨坛比分萨坛大。

重要的萨神祭祀活动开始之际，各兄弟寨聚集在朝利村举行公祭。另外，朝利村的"总萨坛"被认为是该中心最重要的神，其他村子的"分萨坛"被定位在其下位。因此，朝利村的萨神和同一个中心的其他村子相比，神权地位最高，在中心这个地区社会中起着最大的作用，特别是在防卫和战争中，朝利村的人们应该站在最前面。另外，在进行斗牛和"吃相思"等民俗活动时，朝利村也必须站在同一中心的其他村子的最前面。从上述九洞上半款的事例来看，萨神有团寨（村寨）之萨神和团峒（村落联合）之萨神，并且团寨之萨神和团峒之萨神具有"分"和"总"的关系，团峒内各村的萨神被视为兄弟关系。被称为"总坛"的朝利村在团峒内具有优势，朝利村对其他兄弟寨拥有支配权。其优越性不仅表现在信仰和祭祀上，还表现在村落相互访问等活动上。

（三）作为花林殿守护灵的萨

事实上，萨神和每一个祭祀中心都不一样，很明显与各地居民的灵魂观和生长观念有关。在坪坦河流域（第六款区）的侗族人中，萨神被认为是管理生者的神灵。

居民相信生者的灵魂由萨来管理，生者的健康状态与花林殿的灵魂状态有关。花林殿的守护灵萨是由"sac wat""sac sinp""sac seis""sac six"四位神灵组成的，合起来称为"四萨花灵"，她们都是掌管人们成长和一生平安的神。他们相信，侗族的所有人都是由萨从花林殿通过桥送到人类社会的。

基于这样的观念，居民将供奉萨的神位建在村子的中心，萨被认为是团寨最重要的守护神。他们也和其他地区一样，认为建村的时候萨是从贵州的萨岁山请来的祖母神，但是没有关于萨的历史传承。现在，当地人在进行村落祭祀和全村的礼仪时，必须先祭祀"萨"。例如，芦笙节时，村民在鼓楼坪集合吹芦笙之前，也一定要先在萨之祠吹奏芦笙曲。无论做什么事，都要先祭祀萨，在村落祭祀中，萨有着比其他神明更优先的顺序。

（四）地方头人和萨的祭祀

在清代贵州省从江县东北部流传的《二千九款》［清嘉庆十二年（1807年）］的"侗族习俗法"第十二号中，就"二千九"的范围（主要是指从江县高增、小黄等侗族聚居区）以及单位内村民应遵守的禁忌做了如下的阐述："不是二千九范围的，那就不允许进寨，限他三天就三天，限他五天就五天。

是二千九范围，让他入河可以捉鱼，入溪可以乘（冲）凉"。❶

　　根据上面的内容，处在中心范围内的侗族人将重要的神称为"萨神"（被称为"社堂"）且以"省 senl"这个地区为单位进行祭祀，这是展示省的独特性的一个重要因素。另外，"谢土"和"忌寨"等消灾仪式，只限本"乡村或团峒"范围内的侗族居民参加。这样的地域单位与团寨相似，成为萨神的祭祀单位，成为进行消灾仪式的地域单位。

　　另外，团峒的萨神祭祀方式与村寨的萨神祭祀方式相似。根据向零的研究，高增村位于团峒的上游侧，是由先到的吴氏和杨氏破姓开亲后分开的房族和土星的分节等构成的区域单位。相应的，高增村萨神也有全地区的总萨神（部队）和各级别的分萨神（地头）之分（表6-2）。平时，居民根据庙田制度从贫穷的家庭中选出一个人，作为农历每月初一、十五祭祀这些萨神（包括部队士兵和地头在内的所有萨神）的主持者。但是，他不能掌管正月或重大活动的祭祀。村落祭祀的负责人从很早以前就一直由该地区的寨老或宁老（头领）担任，是最先到达团寨的"补拉"的寨老或宁老（头领）。

表6-2　贵州省从江县高增村的内部构造与萨神祭祀的对应关系

高增村	大寨（团寨）萨神（"部兵"）		小寨（分节）
团寨的内部构造	上寨（房族a）	下寨（房族b）	房族a和房族b的分节
萨神祭祀的构造	萨神（"地头"）	萨神（"地头"）	萨神（"地头"）

来源：笔者根据向零的调查 [2008（1991）：133-134] 制成

　　调查地坪坦河流域第六款区的侗寨情况，发现这里的居民和二千九个村子一样，从前从萨岁山"弄塘概"邀请萨神到各自的团寨，并建造了祭坛，另外分节从团寨的萨坛邀请了萨神。表6-3为湖南省通道县坪坦村的内部构造与萨神祭祀的对应关系。近年来，经常能看到居民委托当地的寨老或房族

---

❶ 张子刚 . 从江古今乡规民约实录·从江历代告示实录 [M]. 北京：中国科学技术出版社，2013：31-32.

的头领，从黎平县的萨岁山请来萨神，在村寨中建立新的祭坛，以此为依托恢复传统的萨神祭祀活动。另外，报告中还提到，在制作萨岁祭坛时，该流域的地域社会为单位的内部其他村的寨老或宁老也参加了。

　　例如，2012 年坪坦大寨重建了团寨萨坛（坪坦村的构造和萨坛的状况参照下图）。坪坦村寨老 YXY 制订了整体计划，成为礼仪方面的全部负责人。但是，在举行仪式时，邀请萨岁神并主持祭祀的是高团村的款师、地理先生 WXY 和高步村高上寨的地理先生及寨老 WCH。并且，贵州省的侗族研究者 SGC 在"弄塘概"中迎接萨神祭神时给予了建议。

表 6-3　湖南省通道县坪坦村的内部构造与萨神祭祀的对应关系

坪坦村	坪坦大寨（团寨）	高坪小寨（分节）
坪坦村的内部结构	大寨	小寨
萨神祭祀的构造	萨神	萨神
坪坦地区的内部构造	坪坦地区萨神祭祀的构造	

第七章 "无头社会"：围绕侗族款社会的平等主义论的再考

　　少数民族传统社区组织的成长，往往顺应特定的历史背景、缘于乡村自身发展的需求。其组织运作也主要依托传统乡村社区的社会基础和文化网络，且具有天然的"合法性"和强大的生命力，能相对有效地整合乡村社区内部的各种资源，协调共同体内外的利益关系。这些少数民族传统社区组织，在当代民族国家建构和经济现代化的冲击下，往往能在内外互动中进行自我调适，为国家的基层治理、乡村振兴、文化传承等政策在民族社区的渗透与实现创造条件。

　　廖君湘曾指出，侗族社会虽然在历史上未曾建立过民族国家和政权组织，但有一套发达的能够适应民族社会稳定与发展，整合有序且功能互补的群体和组织体系，其中既有建立在血缘关系基础之上的家庭"补拉"（buxlagx，房族）组织，又有立足于地缘和契约关系层面的村寨组织"合款"（kuant，村落联盟），也有血缘、地缘关系交织而形成的"恋爱伙伴"群体、邻里群体、"村寨联谊"组织、歌班组织、"腊汉""腊妹"组织等，因此每个人都能从这纵横交错的群体和组织网络中找到自身的位置和归属，这是侗族传统社会关系的一个显著特点。❶对于居住在桂湘黔三省交界地带的侗族而言，边缘的地理位置和大山的重重阻隔致使历史上国家政权的影响力相对薄弱而民间的自治力相对要强，成为寨老制和村落联盟的地方社会自我管理方式，在传统侗族地区得以产生并盛行一时的重要地理因素和条件。

　　过去，在侗乡人们多围绕鼓楼聚族而居，一族之中，由"宁老"（nyenc-laos，老人，也可用以指房族头领）管理本族事务，一村之中，则多通过"寨

---

❶ 廖君湘. 侗族传统社会外部控制诸方式 [J]. 贵州民族研究，2005（4）：67-73.

老"（xaihlaos，村寨首领）组织管理村寨事务，实现自治。在特定地域范围之内，利用村内、村村联合形成的"合款"，制定对内对外的规制解决地方社会的公共事务。在此基础上，侗族文化的一个显著特点形成，即"从众""从古""从老人"，其中的关键是"从老人"。这种特点是历史上款组织及其规约塑造出的侗民族的社会心理和民族性格。❶ 如今在侗族南部方言区，许多侗寨的村长只是负责村里的行政事务，家庭和村民纠纷等民间事务更多交由寨老、老人协会处理。有些地方的民众中甚至流传有"不怕上法庭，就怕见寨老"的趣谈。据 2012 年至今的调查，广西三江、湖南通道、贵州黎平从江等县多数侗寨，仍存在寨老和老人协会，主要活跃于公益事业的组织和社区纠纷的调解。

为此，本章试图以侗族传统社区组织为例，梳理民族传统社区组织的历史、记忆与现在的变迁，呈现其在中国社会"大历史"长河中传承的意义。

第一节 再论"没有国王的王国"的历史

侗族社会经常自诩为"没有国王的王国"。其实，在中国西南部居住的少数民族之间，经常有这样的说法：自己曾在较长一段时间内没有形成统一的地方政权。关于这一点，侗族也不例外。根据《九十九公款》的内容，侗族原本就没有自己的国家和国王（或者说不存在保护或守护社会的共同的王法和统一的制度）。因此，相对优势的集团和相对劣势的集团之间经常发生纷争，特别是大寨欺负小寨，村子之间经常发生械斗。据说，为了调停这样的地域社会内部的各种关系和纠纷，侗族人设置了像汉族一样的"衙门"这样的机构（侗语称为 ngacmenc）。同样，设置和制定了"乡村或团峒"（侗语称为"yanp senl"）和"石头法"（侗语称为"jinl bial"）（也就是民间习惯法）。从清朝中期开始，侗族的居住地区就有以"府 hux"（如黎平府）为中心的地方行政制度。属于该府的是"州 jul"（如黔东南州）、"县 yeenk"（如榕江县、通道县）和"洞 dongh"（如九洞、六洞等）等行政区划单位，并设置了各自管辖的"乡村或团峒"及具体的民族村寨。这里所有的"乡村"中，大多都有调停纠纷的宁老（即充当村中长老的男性年长者）。

另外，"乡村或团峒"的上级单位是清代废止"改土归流"之前曾设置

---

❶ 石开忠 . 侗族款组织及其变迁研究 [M]. 北京：民族出版社，2009.

的土官。❶根据史料和方志记载，反抗王朝的非汉民族农民起义的领导人，以及协助官僚的地方头人被称为"款首"。吴勉（贵州省黎平县）和林宽（贵州省锦屏县）是侗族社会中较为知名的款首。在当地侗族的传承中，吴勉和林宽被称为"王"，侗语称为"wangc"，一般被当作与汉族勇敢作战的民族英雄一样的英雄，也往往有着纪念他们的传统习俗和节日（如林王节）。但是，在当时的战乱中，有些人藏匿或逃难到了贵州省的山地，有些人移居到湖南和广西的侗族中，他们并没有将这些在民间口头传承的传说中被称为"王"的所谓英雄领袖当作他们的领袖。那是因为这些"王"根本不像邓敏文和吴浩等侗族学者所指出的那样，具有领导的作用吗？还是因为他们属于不同的地区单位，所以没有被认为成民族的领袖？

其实，过去的侗族社会，为了维持正常运转，主要依托款规款约，根据民间习惯法处理相关的事务，小到村落中发生的小偷小摸的事情，大到整个侗族区域发生的婚俗改革等重大的事情。比如，在侗族历史上曾有"九十九公合款立约"，这是整个侗族地区最高权威的约法改制活动。清雍正年间（1723—1735 年），侗族为了破除姑舅表婚的习俗，就开展了一次大规模的聚款活动。根据邓敏文及吴浩等人收集的民间传说，侗族先祖姜良、姜妹原为兄妹，为了繁衍人类，他们不得不结为夫妻，但因为是近亲结婚，生下了一个肉团怪胎，在"萨"的帮助下才把怪胎变为了人类。后来，因为有了这个教训，侗族便立下了同姓不婚，异族不婚的不成文规矩。但是，随着时间的推移和人口的增长，姑表婚开始盛行并演变成一种规矩，又陷入了另一种近亲结婚的怪圈，出现了新的问题。而且，侗族人多以姓聚居，一个寨甚至一个村一个姓，因而男婚女嫁，都是远去找寻。造成了很多男女很难在本村或者临近的地方找寻到合适结婚对象的情况，所以适婚男性讨妻子要去很远很远的地方，适婚女性要找郎婿同样要走很遥远的路程。而且，结婚以后，女性要跋山涉水去到夫家，路上充满各种危险，就像婚俗相关的民间歌谣唱的那样："白天走不到男人寨，夜里回不到娘屋门""男怕路长路远，女怕翻山爬坡。隔九重，来来去去也担心。"由于山高路远，远路结亲，时常有不幸的事情发生。于是，贵州榕江人吴广海和引郎提出了"以后别再远路嫁姑表，现在要改近路亲。大家破破旧俗规，破姓结亲"。他们走遍了侗族南部地区的 80 多个乡村，联络了大约 99 位"九岭十洞"的乡老头人，号称"九十九公"，一起齐聚到月寨（现在在贵州榕江县境内）钯楼家，取得了统

---

❶ 贵州省社会科学院历史研究所.贵州风物志 [M].贵阳：贵州人民出版社，1985：101.

一意见，做出了立款的决定，通过了《九十九公合款》，正式确立了破姓开亲的规矩。"松度破姓招夫，松必同姓娶妻""隔一栋屋，结一堂亲；隔条沟，做亲戚，隔后门，成一对。"这次立款公约，主要是婚姻破姓破俗规。从此，侗族地区的"论姓氏结亲"改为"破姓结亲"。这对侗族传统的婚姻习俗及传统的文化观念都是一次重大的改革。

《九十九公合款》中最让人在意的是，美道、引郎和美道的父亲为了改革侗族的传统婚姻习俗，进入各个河川流域（上河，侗语中称为"xanghnyal"）去邀请各个地方的"宁老"或长老，他们与该地区的年长者进行了商谈。每个村寨单位都有一位管理该地区治安的年长者，他们知道谁是该地方的宁老，以及住在不同河流流域里的长老。既往的研究，多讨论"寨老组织"和"合款制度"，认为这些是侗族特有的政治制度，在侗族地区集团中设置了相当于汉族族长、村长和乡绅的寨老和款首。[1]但是，从上述的内容中可以看出，侗族各个地区的年长者制定了习惯法用来调解民间的纠纷。可以说，其和苗族的议会制度、瑶族的石牌制度等发挥了类似的作用，但并不能因此说侗族具有常设的领导组织，并且这种领袖被组织化了。

其实，现在侗族所拥有的"国家"（侗语称为"guoc jail"）和"王"（侗语称为"wangc"）的概念是受汉民族文化的影响而从汉语中援引而来的。同样，在调查地的侗族人之间，"地方头人"和"首士"等汉语词汇经常被使用，表示"当地的领导"或"解决日常生活中的事件的负责人"。特别是在建桥、修筑鼓楼、铺路等公共事业后，村民都会习惯性地为纪念这些特定工程的完成而建造石碑，并在石碑碑文上将工程经过和负责人，以及捐助、帮助他们的人的名字全部用汉语写出来。工程负责人主要是该地区的年长者，但多写汉语的"首士"和"地方头人"。这并不是现在的特征，之前保存的清代石碑上也这样书写，因此可以说这是各地的侗族社会中比较常见的方式。但是，实际上，侗族人并没有与上述汉语意义相当的侗语。而且原先讨论过的团寨的"xaih laox"和款组织的"kuant touc"词语就是从汉语衍生出来的，即分别对应着"寨老"和"款头"。据当地居民介绍，与"领导"或"领袖"等王权相关的侗语只有"宁老"一词。在坪坦河流域的侗族人们谈论杨再思领袖时，使用的是"宁老"一词，"宁老"常由杨姓中最年长的男性担任。但是，在这里必须强调的一点是，"宁老"并不是作为像汉族宗族的族长和单姓村的村长这样的亲属组织内部的有力者和权力者而存在的。从实际

---

❶ 中华文化通志编委.中华文化通志 [M].上海：上海人民出版社，1998.

意义上讲，其年轻人的范围更广。宁老有时也兼具"补拉"的上层集团头领和"乡村或团峒"头领的意义，不过，更加频繁地被村民使用的是"老年人或年长者"。

另外，表达"年长者"之意的"宁老"，其实不论性别，可以指所有的老人。在调查地的侗族社会中，年轻人（男子被称为"腊汉"，女子被称为"腊妹"）的集团和年长者（统称"宁老"）的集团各自分担特定的作用和功能，有谋求地域集团统一的社会制度。但是，这并不是按年龄组那样的年龄划分的阶级。对于侗族人来说，人们有了孙子，自然就可以被认为是"宁老"。也就是说，如果他／她具有祖父（FF）、祖母（FM）或外公（MF）、外婆（MM）的身份，则他／她可以被他人称为"宁老"。而且，在当地的侗族社会，人们对没有亲属关系的长辈的称呼，也往往以自己的亲属称谓为基准，对亲属和同世代（同辈）的人使用和那个亲属相同的亲属名称。例如，称呼自己的祖父和祖母同时代的人为"公"和"萨"。那是因为侗族有尊敬年长者的习俗。"宁老"的概念与这个原理相似，不仅包括有亲属关系的人，还包括没有亲属关系的人。因此，在进行某个"补拉"内部的公共事务时，补拉和补拉成员范围外的宁老也可以参加，甚至可以成为他们的负责人。

不过，在侗族村寨，作为补拉的领导人或地方头人的宁老并不是常设的或固定由某一个或多个人担任的。如果有能力的话，谁都可以被推选为宁老或地方头人。另外，团寨和乡村（或团峒）的领导等地方头人也和"补拉"的宁老的选出方法相似。侗族不存在为了统一地区单位而常设的人物和制度。因此，纠纷的解决由临时民主选出的领导进行调停。在出现问题的时候，从特定范围的老年人中民主推特选出地方头人充当临时的领袖。也就是说，在需要领袖或者负责人的时候，特别是为了解决"补拉"组织之间的问题，或者村寨和村寨之间发生的纠纷和矛盾时，各级别地区的侗人从所有的男性老年人民主地选出一个或多个宁老，作为特定事件的负责人和纠纷的调停者。当然，这时侗人比较看重的是宁老解决问题的能力，以及是否能公正公平处理问题，所说的话有人听从。此时，地区集团临时领袖的选举方法与"补拉"组织内部的选举方法类似。而且，通常有能力，又彰显公平、讲话也有人听从的宁老往往因为受到民众的推崇而兼任地区领袖或者经常被推举为解决各种大小事情和纠纷的调停者和负责人的情况也很常见。另外，在团寨和"乡村或团峒"的案例中，有时候也经常能看到各级别的以地域为单位的领袖同时是有能力、正直公正的宁老。

根据历史情况，以前有一位宁老，他的个人德行被补拉组织的成员所承认，无论什么事情都自然而然地找他来当负责人，由他解决和调停相关的事情，但他绝对不是常任的领导。这样的宁老，根据具体的情况也有由补拉外部的人担任的情况。这个规定在现代也没有改变。例如，高秀村的吴姓的鼓楼曾于 1983 年改建，并在 2004 年增建，到 2013 年 2 月末的时候一楼进行扩建。2017 年 8 月又再次进行一楼的改建工事。因为是补拉集团自己的鼓楼，各次改建和扩建的工事基本上都由本补拉内部推举出的宁老负责组织完成。但其中有一次，那就是在 2013 年的扩建工事中，他们将不是吴氏补拉的成员而是十五户杨家的一员 YCS 选出，作为项目的负责人。笔者询问了村民理由，他们指出，鼓楼原本属于补拉集团内部的事务，YCS 虽然不是吴姓补拉的宁老，但是是作为寨老来帮助吴氏的。吴氏的人认为，他经常来鼓楼休息，并且热心于村里的公益事业，曾经在村中担任过一段时间的寨老，所以谁都认为他值得信任。由此可见，热心于公共事业也可以说是村民考虑将其推选为宁老或临时领袖的重要条件。

那么，成为宁老和寨老需要什么样的资质，侗族人有什么样的想法呢？补拉的宁老通常是一个人，他往往需要精通自身所属补拉组织的祖先的来历和居住史上的年长者，但是这个人是否是集团系谱上的最长者并没有什么关系。为调解本房族内部纠纷（特别是山林纷争、婚姻纠纷）的宁老由各小房族从各自的家长中选出。合并补拉而新形成的大补拉集团的宁老，主要由人口较多的补拉集团的宁老兼任。人口较少的补拉集团的宁老也可以成为负责人。但其条件是，这些人口较少的补拉集团的宁老也和其他大姓补拉的宁老一样，也要积极参加村中的公益活动，为集体事务尽心尽力，且判断公正，处理能力强，能够得到人们的深厚信赖。在此基础上，如果是跨村寨或地域形成的势力较为庞大的补拉集团，特别是具有多个分支的补拉集团，在各成员聚集共同举办祖先祭祀时，祭祖仪式的负责人通常是由分支的本源补拉组织所在的村寨的宁老担任，因为他最了解本补拉的历史及祖先的由来。

团寨中宁老的人数，一般大的村子里 3 ～ 6 个人，小村子里最少 1 个人。在单个补拉居住的村寨，每一个团为单位居住的宁老成为寨老。多个补拉共同居住的村寨，则往往由人口较多且处于优势地位的补拉集团的宁老成为寨老。人口较少且处于相对劣势地位的补拉集团的宁老，如果获得人们信任，也可以成为寨老。具体地说，侗族人选出寨老的方法多取决于宁老的个人魅力，只要宁老得到大多数人的信赖，他便能成为寨老。换言之，宁老在人们中的威望越高，调解的频率也就越高，其便可长期处于宁老甚至寨老的地位。反过来，一旦失信于人，任何人都不会再拜托他解决问题，他也就失去了寨老的资格。

乡村或团峒的宁老（即地方头人）也不是常设的。在特定的地域社会中，当单一的村寨中存在无法解决的村落与村落之间的纠纷、月也（村落间互访活动）和地域性的祭萨活动举办时，相关的地方社会的乡村或团峒的各下级集团分别选出一位宁老，其将作为代表共同协商和处理这些事情，这时宁老被称为"地方头人"。地方头人一般都有公正的判断力，是一位通晓该地区习俗的德高望重的长者，是土生土长的宁老。而且，地方头人一旦被选出，很长一段时间内，宁老一直处于那个地位。那是为了便于地方社会内的议事和联络。另外，当发生外敌入侵等重大事件时，从上述的地方头人中选出一人，作为带领居民与外敌作战的首领。这位首领通常是补拉的宁老，也是当地的寨老等重要的年长者。

第二节　平权之形成的款约教化功能与意义

一、鼓楼与补拉文化

鼓楼是侗族一村一寨或一房族姓氏聚居落户的中心场所，几乎全寨的集体性活动都在鼓楼内或围绕鼓楼进行，鼓楼前的空地，被称为"鼓楼坪"，是全寨接待外宾、举办文艺活动的重要场所，因此在侗族社会生活中占有重要的地位，发挥着重要的作用。侗族的鼓楼多为四角或六角的杉树形木阁楼，由木框架、重檐和宝顶组成，宝顶上多塑有葫芦。层数喜单数，取其比双数不满足意，代表了本补拉的旺盛和高升。鼓楼正中设有火塘，并有四把长椅围绕火塘而置，是各补拉处理内部事务、聚会议事、夏天歇凉冬天烤火的地方。

20世纪80年代以前，由于聚族而居，侗寨鼓楼代表了特定房族姓氏的血缘属性，所以村寨中的其他姓氏鼓楼也自然包括在婚姻圈的范围之内，鼓楼前方的石坪，因此也成为各异姓"补拉"之间青年男女吹芦笙、行歌坐夜、婚恋、交往的主要场所。比如，在广西区三江县林溪乡的高秀侗寨，过去为发展人口，不同姓氏房族鼓楼之间实行通婚，小伙子夜晚到鼓楼间吹芦笙，在屋里织布纺纱的姑娘们都拿油灯出来照小伙，罢了去姑娘家坐，吃夜宵唱歌，借此恋爱结婚。这体现了鼓楼在促进村寨中房族及房族之间的交往发挥着重要的作用。

鼓楼作为房族、村寨的重要的活动中心和核心象征所在，首先是本房族、村寨聚众议事，宣传家族、村规民约，执行条约、处理纠纷的活动场所，体现了本家族或村寨的向心力与凝聚力。而且，在侗族社会，鼓楼是家族和村寨首领（一般称为"寨老"）召集村民商议大事的主要场所，象征着无上的政治权力，具有强大的社会号召力和威慑力。"凡事关规约，及奉行政令，或有所兴举，皆鸣鼓集众会议于此"，会议时，村中之成人皆有发言权，"断事悉秉公意，依条款，鲜有把持操纵之弊，决议后，虽赴汤蹈火，无敢违者。"❶家族或村寨首领（通常大姓家族的首领也是村寨的首领）具有共通的文化精神和价值观念，这实际上加强了家族村落的内在的联结性（或内聚力）。其次，在鼓楼中得以开展的各类政治文化活动，也往往赋予了鼓楼在侗族社会中威严的社会地位与文化内涵。在"嘎老"（踩歌堂）、为也等民俗文化活动过程中，其活动的文化空间——鼓楼作为无形的社会控制力量的外在表现，其潜在的影响力也得以发挥。因此，鼓楼一方面被赋予庄严的权力象征，另一方面使绝对服从的理念深入人心，两者有机结合，共同维护和实现了社会秩序的和谐稳定和有序性。

侗族的传统集体活动多以自然寨为单位，如斗牛、吃相思、祭祖等，鼓楼的建造和维修，日常和春节的共同祭萨，芦笙队、大歌歌班等的设置和组合都限定在特定的房族或以特定鼓楼为中心的区域内，在自然村寨的范围中。不但许多歌唱习俗、民俗活动的传承谱系本身在家族内部传承，带有一定的世代性，而且许多民俗交往活动展开的主体就是以家族或鼓楼为单位的，如过去在贵州、广西等地流行的斗牛、赛芦笙、抬官人等活动。例如，在贵州黔东南州黎平县岩洞镇的述洞村，世代居住村中的侗族民众全寨分区而住，各片区聚居的姓氏房族各有自己的鼓楼，各有本族自发形成的大歌传习班、芦笙队、琵琶歌队、侗戏戏班，斗牛也以各个鼓楼为单位开展，有时候在民俗活动中产生的摩擦也很可能缘于两个房族之间过去的恩怨，一个小小的争端可能导致两个房族之间的尖锐冲突。他们平时举行村寨内部或村寨之间的娱乐活动，都是以鼓楼为单位进行的，并不以现在的"行政村"为单位，这说明日常的管理，除了政府行政管理，主要按照传统的结构模式进行，也体现了鼓楼在"补拉"文化中的意义。

作为南部侗族地区节日活动中最重要的一项传统文化内容，"嘎老"就是在鼓楼这个固定的场所展开的。一般在春节期间聚集到鼓楼对唱大歌，

---

❶ 姜玉笙.中国方志丛书 广西省 （第36册）[M].台北：成文出版有限公司，1983.

是侗族人重要的群体组织活动。明邝露在其杂记《赤雅》中曰："侗亦僚类……善音乐，弹胡琴，吹六管，长歌闭目，顿首摇足。"杂记文中所记"闭目""顿首""摇足"的外形动作，与现今南侗歌者鼓楼坐唱时眼睛微闭、边唱边伴有点头与摇足之自然动作相对应，大致呈现了侗族民众对鼓楼对歌这种集体的社会交往方式的态度。每逢春节，侗族人都要举行"踩歌堂"仪式，把本寨的"萨岁"从她的住所"萨坛"中请出来，与大家同喜同乐，带有与神沟通、向神祈福的寓意。同时，会邀请友好村寨进行互访，轮流到对方村寨进行踩歌堂活动，因而其具有更为广泛的地域社会交往意义。其活动场所也主要是鼓楼。

二、寨老制与老人协会

秦晖把传统乡村权威体制概括为"国权不下县，县下惟宗族，宗族皆自治，自治靠伦理，伦理造乡绅"。在传统乡村社会，族权或绅权享有较大的作用空间。❶与汉族地区不同，西南少数民族村寨，其乡村治理除了靠宗族的力量，寨老制度也发挥着更重要的作用。侗族的寨老就是老年人协会的管理者。

由于历史上侗族社会具有较为成熟的跨地区自治的"合款"组织的传统，因此寨老制度在进入现代以后仍在一定程度和范围内发挥作用。

在南部侗区，老年人协会被认为是寨老组织的变体。现代产生的老年人协会，仍延续着过去的一些传统和民俗活动，如讲款，2005年春节，岜团村的老年人协会召集了全村男女老少两千多人在把巴团风雨桥举行了讲款活动；又如，鼓楼、戏台、庙宇等公共场所的修建和维护，修桥铺路等社会公益事业也是由老年人协会组织和主持开展的，等等。概括而言，老年人协会所做的具体工作主要分为对内与对外两个方面。对村内事务管理主要表现在以下五个方面。第一，积极参与并组织村内的公益事业；第二，协调处理村内事务以及村民与外村的纠纷；第三，监督和教育村民，防止村民内外勾结，维护村内治安；第四，监督村委会工作，并与村委会共同处理村内大事；第五，组织文娱活动。对外活动主要表现在以下两个方面。第一，协调处理本村与周边各村寨的山林纠纷；第二，村寨与村寨之间的交往、联谊事宜，常由老年人协会组织。❷

---

❶ 贺雪峰.新乡土中国——转型期乡村社会调查笔记 [M].桂林：广西师范大学出版社，2003：14.

❷ 钟立跃，衡州莲.侗族传统社区组织变迁分析：以湖南通道阳烂村为例 [J] 怀化学院学报，2008（6）：8-12.

老年人协会主持村寨中的事务，也是围绕补拉的鼓楼展开的。前面提到，大姓家族的首领通常也是村寨的首领，因而补拉组织与老年人协会具有共通的文化精神和价值观念。具体而言（以阳烂村为例❶），他们在鼓楼里商议修桥铺路事宜。比如，村民上山种地要走路，下田生产要涉河过桥，山路桥梁，因大水冲击，年年需要修补，还要清除山路边杂草丛木，等等。所以，每年农闲时他们都要在鼓楼里商议一次，组织力量修补。同时，为了保护生产，他们每年会在鼓楼宣讲乡规民约或保护生态的传统规则，如不准乱放牛、羊、鸡、鸭、鹅等，以免家禽家畜损坏庄稼。此外，他们还在鼓楼里商议烧山以及开辟集体牧场等事项。侗族有集体放牧的习惯，全寨牛群轮流看养，集体放牧，因此每年冬天需要放火烧山一次，烧掉老草，以便春天长出嫩草。在烧山前，必须在牧山周围砍出防火线，以免殃及山林。他们在鼓楼里商议集体建筑相关事项。除了鼓楼、寨门、水井、戏台等建筑，榨房、碾房、磨房以及公用坟地等建筑物和场所的兴建、修补，都得在鼓楼里与村民商定。他们在鼓楼里调解纠纷。村民若有土地、山林、水利、婚姻等纠纷，几个寨老将在鼓楼里聚众商议公断。如今在鼓楼里弹唱琵琶，教唱侗歌，教吹芦笙，也多由老年人协会的提倡和主持。

钟立跃等人曾以湖南的一个侗族村寨为例，考察了寨老组织的发展历程，他指出："在传统侗族社会，主要依靠家族组织、寨老组织、合款组织相结合的方式进行社区自我管理。民国时期推行'保甲'制度，国家权力渗入村寨，传统社区组织受到一定影响，但仍能够在村寨事务管理上发挥主要作用。中华人民共和国成立后传统组织在国家权力的强力挤压下，组织形式不复存在，停止了一切活动。"九龙侗族在历史上也经历了几乎同样的发展历程。改革开放后，国家权力向上收缩，放松了在农村地区的直接控制力度，广泛推行村民自治，使民间组织获得一定的生存空间。在村委会的作用还没有充分发挥的时候，为了保证社会的正常运转和保障人民的生产、生活有序进行，在实施家庭联产承包责任制后，在一些素有威望的老人的倡议和全体村民的支持下，1981年底寨老会成立，但没有正式登记注册。1982年2月，通过召开全体村民大会，在原来款约的基础上，该侗族村寨修改、制定了改革开放以来的第一份《乡规民约》，并一直延续至今。寨老会在发展过程中虽因各种原因出现过一些波折，如1983—1984年，政府曾试图取缔寨老组织。他们认为有了村委会和治保主任，寨老组织就是多余的，但实践证明，

❶ 罗康隆 . "桃源"深处——侗家　　侗族 [M]. 昆明：云南人民出版社，2003：20.

寨老会有存在的必要性。成立之初，寨老会成员有 22 个，他们分别来自各个生产小组，由小组成员民主推举产生。后因乡政府多次撤并，寨老会成员从 22 个减少到 9 个，但民主选举的制度一直沿用到 2005 年。此后，即从 2006 年起，寨老会成员直接由村委会指定，因各种实际因素，人员缩减到 3 人。

九龙寨老会从成立之初，就与政府发生着千丝万缕的联系，具有不完全自治性，具体表现为由寨老协商制定的《村规民约》（以下简称《民约》）必须报上级政府部门审批通过后方可执行。《民约》中有这样一段话："以上乡规民约经三龙公社第七届第二次人民代表大会和公社管委会以及全体寨老审议通过，并呈报区委和区法院，希我三龙广大社员群众认真贯彻执行，倘有忽略违反者，按本规定处理执行论处，决不宽恕。并希生产队和大队党支部、公社管委会等同志予以大力协助，特别指出本会寨老同志更要认真贯彻执行，要大公无私、铁面无私、实事求是地打破情面，如伪装老好，怕得罪人，本会令全体寨老成员到他家吃扫面酒，特此通过。"

有学者在湖南一侗寨做过一项关于村民倾向寻求何种纠纷解决方式的调查，结果如表 7-1 所示。

表 7-1　塘村村民纠纷解决方式倾向调查 ❶

解决方式	比例 / %
村长	32
寨老或当地有威望的人出面解决	45
县城法院解决	10
私了	13
总计	100

从以上调查结果不难看出，寨老在侗族民众中获得的普遍的信任度。这种崇老敬老的倾向，实际上正是侗族社会组织及其文化制度所塑造的民族人格和个性。

由于中国社会特定的历史背景，自 20 世纪 50 年代担任寨老的大多是党员或卸任的村组干部，现在也有不少寨老曾经担任过村委或是从其他岗位退休的干部。这一情况致使寨老与村委的权力范围既有区分，又有重合，产生

---

❶ 孟庆沛.法律人类学视野中的纠纷研究——兼论外东南一侗族村落中的纠纷解决 [D]. 北京：中央民族大学，2010.

了现代自然村落的基层政治权力机构之间更为微妙而复杂的关系特点。比如，在组织村寨的集体活动时，建鼓楼、买斗牛、吃相思、械斗等属于寨老的权力范围，而纠纷调解等属于两者共同的责任。而税费收缴、计划生育及诸多生产性公共工程是村委的权力范围。在这种情况下，基层行政机构只管村中行政，家庭和村民纠纷更多交给家长、族长和寨老处理。连寨老组织也不能协调好的案子，才交由村长出面协调，或送往上一级处理。

在这样规约秩序明确井然的侗族社会，一旦发现有人不遵从已经决定的事务，就可以按传统习惯法予以制裁或在舆论上使之陷入不利地位，因此可以实现对村寨社会的控制，确保了寨老的权威。由民主选举产生（或以年满40周岁的老人自然组成）的寨老组织聚集民众"鼓楼议事"，体现了侗寨的平权社会的机制。正是以宗族和老年人协会这样的组织形式和制度文化为基础，侗民族的多方面社会文化才有了传承和延续的发展，并获得成长和不断创新的空间，侗族社会的多方面功能才得以有效发挥。

第三节 款的习惯法在当下侗族村落社会中的作用

侗族社会是高度自治的社会，村寨内部秩序以寨老为首制定村规民约来维持，村寨之间的关系则由各寨寨老按款规处理。在地域上，一般几个临近的村寨组成一个约款群体，共同议定维持社会秩序的款规。这种侗族传统的社会组织一般被称为"合款"。宋朱辅所著的《溪蛮丛笑》中就有关于款的记载："彼此歃血誓约，缓急相援，名门款。"其中，"门款"就是侗族的款组织。作为侗族的自治和自卫的组织，款一方面战时联合抗敌，另一方面协调村寨之间的关系。在这种规约和组织管理下，历史上的侗族村寨多夜不闭户，路不拾遗，秩序井然。因此，有学者曾称侗族社会为"没有国王的王国"。现在侗乡许多地方治理村寨所用的《乡规民约》，实质上是过去"款"组织的法律条规的一种变体。其本身作为侗族特有的社会制度文化，对当下侗族社区的维护、民族特色文化传承和社会风尚的养成，亦继续发挥着不可替代的效用。

一、侗款与"款约"

从历史上看，一般一个或若干个自然村寨组成小款，若干小款组成中款，若干中款组成大款，大款不规则组成特大款，即整个侗族地区。比如，贵州从江县境内，就有六洞款、九洞款、"二千九"款、"千七"款、"千五"款、"千三"款六大款，几乎覆盖了现今从江县都柳江以北的区域，占据了县城的一半。款组织对内实行自治，对外共同抵抗外敌的入侵，具有社会治安管理和军事防卫的自治功能。款组织由民众民主推选出各级款首，以立碑和歃血盟誓的方式共同订立具体的法制规约，侗人习惯称为"款约"，意为"大家民主商讨后约定的条款或盟约立法"。"款约"可以分为以下几种。"六面阴规"（对重罪的重刑，如杀人放火、拦路抢劫；偷牛盗马、杀猪牵羊；打家劫舍，偷谷盗财……）、"六面阳规"（对轻罪的轻罚，如破坏家庭、弄虚作假、偷放田水、小偷小摸、移动界石、勾鸡引鸽……）、"六面威规"（对礼仪或道德的要求，如劝教男女青年要懂礼仪、要诚实；村寨之间要互援相帮；人与人之间要和睦共处，友好往来……），以此为依据管理侗族社会内外的秩序，约束和规范管辖范围内侗族民众的行为。不过，最初"款约"皆以不成文形式存在。通常，竖立一块高大坚实的无字石头作为款约象征物，称为"栽岩"，表示约法坚如磐石，不可朝令夕改。直到清末，有人才把款约翻译成汉字，做成有字的款碑，即成文款碑。

"合款"组织又经常反复宣传款规款约。其中，以中款为单位，每年农历"三月"和"九月"分别举行两次"讲款"活动，故有"三月约青""九月约黄"之说。讲款时，就在款碑或无字的大石头前设讲款台，请能说会道的款师在各村寨宣传款约，语言活泼生动，情理交融，据说可以出现"老少登坛，日夜讲款；男女云集，喝彩之声不断"的景象，保证村规民约深入人心，个个以为有道理，人人都知晓。平时，款组织以各自村寨或由若干村寨组成的小款为单位进行"聚款"，依照共同制定的款约规范处理罪犯，其中包括传统侗族社会中较为普遍的违法犯罪行为、道德教化等方面的内容，视情节的轻重程度实行从罚款到处死等不同程度的处罚。对一些不守款约，违反了款约的人受到处罚的事件，也代代相传，以警后人。同时，"款约"还规定凡是"联款"的村寨都有守望相助和监督执行"款约"的义务和权力。可见，款组织对款规款约的实施极其严格。因此，历史上的侗族村寨，一般都有"夜不闭户，路不拾遗"，相互帮助、热心公益事业的好风尚。故而，有学者曾称侗族社会为"没有国王的王国"。

又如《柳州志》记载："鼓楼，侗村必建此，已于前述居处详之矣。楼必悬鼓列座，即该村之会议场也。凡事关规约，及奉行政令，或有所兴举，皆鸣鼓集众会议于此。会议时，村中之成人皆有发言权。断时悉秉公意，依条款，鲜有把持操纵之弊。决议后，随赴汤蹈火，无敢违者。故侗区内亦有道不拾遗，夜不闭户之概。即今鱼塘之鱼。日夜常悬于村外之禾把，终年亦无盗窃。盖相习成风，是真能跻於自治之域也。"可以窥见款组织及款约在侗族社会中发挥的重要作用。虽然说款与瑶族的"石牌制"、壮族的"波板制"等都属于民间习惯法，但款有自卫组织，即款军，具有很好的严密性和执行的严格性，更主要的是可以联合成大款，正如"十块木板箍成一个桶，九股棕绳拧成一股缆"。歌颂勉王起义的侗歌《从前我们做大款》就提到侗族款组织影响之广，"头在古州（今贵州榕江县），尾在柳州（今广西柳州）"。其所涉地域之广，规模之大，可想而知。一旦有外来者入侵时，各级款首组织民众出征作战，称为"起款"，表现出更为显著的民族凝聚力。与此同时，侗款组织并"没有演化为统治机构和官僚组织，更没有征收成为人民负担的常规税赋，连款的领袖'款首'也几乎没有任何特权，他们由各村寨民主推选，没有特殊的福利待遇，也没有专门的办事机构和办事地点，平时和普通村民一样在本寨参加劳动，只有当遇到重大纠纷或者发生战争时才出面组织。他们没有可被世袭继承的权力和地位，完全靠自己的才华和品格赢得大家的信赖"。

侗款之所以能在侗族地区发挥相当大的作用，究其原因，有学者认为，与款组织和款约的形成过程及本身的特点有关。侗族村寨的结构、侗寨与侗寨之间的互相走访，打同年、月也等传统生活习惯和民族风俗等相关联。侗族的传统社会构建由家庭、房族、爪、村寨、小款、大款构成，其中"款"是侗族社会的核心组织，"小款"联寨，"大款"联营，是村寨和村寨之间有民间自治和民间自卫功能的地缘性联盟组织。连款的组织，也就意味着可以打同年，是婚姻圈、军事联盟圈，也是互访活动圈。在侗族村寨，传统集体活动多以自然寨为单位，如斗牛、吃相思、祭祖等，鼓楼、祭萨、芦笙队、大歌歌班、房族等的设置和组合都限定在自然寨的范围内。正是在此土壤基础上产生和发展起来的社会组织和制度，能与传统的结构模式相适应，也才更有效地维护了传统社会的日常生活秩序。

传统的侗款以款为核心，而款具有联盟的性质，小则是几个村寨的联合，大则是几十、几百个村寨的结盟，因此款约调整范围大。传统侗款的适用范围广，突破了一村一寨的局限。而1949年后侗款的适用范围基本上只限于本村寨。传统的款约也不复存在，各村寨的村规民约是各村各寨自发制定的，随意性大，适用范围小，不如款约有权威性；各村老年人协会也只是调解本村寨的各种纠纷和处罚本屯内的违反行为，一般不会去其他村寨进行调解。目前，有些侗族村寨仍保存和延续了旧时"讲款"的活动，在每年新年或其他约定的固定时间，民众聚集到鼓楼前面，由款师讲款，讲款时把新形势和过去的历史结合起来，涉及人的来历，重复讲述以前的风俗以使众人不要忘记。

二、"款约"的作用及其发挥

款约的制定，首先是为了辅助款组织治理侗族社会秩序的。例如，《九十九公合款》中所唱的："古时人间无规矩，父不知怎样教育子女，兄不知如何引导弟妹，晚辈不知敬长者，村寨之间少礼仪。兄弟不和睦，脚趾踩手指；邻里不团结，肩臂撞肩臂。自家乱自家，社会无秩序。内部不和肇事多，外患侵来祸难息；祖先为此才立下款约，订出侗乡村寨的俗规。"[1]就款约所含内容看，它涉及侗族社会生活的各个方面，其多功能性是极为明显的。[2]而当代侗款的作用，可能更多体现在教育和传承文化方面。

款约最初的作用是配合"合款"组织进行对内对外的管理。在不太平时期，款约在军事防御上起着尤为重要的作用。在超越村寨的较大区域范围内，参加"合款"的村寨组成一个军事同盟，如果有敌人来犯，只需鸣放"铁炮"二响，附近村寨即须一面鸣放"铁炮"响应，一面由寨老召集全寨青年男子各持器械，由"腊汗头"（即青年中的自然领袖）率领前往应援，否则就要按照"款约"给予处分。比如，1918年，高鱼村曾被土匪围攻，一经鸣放"铁炮"，附近村寨都来救应，保住了村寨的安全；与此同时和高鱼村同属一大款的谷洞也被土匪劫掠，当该寨鸣放"铁炮"求援时，各小款的青壮年都驰赴谷洞参加战斗，终于击退了土匪。

对外，由于历史上侗族地区战乱不断，匪盗亦是猖狂，合款组织作为一种地方自卫性的准军事组织，早期并未受到中央王朝的直接统治，而是以羁縻制和土司制的形式通过地方头人治理地方，对外来匪盗也留下了不少相关的款约资料。比如，黎平府当局以"弭盗"为名，采用"连坐"等办法加强保甲制的地方自卫能力，对府属各乡村的"弭盗"有详细具体的措施，如："防守之法，更楼栅门不可不立，器械不可不备，巡丁不可不设也。凡村庄，无论大小，皆有出入必经之道，相其地势立一总门，必要牢固，两旁墙垣尤须厚筑。总门上为更楼，可坐卧五六人，四面开小窗，可以外瞭，四远俱见。若一村而有数处可通出入，亦须照前式为之。如可拦截，亦毋庸多费

---

❶ 湖南少数民族古籍办公室.侗款[M].杨锡光，杨锡，吴治德，译.长沙：岳麓书社，1988.

❷ 石佳能.侗族的"补拉"与款[J].中南民族学院学报，1993（3）：28-32.

也……每户亦须自备器械，其巡丁每楼二名，昼则查访盗贼踪迹，夜则巡更瞭望。凡此皆村民自保身家。建楼置栅、备器械、雇巡丁等项经费，止宜分人户上中下捐资出力……"❶在防守、巡逻、邻村救援、器械等方面都立下了许多严防自卫的约定。

对内，在本民族的婚丧嫁娶、交往等风俗惯制上有约制，对偷盗、抢劫等妨害社会秩序的行为有惩罚。比如，清雍正八年（1730 年），今贵州榕江、从江、黎平、广西三江、湖南通道 5 县的 99 寨代表共 99 位款首，在榕江县车江的月寨约款，订立了所谓的"九十九公款"，堪称"侗族历史上最大规模的款首会议"，其最主要的目的和"创新"之处是规定从此之后可以破姓开亲。因为侗族村寨的汉姓十分集中和单一，按照汉族"同姓不婚"的传统，人们可能要与很远的村寨通婚，"破姓开亲"就是为了避免远距离通婚的不便。同时，规定男女恋爱定情后，"男丢女罚银七钱二，女弃男也罚七钱二"；婚后，"女丢夫罚银六两六，男丢妻也罚六两六"；趁夫妻不和，争吵打架而拆散婚姻者，罚银 12 两。不准偷放他人田水，不准偷割他人田埂上的青草，违者罚银 12 两，拉到款坪当众认错，若不服劝导，拉到"石头法"前处罚。歌堂多耶，行歌坐夜或隔窗夜话，不许摸身摸腿，如有违反，轻则罚酒饭，重则罚银 104 两。如奸情被捉，罚 52 两。偷棉盗谷者，"捉到三人罚三人，抓到五个罚五个，三人共鼠洞，五个共鼠窝，同样该罚款，罚他银子八两八"。钻鱼塘偷草鱼，放田水偷鲤鱼者，当场抓住，要他站于田中，跪在塘边，另罚银 12 两。挖墙撬壁，偷牛盗马者，罚银 24 两。拦路抢劫，白天行凶，夜里动武，这事有产产当，无产命当。把他的房柱砍断，家产荡尽，拿他捆石沉深潭。❷此外，在保护自然资源和环境方面也有明确而严厉的规定。例如，贵州从江县康熙十一年（1672 年）七月初三立的《高增寨款碑》第二条规定："谁砍伐山林，风水林木，不听劝告，罚款三千文；凡进入封禁的山林砍柴一排，伐杉、松木一株，罚黄牛一头，白银五十两，大米一百斤，泥鳅一百二十斤。"❸正因有这样一些对故意砍伐林木的行为的严厉处罚，侗族地区的生态环境得到了较好的保护。

侗款在执行规约时通过"款首"在固定的时间把全寨或全族民众聚集到鼓楼，采取寨老或者款师反复"讲唱"的形式，更容易为人们接受，讲款时

---

❶《［光绪］黎平府志》卷 5 上《武备志第五·保甲》.

❷ 欧潮泉，姜大谦.侗族文化词典 [M].北京：华夏文化艺术出版社，2002：204-205.

❸ 贵州省政协从江县文史委员会，贵州省从江县地方志编纂委员会.从江县志：1991—2008[M].北京：方志出版社，2010.

一般气氛比较庄重而神秘。贵州、广西等地有些侗族村寨至今仍有"讲款"的习俗。通过讲唱"款词"，将款首在鼓楼里所议事的内容、所定制的社会公约改编加工，用侗族民歌表现出来，以方便人们记住。改编后的"款词"形式更加自由，内容也相当丰富，包括了法律条款和道德规范等。比如，有处理偷盗方面的条款，如"子不受教父之过，乱砍寨旁风水树，处罚铜元五十吊；乱砍架桥木杉树，处罚铜元三十吊；损坏亭、鼓楼、庙宇、风雨桥，处罚铜元十至一百吊；偷盗耕牛，处罚铜元三十至一百吊……"也有告诫人们怎样为人处世、形成美德的，如"穷人也应骨气硬，辛勤度日学为人，穷人莫学富人胡乱花钱米，勤俭持家免得日后多费神。自己多种棉花织细布。要不哪来衣裙一崭新"。另外，也有劝诫要孝敬父母的款词等。作为具有明确规束意义和强制性的民间习惯法，侗款对侗族地区的社会治安起到了良好的规范作用，维系了社会秩序的稳定，并通过耳濡目染的方式塑造了侗族人的性格和行为，起到重要的社会教育与促进的作用。

侗族的款约在执行上还有一个特点，就是对违款人的处治还有家治或族治的原则，也就是先由家庭内部对案犯进行治理，若处理不当才由房族、村寨或款组织介入；对案犯的惩处，尤其是"沉塘""活埋"等死刑的执行一般要由家族中的父兄或其他亲属实施，表明该案犯的不法行为归根到底是由于其父兄教育不当造成的，对他的处决也应由父兄来执行，通过切肤的丧亲之痛让他们意识到管教不力的严重后果，同时对整个村寨中的人也起到了警戒作用。这样突出家庭教育对个人行为养成的重要性的例子，款约中比比皆是，如对偷盗生产资料的罪犯给予的惩处措施有"拿他父去杀，埋进烂泥塘；拿他母去卖，卖过青云边"，对于盗挖坟墓者要"抓他三父子共埋老鼠洞，抓他五父子同沉漩水塘"，等等。同时，因为执行者往往是自己家族中的人，而不是外族人，一旦发生，不仅是个人的耻辱，还使家族蒙羞，这样其实也提醒族人内部要自我管理、自我教育、互相帮助，以杜绝这种受款约处罚的事，容易在个体中形成自觉。

同时，款约也善于利用社会舆论达到社会监督和控制的作用。侗族传统社会有夫妻恩爱、自由恋爱、尊老敬老和集体赡养孤寡老人的良风美俗且长盛不衰，社会舆论功不可没。当家庭内存在父母干涉儿女恋爱活动的行为，存在虐待妻子、打骂妻子的行为，出现老人从事重体力劳动的现象，出现鳏寡孤独、老弱病残等丧失劳动能力者外流或乞食度日的现象，当事人和当事之房族宗亲、村寨民众，必定会遭到舆论的强烈谴责，大丢其丑、没有脸面。舆论传播和谴责手段还被用于有目的地惩戒不良品行。款词说"不许谁人，上偷下盗，拉好人下水，摸鸡抢鸭，猪胜过龙，猫强过狗，要当众宣布他的丑恶，一传十，十传百。若还教不乖，讲不信，痛莫怪刑仗，死莫怨众人"❶；"妹在碗柜脚和郎谈心，男要有金信物，女要有银把凭……不赠信物，不换把凭，就叫母鸡上屋蹲，母鸽上屋住，被我们抓住了，用手就拉，用绳就捆……让全村人都知道，让全寨人都笑他，笑了还要罚他"。❷显然，"当众宣布他的丑恶，一传十，十传百"及"让全村人都知道，让全寨人都笑他"就是一种比较典型的利用社会（社区）舆论对付违规的方法。

三、寨老与习惯法的制定与执行

村落中的乡规民约等民间习惯法的制定和执行，主要是通过宁老或寨老执行的。即使 20 世纪 80 年代以后，在侗族有些较为传统的村落，血缘关系在社会生活中仍起一定作用，依托补拉这种房族组织建立起来的寨老制，在某些地区和习惯法的领域仍然发挥着过去款规款约所发挥的作用，约束着侗族人的行为。那些过去曾经发挥过作用的乡条侗理，仍存在合理的成分，也仍能在规范人们的行动上发挥作用。因此，有些地方的寨老仍然借用这些传统的乡规民约，使其在社会生活中发挥某些作用。以九洞地区在 20 世纪 80 年代前后发生的民事纠纷（主要是斗牛纠纷和山林地界纠纷）为例，一些基层干部和寨老利用过去的规约习惯，或者过去的做法，共同协商解决方案，收到了很好的效果。

比如，斗牛纠纷的解决。这类案件大概有两起。第一起发生在 1984 年 2 月，是托苗寨与榕江县归柳寨的纠纷。在一次斗牛场上，归柳寨牯牛与托苗寨牯牛角斗，归柳寨人说托苗寨有人放鬼（据说借助鬼的力量把对方的牛打败），并动手打伤托苗寨人，后来托苗寨人还了手，有人甩石子打掉了归柳寨一青年的两颗门牙，这青年当场晕死过去，进而引起两寨人的纠纷，榕江县公安局也无法解决。后来，平楼牛堂各寨寨老及区乡干部共同商量，按平楼牛堂规约解决，归柳寨人承认先动手打人，输了礼，把受伤的人抬走了，纠纷得到解决。第二起是增冲寨与托苗寨的纠纷。1984 年 3 月增冲寨的牯牛脱缰而出，去碰打托苗寨的牯牛，结果被托苗寨的牯牛勾眼睛而打败。增冲寨的人说他们的牛被勾眼睛而打败了，要求托苗寨人赔偿损失 800 元，经县区有关人员议定赔偿 400 元，托苗寨人不服。后经平楼牛堂各寨老和增冲、

---

❶ 湖南少数民族古籍办公室 . 侗款 [M]. 长沙：岳麓书社，1988.

❷ 王胜先 . 侗族文化习俗 [M]. 贵阳：贵州民族出版社，1989.

信地两乡以及停洞区干部协商：按规定，脱缰牯牛主动打别寨牯牛，被打一方输了由放牛方赔偿，如反被打输，被打一方无责任。按照这一规定，托苗寨牯牛打败增冲寨牯牛，被打一方战胜放牛一方，因此没有责任。纠纷解决了，大家都心服口服。

又如，山林地界纠纷的解决。20世纪80年代后期，由于山林政策的进一步落实，木材价格的调整，人们较为重视山林的所有权，因此山林的占有、山界的划分成为近年来山区农村的一个突出矛盾。这些矛盾的产生，大致有以下几个原因。第一，过去实行土地改革时，分田不分山，山的所有权未确定。第二，这里山林大多属村寨、家族公有，山地界线从未正式划定。第三，在农业合作化以后，社队管理范围有所调整，耕地界线有所变动，但山林地界却没有明确。现在解决这一历史遗留下来的问题，是一件很复杂的事。信地乡近年来由于山林地界的纠纷有18起，其中跨县的有6起，在本县内跨乡的有4起，本乡各村寨之间有1起。经过多次协商已解决了8起，尚待解决的还有10起。从已经解决了的几个案件看，寨老及传统规约还起着重要的作用。为解决山林地界纠纷，信地乡专门成立了调解小组，该组的组长由乡党委书记担任，乡辖5个行政村各有一名干部参加，共由6人组成，调解小组到哪个村去解决问题，由当事双方派群众代表参加。群众代表多是懂得当地历史的正直人，寨老又多被推举为群众的代表。信地乡解决山林地界纠纷始终本着照顾历史、互让互谅、有利生产、有利管理和有利团结的原则。在调解的过程中，充分听取干部群众的意见，由于各寨的寨老了解当地的历史及山林状况，在一般的情况下，寨老们认为是合理事，干部和群众也较容易接受。

四、法制社会与款约

在现代，作为"款约"的延续，村规民约在维护村寨治安和保护公物和公共设施方面发挥着主要作用。这些村寨也很少发生小偷小摸、打架斗殴等现象。目前，在侗族传统社会，除了有限的国家法律部分介入本民族地区的社会生活外，多数还是依赖本民族之"习惯法"管理社会。侗族民间习惯法与民族自然环境和社会环境、生产和生活状况、思维方式和行为方式等方面都相互适应，因为能更为有效地保障民族的正常社会秩序，规范着人们的人际交往和社会行为。

以笔者调查过的广西龙胜各族自治县乐江乡为例。作为一个侗族占80%以上的山区乡，那里的侗家人自古就有以"款"治寨的传统。在鼓楼的篝火边侗家人制定了一种供全体社会成员遵守的契约——"款约"。它涉及社会治安、纠纷化解、伦理道德、婚姻家庭等内容，朗朗上口，通俗易懂。侗家人通过"讲款"（朗读讲解款约）、"开款"（召开款民大会处理村民违反款约的案件）贯彻执行款约。在该乡宝增侗寨，保存着一块清朝道光年间立下的"款碑"，记录了百余年前侗寨制定的"款约"。在当地传歌节时，村民表演"讲款"，跟平时祭萨、过节时一样。讲款的大致内容涉及本地村民的大体来历，并重复讲述以前的风俗让大家不能忘记，年年重复，展现了侗款悠久历史的一个片段，面对侗寨井然有致、纯朴善良的民风，无不让来宾们大饱眼福、啧啧称叹。款师告诉笔者，现代侗族讲款，具有类似"依法治村，民主理村"的作用，"以前本寨人，家族里的人，个个都要会讲，然后谁能讲，又本分，稳重、温柔、嘴巴'不垮拉'，就去中间，到上面去讲"。❶放眼望去，青山连绵，在刚收割完的田野上，没有篱笆，难觅放浪牛羊的踪影，只见三三两两村民忙于冬种的身影。为什么村民不担心放浪牛羊糟蹋冬种作物呢？他们正是通过制定村规民约，把过去屡禁不止的放浪牛羊的陋习改掉了。

近年来，乐江乡党委、政府和司法所因势利导，按照"生产发展、生活宽裕、乡风文明、村容整洁、管理民主"的社会主义新农村建设要求，根据《村民委组织法》以及相关法律法规的规定，大力倡导、推进各村村规民约的制定。新制定的村规民约的内容包括村风民俗、社会治安、环境保护、婚姻家庭、计划生育、村民议事等方面，使国家法律、政策结合当地实际得到细化、量化，语言更通俗易懂，操作性更强，深受群众欢迎和接受。

推行村规民约制度后，各村大小事有章可循，村干部带头执行村规民约，群众自觉遵守村规民约，民风村风顺了，和谐文明氛围浓了，社会治安案件和矛盾纠纷减少了。特别是地灵、宝增、大雄、同乐、西腰等村，群众在生产生活中很少闹纠纷，即使出现一些小纠纷，都自觉按村规民约化解，多年来无一起矛盾纠纷提交乡政府处理，实现了把矛盾纠纷化解在基层、消除在萌芽状态和大事不出、小事少出、矛盾纠纷不出村的综治目标。

2018 年 5 月 21 日，《黔东南日报》刊登了一则名为《从江信访问题纳入村规民约治理效果好》的报道，其中提道：近年来，从江县以打造村规民约升级版为契机，把信访问题纳入村规民约加以治理取得良好成效。从江县是一个苗、侗、壮、瑶、水等 19 个少数民族聚居的山区县，也是国家重点扶

---

❶ 被访谈人：宝增上寨款师吴孟贤，2010 年 3 月 30 日。

持的国家级贫困县，全县总人口 36 万人，其中少数民族人口占 94%。在从江县民间，村规民约具有村民契约的性质，由于简便易行，深得群众广泛认可和接受，至今在乡村治理中发挥着"民间法"的作用。为强化基层社会治理，实现村民自治，从江县信访部门结合当地少数民族传统社会管理实际，对群众进行因势利导，把信访问题纳入村规民约治理工作。在信访部门的指导下，各村群众通过集体表决同意，升级版村规民约中把"不得越级上访"作为新修订的《村规民约》条款中的一项内容，把信访工作纳入遵规守纪"十星文明户"评选奖励机制考核中。目前，从江县已经有 136 个中心村将新拟定的升级版村规民约刻成石碑，并按照当地习俗举行仪式安立在村中醒目位置。升级版村规民约实施后，从江县大量的矛盾纠纷和信访问题在基层得以化解，越级上访势头得到有效遏制，为社会和谐长久稳定，凝聚各族干部群众力量加快小康建设步伐奠定了坚实基础。

据统计，与往年相比，2018 年前 4 个月从江县信访问题下降 47%，社会矛盾纠纷同比下降超过了 50%。从江县自 2016 年、2017 年连续两年被国家信访局评为信访工作"三无"县，也是贵州省唯一的一个。从江县充分发挥村规民约的效应作用，引导群众依法逐级维权，极力将信访初始问题化解在基层。因此，可以说，村规民约等延续了侗族传统款约在当下法制社会中的功能。

第八章　对"坪坦河流域"案例的分析：河域社会治理模式

第一节　坪坦河流域侗族的亲属制度与地缘规则

坪坦河的申遗侗寨列入中国世界文化遗产预备名录，其大致于宋元时期建寨，到明清时期发展到鼎盛时期。大多数的侗寨均为多个不同姓氏的人群聚居。当地人关于自身迁居至此地的历史及自身的族群身份的叙述，虽然或多或少存在差异，但大多数人认为自己为当地土生土长的侗族人的后代，或者认为自己的祖先是宋明时期从江西或广西的山地迁徙而来的移民，他们的祖先有些可能原本是汉族。在这些人群中，较早定居于这个流域的，是杨和吴两个大姓，他们在坪坦河流域与定居于这片山区的侗族、苗族等当地少数民族共同居住，文化相互影响、相互结合，形成了具有地方特色的文化融合体。在随后的数百年中，肖、胡、冯、陈、李等十几个姓氏移民此地。这些当地的居民、早期移民和后期移民在村落社会中通过特定的文化手段，建构了其作为"侗族"的这一统一的身份认同。具体而言，他们形成了基于自身的"补拉"制度和汉族人的宗族制度，实现了地域社会的内部整合。

一、作为一个集团的边界线的移居史

居住在中国西南部的侗族人，在讲述村落社会起源的历史时，以开垦土地的开拓者定居村寨扎根为起点，开始依次讲述定居村寨的移居史。在团寨，可以根据系谱和移民史区别来源不同的亲属集团，定居的历史形成了各个亲属集团的村落社会的权力关系。特别是原住者"补拉"被视为优势集

团，与之相对，后来者"补拉"被视为劣位集团，由此决定了"补拉"的居住方向，所有的山、森林、川、土地、墓地的面积和位置。河川流域的地域社会中心也有与之类似的集团分类的惯例，每个村分别分为原住民（或当地居民）和后来者（或外来者），形成各村的中心的权力关系。

通常，在团寨中，每一棵杨树的家庭群的占地大小和土安的位置，以及家庭群的鼓楼的高度可以表示各个家族在团寨中定居的顺序。移民史在一定程度上决定了他们在村落社会中的权力关系和经济、社会地位。例如，杨氏和吴氏的家族居住在贵州省从江县高增村。现在，杨氏家族和吴氏家族分成三个"补拉"，各"补拉"在各自的团寨中居住，建造了三个鼓楼。其中，最早定居在村子里的杨氏住在河流上游（被称为"上寨"），被称为"补团"（父团），在全团寨他们的居住方位最高，他们的鼓楼也最高。吴氏因为比杨氏来得晚一些，所以住在比杨氏低的地方，他们住在河流下游（被称为"下寨"），称为"奶团"（母团），他们的鼓楼也比杨氏的鼓楼低一些。坝寨是由上述杨氏和吴氏分化的分节组成的新单位，他们的居住区被称为"拉团"，他们的鼓楼也要比杨氏（父）和吴氏（母）的鼓楼低。因此，在整个团寨中，单从鼓楼的高度看，哪个家族是原住者，哪个家族是后来者，一目了然。

补拉的定居史不仅表示了在侗族的地域单位中多个下级集团的边界线，地域集团内部的各种关系也通过居住空间、鼓楼、集团的名称和各种各样的习俗表现出来。

在侗族村寨，每户都是同姓的血族聚集居住。在侗语中，汉语中的"姓"被称为 chin（jinx），但是侗族有很多历史上的外姓（大姓，外人所知的汉姓）和内姓（房族的名称，只有集团内部才知道的侗语的姓氏）。例如，贵州省黎平县三龙乡的罗寨人，都有吴这个外姓，另外，有四个内姓，分别是"doucyanl，何氏""douctangh，汤氏""douc gongv，小龚""sonhanl，张氏"。

根据 20 世纪初的调查，之所以需要对外姓和内姓进行分类，是因为侗族有着"改姓入众"（改姓加入居民）和"破姓开亲"（在同姓的宗族内也可以通婚）这两种风俗习惯。关于这两种风俗习惯，当地（贵州省三龙乡的罗寨）的人们有以下两种说法。

第一种说法表示内姓是指后来者定居在团寨以前祖先的姓。他们为了加入团寨现有的集团，举行了改姓仪式，重新使用了原住者的姓氏。之后，随着人口的增加，由于"同姓不婚"的规则人们难以获得配偶，因此团寨进行了"破姓开亲"，即将以前的姓根据内姓分化成多个可以结婚的团体，恢复以前的姓。

以肇平县为例。肇兴寨有 800 多户人家，都是陆姓。实际上除了陆氏，还有很多不同姓的人，他们为了纪念陆氏在明末最早扎根于这个寨的历史，在加入寨时，将外姓人数多的五大内姓居住在不同地区，自然形成了五个居住区。村民在自己所属集团聚集的寨，建造各自的鼓楼和风雨桥，并用汉字把鼓楼和桥分别命名为各自的"团"。从姓氏的构成上看，肇兴寨的陆姓集团是多个内姓集团构成（非宗派）单姓集团的例子。作为后来者的外部者、异姓、非血缘者等通过变更姓氏转入、合流。合流后的这个集团拥有不同的内姓和祖先，形成了和宗族不同的单姓集团。集团内部各内姓之间的通婚在原则上是可能的，但内部禁止通婚是因为他们曾经被认为是同一个房族。

第二种说法是当时在侗族居住地区单姓村很多，团寨内的居民一开始都是同姓，严格进行村外婚。之后，举行了"破姓开亲"，为了在有血缘关系的同姓集团中进行通婚，根据父子关系，将同一祖先的杨分成多个"房"，形成了一个外婚集团。但是，同姓的人通婚必须遵守规则。同族的话，离开 5 代以上的话，在同一个"房"内也可以结婚。之后，随着与汉民族的交流加深，由于寨内居民接受了汉民族的文化传统，认为同姓结婚不仅是可耻的行为，还会受到人们的嘲笑，因此各个外婚单位都改成了不同的姓氏。

例如，贵州省黎平县岩洞镇的竹坪寨（自然村）拥有 700 多个家庭，清初开始全部是吴姓，成员明确了同一祖先的关系，为了通婚分成了 12 个"房"。另外，命名时开始利用汉族的"辈行字"，同一代的成员都在名字里使用同一个汉字。相差 5 代以上后，同一"房"内就可以结婚。但是，1947年一位来自汉族的村长，向村民说明了在汉族社会中同姓结婚是可耻的事情，所以应该改正。之后，寨老们商量提出一个解决办法，决定各房改姓，成为 12 个姓。平时需要就学、就业等时，居民会使用新的姓氏。基于内婚，竹坪寨的单姓集团创造了宗族的组织结构，根据不同的祖先分成多个房族（分节）（参照图 8-1）。单姓集团的各房族是同一祖先的血缘集团，遵循同姓结婚的规则。之所以形成多个异姓集团，是因为遵循汉民族"同姓不婚"习俗，他们改变了姓氏。

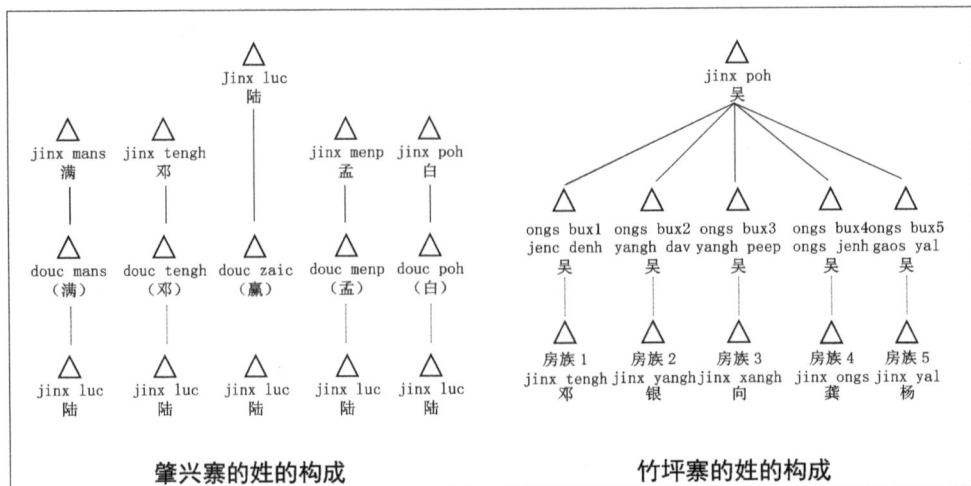

图8-1　不同的祖先分成多个房族（分节）

从图8-1内姓和外姓分布看，侗族固有的亲属关系有以下特征。作为本地居民的大补拉吸收从外面移居过来的小规模异姓集团，可以说是为了维持宗族和单姓村的模式而采取的措施。因此，在单姓集团内部，各内姓（小补拉等级）的人们的祖先不同，可以通婚。另外，将单姓集团分割成多个内姓，是为了解决侗族婚姻规则与汉族婚姻规则不一致而采取的措施。结果，拥有共同祖先的同姓（小补拉等级）的人们为了通婚，装成异姓集团。也就是说，侗族的人们使用"内姓"和"外姓"这个集团分类的概念，在地域集团内部，对原住者（当地人）集团和后来者（外来人）进行了明确的划分，可以说，这是一个将可通婚集团和禁止通婚集团分开的集体分类概念。

二、迁徙和"合为补拉"

从当事人的角度看，补拉有着以各自姓氏的由来和定居的历史为基准进行分类的倾向。另外，居民在使用汉语表达自己集团的时候，由于是同一姓，因此把几个补拉看作像宗族一样的单姓集团，这个集团也被称为补拉。例如，在湖南省独坡寨的侗族村落，有石氏、杨氏、吴氏、林氏四个补拉，从各补拉的内部构成来看，石氏中有李氏、黄氏的加入，杨氏、吴氏、林氏是没有血缘关系的几个同姓集团。不管当地人还是研究人员都以姓氏为基准说明补拉。从上述肇兴寨、龙图村、占里村等单姓村的姓氏构成上看，即使土安夏有多个内姓，村民们也会经常将整个村子整合成大补拉和相应的鼓楼单位。不仅是南部方言区的村子，北部方言区的村子还有类似的特征。例如，在贵州省剑河县展溜村，全村实际上有10个房族（内姓），但村民们通常倾向于说有4个房族，因为侗族人有将外来者和后来者相结合的惯例。

人口比较少、势力比较弱小的补拉，后来的异姓、外族，由于人口增加缓慢，没有自己的鼓楼，为了保障生活，大多会迁入或加入现有的大补拉。他们住在同一个大鼓楼里。居民把这样转入或加入其他补拉，用侗语称为"appl weexbuxlagx"（汉语为"结拜为兄弟"）。一个村落集团的各小补拉，被认为与大补拉有着"仔弄 jaixnyongx"（侗语"jaix"是"兄长、哥哥"的意思，侗语"nyongx"是"弟弟"的意思。合起来表示"兄弟"之意）的关系。

根据不同的集团分类，当地居民采取了两种不同的措施。第一，势力弱的集团转入势力强的集团以改善自身劣势，消除差异。也就是说，不同房族之间，通过"合为补拉"互结为兄弟以增强自己的生活优势。

根据坪坦河流域的侗寨的情况，该地域居住着许多不同的姓氏，主要有杨氏和吴氏位于该流域的广西三江县高秀村分为"杨屋"（上杨，川上侧居住的杨氏）、"杨得"（下杨，川下侧居住的杨氏）、姓吴朝旺的后代（吴氏、内姓吴）、姓吴旺财的后代（吴氏、内姓伍）、谢（谢氏）五大补拉，他们以所属的大补拉所建设的鼓楼为单位聚集居住，从事农业生产和生活。其中，杨屋和杨得在村子的南部和东北部各建了一座鼓楼。吴朝旺的子孙在高秀屯的西北部，吴旺财的子孙在东南部建立鼓楼。陈谢在高秀屯的东南部建有鼓楼。补拉的各家都以同一鼓楼为中心毗邻居住。鼓楼外建有该团寨共享的守护神土地庙，以此为中心形成了高秀屯的每一个团。

具体地说，向、石和杨也、十五户杨的一部分通过"合为补拉"加入了上杨补拉，和上杨家族成为兄弟。"杨爷"的 YWR 一家三口也加入了上杨，成为杨氏的兄弟。与此类似的，陈氏和杨爷的 YSF 氏的家族和下杨补拉通过"合为补拉"结成了兄弟。成为兄弟的非杨氏的其他姓氏的家庭，和杨姓房族（上杨和下杨）共有鼓楼和食堂，住在同一个团，被视为非宗派的单姓集团。另外，在原则上，通过"合为补拉"重新组成的这两个杨姓集团各自为一个外婚单位，他们内部相互扶助，成员有举办冠婚葬祭宴会和互赠礼品的义务，但是内部成员之间，即使拥有不同的姓氏，也不能相互通婚。

三、"合成补拉"的义务和通婚习俗

通过"合为补拉"，加入大补拉的各小补拉和后来的家庭，在大补拉和一个团共同居住的基础上，进行大补拉和农业生产的合作。小补拉有义务参与或帮助大补拉鼓楼的建设、道路和桥梁的维修、举办冠婚葬祭等集体公共事务。在这些合作的基础上，小补拉和大补拉之间互相扶助，成为在冠婚葬祭的宴席上互相招待的关系。特别是对于没有鼓楼的小补拉来说，参与以大补拉鼓楼为首的集团公共空间的建造和改建，是加入这个集团后的最重要的行动。

例如，高秀村的吴朝旺补拉和吴旺财补拉原本住在同一个团，与日常生活相关的鼓楼、公用土地的管理，道路的维修等都是共同进行的。在生产活动中应该相互合作的吴朝旺补拉和吴旺财补拉之间传承着养子制度。因为只有集团内部的成员有继承补拉财产的权利，所以高秀村的养子制度只能在有血缘关系的集团成员之间进行。但是，吴旺财补拉人在地主的家庭里拥有很多田地，但是男子很少，因此从吴朝旺补拉人那里领养过养子。另外，传统上，高秀村的地理老师一般由吴朝旺补拉家族中的男性独占，但由于吴朝旺补拉人口少，吴旺财补拉的成员也可以学习。"这是因为通过合为补拉，两个补拉变成了一个补拉"。

为此，1958年政府引进了生产队制度时，村民各个补拉结成的大补拉分为7个生产队。具体来说，上杨（杨）、下杨（杨）、十五户杨、向氏、石氏、YWR 一家是第1、第2队，吴朝旺补拉是第3队，吴旺财补拉是第4队，下杨（陈氏、YSF 氏）是第5、第6队，谢家是第7队。而且，近年来，即使兄弟分家和防火线移居到其他地方，那个集团的范围也没有发生变化。现在居住在河对面的吴家和住在附近的其他姓氏的住户（主要是一部分的十五户杨家）一起修建了一座新的鼓楼。但与鼓楼有关的事，仍由十五户杨家与吴朝旺补拉一起负责。不过，由于不是同一个补拉，十五杨不是吴朝旺补拉的成员主办冠婚葬祭等礼仪时的援助者，也不是宴会的招待客人。他们原本出席杨等冠婚葬祭的仪式。

这样，补拉的成员作为主办者进行个人礼仪时，被邀请参加的人是其成员的"宁高言"（和小房族的成员范围重合），但实际上不限于那个范围。所以，在上杨家的成员举办婚礼或者办三朝酒、满月酒的时候，加入上杨家的其他姓氏的人们也要像上杨家的一般成员那样，送礼物给上杨家的成员。下杨家的人也要出席已经通过"合为补拉"成为一个补拉集团的陈氏一家举办的婚礼并赠送礼物。

由于"合为补拉"的补拉之间被视为兄弟，因此有禁止集团内部通婚的规定。20 世纪 80 年代以前，高秀村的侗族与远方的其他村相比，更倾向于在团寨内部通婚。但是，成为兄弟的小补拉和大补拉之间在很早之前是不能通婚的。因此，村民们曾以吴姓、上杨（包括杨也、十五户杨、向、石、YWR 一家）、下杨（陈、YSF 一家）和谢姓四个补拉为四个主要外婚单位，不同补拉之间相互通婚。

第二节 坪坦河流域侗族的通婚规则

本节以三江县高秀村为例，对坪坦河流域的侗族村寨的通婚规则及由此产生的亲密的社会关系网络加以说明。高秀村侗人以村寨内婚为主，形成较为亲密的社会关系网络，并以此展开他们的日常生活和文化传承。侗族的补拉与宗族不同之处在于，吸纳其他非血缘关系的人群上有较大的柔软性。同时，根据在调查地中发现的祖先之墓的系谱记录和各家户名录，补拉的成员囊括了嫁入的女性。

一、"迈"的来源：通婚圈和人的分类

（一）通婚圈

桂北侗人称妻子为"迈"。对当地侗族男性而言，"迈"主要来自本寨女性，也有少量来自同一个"省"（senl，侗族款词中描述的沿着同一条河分布的村寨构成的河域社会和空间，往往与历史上的侗族的款组织的范围相重合）。具体而言，主要是第六款❶内的周边侗寨，如广西高友、湖南通道县的阳烂、陇城、高步、坪坦、四乡、黄土等都属于同一个通婚圈，大致在以本村为中心 30 千米的范围内。

在这个范围内，当地侗人的传统婚恋形式主要有三种。其一是行歌坐夜，他们在十五六岁时便可在村中异姓"补拉"和鼓楼间行歌坐夜，自由恋爱。❷其二是他们在正月集体外出"为也"唱戏拜年时认识外村的青年男女，

---

❶ 侗族社会历史上未曾建立起民族国家和政权组织，而是形成了能够适应民族社会稳定与发展的组织体系，如所谓"款"的联盟组织。根据流传于广西龙胜县、三江县和湖南通道县地区的《十二款坪十三款场》描述了高秀村所在的款组织"第六款"的位置和范围。

❷ 晚饭后，同姓氏房族的姑娘三五个集中到其中一个姑娘家楼上，边聊天边绣花、纺纱织布或纳鞋，小伙子一般也是同房族的兄弟，他们成群结伴，挑灯去找姑娘。到了姑娘家门口，先唱琵琶歌《开门歌》请求楼上的姑娘开门，姑娘询问其出身，答得满意了才让进屋坐着对歌，有时姑娘也会做点夜宵，经常坐到夜里一两点甚至天亮。家中的老人在这时都会避开。青年男女从坐夜相识到单独约会，等有感情基础了，姑娘还会赠送青年自己随身的手镯或绣花布作为定情信物，结婚后，青年再将其赠还，称"换档"（即交换信物，多是侗族姑娘的手镯或绣花布等）。20 世纪 80 年代后这种习俗在高秀村仍有，只是青年男女很少会唱歌，就是聚在一起聊天。

寻觅意中人，这也是青年男女喜闻乐见的婚恋交往方式。[1]其三是上坡赶圩谈恋爱，类似于"月堆华"或种公地，与生产活动相联系。[2]20 世纪 80 年代以后，随着寨中侗人外出务工增多，婚恋方式也有了新变化。侗人多通过在外打工认识，手机、网络等通信工具也成为重要的沟通手段，现代生活方式的改变也带来了当地人择偶方式和标准的变迁。比如，同在浙江打工的 YJG 和 MCM 是网恋，WJJ 嫁到延安，是在上学时认识她的丈夫，XLX 嫁到广东中山，则是在打工时认识她丈夫的。2012 年吴家三对结亲的新人，也皆为打工时所识。近年来，因为外出打工而结婚的越来越多。

（二）通婚规则

由于过去交通不便及祖先的传教，当地侗人为了省事总是以本村为先，且实行同姓不婚、外族不婚等，择偶也有一定的规则与禁忌。因此，2000 年以前，他们仍以本村异姓为主要结婚对象，姓氏之间代代结亲，形成频繁交叉、往来甚密的亲属关系，在村中很普遍。具体而言，包括以下两个方面。

1. 同姓不婚

虽有侗歌传唱："坟墓不在一处，放心去爱"，更有《破姓开亲》的款约，但村中侗人在传统上就有择偶时同姓不婚的约定[3]，哪怕不同寨，或相隔两代以上，甚至不共祖先坟地，都认为对方不适合结婚，因为同姓即为房族亲兄弟。

---

[1] 秀村民春节为也，通常去较为邻近几个侗寨，如湖南通道县的陇城、高步、四乡等。为也时，村寨上下不论老小，一起到另一个村寨做客，主客两寨唱戏唱歌进行联谊活动，还要杀猪宰羊，敬神讲款，并在村里办百家宴宴请来访的客人，最后送走时送猪头猪尾。到第二年，出访的村寨又来本寨回访，这样你来我往之中，不仅形成了村寨间的友好往来，还为青年男女提供了交往的空间。许多为也的村寨因此长期通婚结亲。而擅长侗歌、侗戏等文艺表演的人也常常吸引众多追求者，村中已故桂剧师父杨光华与其爱人是在陇城为也唱戏时相识而结合的。

[2] 每年正月的戊日，本寨青年男女不用劳动，四五个相约去坡上采棉花，挑棉籽。互生感情以后，待三月种棉花时节，小伙就和他同伴到林溪街上请师傅打一对竹篮，送给他心仪的姑娘用来种棉花。姑娘来接竹篮时，在家准备一包糯米饭和腌肉腌鱼，与小伙子在路上吃。到办婚礼接新娘时，小伙子送的这对竹篮就用来装新娘的新侗衣，并挑到男方家。因侗族习惯在结婚时，由新娘母亲为女儿制作十多套新侗衣，在接新娘时只带这些衣服到男方家而没有嫁妆。现在当地种棉花自制侗衣少了，这种习俗也渐淡了。

[3] 1949 年前，广西地区的侗族一般有同姓不婚的习俗，如果同姓为婚，必须是不同家族方可。他们根据族谱记载的世系，确定能否结亲，同一姓氏而不住同一个村寨，不同过一个节目，才可结亲。

在他们看来，同姓结婚是相当可笑的。即使到了现代，村中也很少见同姓结亲。同时，村中人口小的姓氏支系因怕受外人欺凌，很早之前都联宗而共一鼓楼，而在结拜联宗的异姓房族之间不能结亲，这种禁忌到1949年以后才解除。❶

2. 外族不婚

高秀村侗人在传统上很忌讳外族婚，不与汉族和苗族结亲，因为他们认为外族女性（尤其汉族）有"亚血"（有鬼或不干净的灵），会为家里带来"鬼"，使原先纯正的血缘发生改变，而崇尚同族同村结亲，在寨上异姓房族之间择偶。而与汉人结亲一直是禁忌，直到最近几年才渐渐改变。

WGY喜欢秀，她人漂亮，父亲又是县粮食局局长，有钱有势。但老人反对。他也犹豫，秀是汉族的，如果结婚，到时他们接新娘到屋，要拿喂猪用的槽，放点米粥煮熟了放在门槛，让新娘装作猪进食的样子才能进门，所以老人反对。

现在，村中年轻人已不再在乎这种忌讳，近年来，从外族外地嫁入的人也逐渐增多。除广西玉林、柳城等市县，也有来自湖南、广东、浙江的女性。村中也有不少女性嫁至广东、江西、香港、黑龙江等地。交谈中了解到，这些婚姻的缔结双方多是在外打工认识或网恋，但在所有婚姻中仍占少数，且侗族女性嫁出比外族女性嫁入多。平时，这些"迈噶"（外来媳妇）和出嫁外地的闺女，时常是村民聊天的"新闻"和谈资，主要是因为她们的高离婚率。

Z是从汕头嫁来上杨家的媳妇，来时对家中双亲说不会嫌弃山中的穷苦生活，过来一年生了个男孩就自己出去单干，再也没回来，如今孩子已经3岁。

H是从云南来吴家的上门女婿，本家境艰苦，见吴家只有两女，起初愿意当上门女婿，留下照顾二老，充当家中劳动力，但后来两人感情不和便离婚了。儿子J判给了H，他外出浙江打工后，以不方便照顾为由，又把5岁的儿子送回村里，现在女儿再嫁柳州，J只好由二老养着。

吴家WLY前两年嫁到广东中山后，婆媳一直相处不好，在家地位低、生活也很痛苦。❷

---

❶ 向、石与上杨共一鼓楼，陈与下杨共一鼓楼。被访谈人：XWF，男，侗族，1951年出生，高秀村退休老师、老协文秘；YGZ，男，侗族，1945年出生，三江县林溪乡高秀村歌师。访谈时间：2012年8月21日。

❷ 被访谈人：WJG，男，侗族，1949年出生，三江县林溪乡高秀村寨老。YDY（侗族，1946年出生）、YYJ（侗族，1973年出生）、WSN（侗族，1943年出生）等村中老人、妇女。访谈时间：2013年2月5日—3月2日，11月7—13日。

类似的情况也影响了当地人的择偶观。然而，在上杨 YYJ 嫁给 WYP 之前也曾外出广东打工七年，在外也有很多男青年追她，有的家境很好，嫁过去不愁吃穿，但她最后还是选择回到村里，她觉得"还是村里人老实憨厚，他（WYP）不论出去读书、工作，都会经常写信。回村里艰苦点，但老小一起住，娘家也近，经常能去探望父母，邻里都认识。嫁到广东，跟家婆讲话又不通，价值观也不同，怕处不好，自己一个人在外面太孤单了，回家一趟也山高水远的"，这代表了村中多数女性的看法。

不过，随着生活方式的改变，特别是外出打工的年轻人越来越多，仍有不少人选择以本村异性为结婚对象。但由于打工聚少离多婚后生活不合而导致离婚的也并不少见，这在一定程度上也影响了村民的择偶观。

在择偶的标准上，高秀村也存在侗族地区过去流行的看"吞"结亲的规则，即在婚配时，除了同民族、家庭背景、经济情况、个人素质等条件外，还要求看一个人的"根骨"（来源的意思），汉字记侗音为"吞"，有些地方记为"灯"或"登"，而不找家中有"鬼"，即"吞亚"的人家。

以前结婚讲两样，一是家里没有"不干净的"东西（鬼），根红苗正，就是"吞赖"；二是家里富裕且田多，即"阁赖"。通常村里年轻人相互认识了以后，有感情了，真的要结婚了，要先通过熟人询问对方家的历史，如果是清白的，就放心结婚了❶。

桂北三江县苗江沿岸的侗族过去流行看"灯"结婚，一般只在侗族内部有效，而对其他民族相对宽松或不论。然而，高秀村民对外来人严格限制，对本村侗人却相对宽容。

随着村寨外出务工、上学的人口增多，现在年轻人在外面认识结婚的越来越多，交际圈的扩大也扩大了他们的择偶范围，这些传统规定的约束力也在逐渐减弱。

（三）登丈良丈媄与赶苗传说

高秀村侗人对结婚对象的选择，与他们对"人"的分类看法有关。许多侗族学者都曾指出，在《创世歌》《起源歌》等侗族款词、民间故事和歌谣等叙事文本中，侗人建构着自我和他者所在的世界图式，包含着他们的时空观，核心乃是一种牵涉"世界"与"人类"的关系结构，体现了特定群体

---

❶ 被访谈人：XWF，WGY（男，侗族，1942 年出生），YDY，高秀村老人。访谈时间：2013 年 3 月 2 日集中谈论，另外在田野调查期间鼓楼集体座谈时亦多次问询。

对地理空间（宇宙）和人群关系（社会）之区分以及秩序和分类的地方性知识。❶关于人的由来，各地侗族都流传着萨天巴、姜良姜美的神话传说，在高秀村也有，但他们更注重神话中对侗汉苗区分的表述。根据村中传唱的古歌《登丈良丈媄》（侗语"登"，根源）和传说，当地侗人觉得，苗族是骨头变的，比较硬；侗族是肉变的，比较温和；汉人是肠子变的，比较鬼精；并且觉得人的心性都有根源和来历（即"根骨"），认为其影响了人的品质好坏。此种讲究实则是对民族身份与精神气质的自我认同，也反映了对"我族"与"非我族类"的关系的想象。高秀村本地关于族群历史的口述，具有民族共通性。

1949 年前，桂北少数民族间的关系，根据俗语和传说可以大致描述为苗人同"壮人一条心，侗人三十变，苗瑶相交三年称亲戚，与汉相交三年后家产光，还要进监牢"。侗人以"客（汉）变侗不中用，侗变客了不得""铁放袋烂袋，客进寨烂寨"为戒，不与汉人往来。一般认为，这是由于汉族过去瞧不起兄弟民族，以"侗老""苗蛮""三江蛮"等侮辱少数民族而产生的民族隔阂。

高秀村侗人在当下的生活中，也有自我与"他者"的秩序，主要针对苗族和汉族。侗人称苗为"刚"（意为"硬"），叫汉为"嘎"（意为"客"）。他们认为他们早在祖先时代就与"刚"有"过节"，在村中流传着"赶苗传说"，即过去，苗族人住在河边的平地上，过着平静而舒适的生活，直到侗族先民到来，把苗族赶到高坡上落作，高处的生存环境和条件都非常艰苦，所以从那以后，他们特别记恨侗人。在当地，他们认为，苗语与侗不通，苗人在穿衣打扮上比较拘束，没有侗大方，近些年才跟侗学好些了❷，并且苗侗从来不结亲，也各居一方，极少往来，而他们认为"嘎"的女性会带来"亚血"，影响他们原先洁净的"根骨"和血统，而有更多的通婚禁忌。

正如杨筑慧在研究中发现，直至 20 世纪 80 年代中期，大多数地区侗族实行民族内通婚规则，范围往往局限在本寨，她认为这一习俗的形成既受"根骨"观念的影响，害怕由于对外界的不了解，引进"根骨"不好者而祸

❶ 如在《款当初》（即创世款）中说道："当初……置雷在天，置雾在山头，置人在省……"开篇是造人，接着就是祖宗入"省"的历史叙事，并提出了空间概念"省"，指向现在侗族的主要聚居区域，即贵州、湖南、广西三省区毗邻地带，实际上界定了侗人在中国区域上分布的地理范围，可谓侗人我族与他族区分的地理边界。

❷ 被访谈人：WJN，男，侗族，1941 年出生，高秀村寨老协会会长，以及几个鼓楼中多位老人的说法。访谈时间：2012 年 9 月 14 日，于高秀村综合楼、各鼓楼。

及子孙后代，又是情感需求所致，侗族人重视人多势众，远嫁远娶不利于强势的形成，也不利于情感交流，尤其遇到天灾人祸时，往往得不到及时的帮助。再者，事实上，以远寨为亲，路途遥遥，交往不便，亲属关系的优势也得不到体现；与外族通婚，文化有差异，价值观不同，容易造成家庭不和，也不利于亲属关系的扩展。人们聚族而居，既是获得心理平衡的需要，又是一种抵御风险的机制。

补拉内部对"根骨"和血统的注重，与通婚范围相适应，影响着村落内部的实际交往和团结，而在这个因不同姓氏补拉之间进行通婚而往来密切的村落中，就此形成了村中人群的社会关系网络，即补拉（以血缘关系为基础的房族）与"然得"（外婆家所代表的亲戚）两大集团相互制衡。

（四）婚姻与继嗣

1. 不落夫家与姑舅表婚

桂北侗人旧时有不落夫家的传统婚俗。20 世纪 80 年代以前，当地女子结婚后并不立即住在夫家，而是先在娘家继续生活一段时间，只在农忙、逢年过节有事时才回夫家小住。等到生子以后才长住夫家，一般需要三至四年，故而有"三年上，五年下"的说法。当地侗人认为，这种方式很值得提倡，无论是从生殖繁育还是双方的经济交换上考虑。因为新妇刚来并不能确定双方之间合不合，心思能不能定下来，嫁妆送去，往后如感情不和，处不好闹离婚，财产不好处理，易造成损失。等处了一两年尤其是生了小孩，定下来后，这时才把嫁妆送去。随着生活环境的改善，这种观念也慢慢淡化了，现今村中年轻新娘一般自接来就在夫家生活，但习俗上，她仍继续在娘家帮忙，嫁妆也等头胎办三朝时才送来。

在传统社会，高秀村侗人也在舅表姑表兄妹之间结亲。一般是本补拉有女性嫁到另一补拉，相互看对方有田有地、门当户对，以后就让本补拉的男性又到那一补拉讨他的表妹来，保持两个集团之间的联系。肥水不流外人田、亲上加亲代表了多数人的看法。高秀村吴家和上杨、下杨与高友、阳烂的潘家之间就延续了这种传统。从通婚集团对应的亲属称谓来看，以男性（ego）为例，他对舅父、姑父、岳父比己父年长的均称为"勒恩"，年幼的均称为"舅"，对舅母、姑母、岳母比己母年长的均称为"玵"，年幼的均称为"悟"，妻子在她的亲属集团中也有类似的称谓。同辈之中，他们与父亲兄弟的子女、母亲姐妹的子女为亲兄弟，而与母亲兄弟的子女、父亲姐妹的子女为表兄弟。舅舅的孩子与他是血表，比其他表兄弟（姑表）亲，夫妻间的称呼也与舅表和姑表兄弟姐妹间的称呼有明显的关系。

现在在高秀村，婚礼仍重视舅舅在场，新娘回门时要为舅舅准备一坛酒，在"然得"办的酒席中要先敬舅舅，尊为上席。办三朝时，请舅舅来喝酒，为新生儿起名。虽实际有所调整，但仍是姑舅表婚在现代生活中的遗留。YJG在国庆办婚礼是为了迁就舅舅，嫁到桂林的Y回门时仍带"舅勒恩"酒，体现了这种传统旧制的当下表现形态。

2. 亲从子名与继嗣

高秀村侗人十五六岁时就和同伴去行歌坐夜，十七八岁最迟二十岁出头时就结婚生子，到四五十岁就当阿公阿萨了，和儿子（"腊"）、孙子（"腊宽"）组成三代同堂的家庭。侗族的传统命名方式多是根据长嗣的名字来为其父母和祖父母等亲属命名，可称为"亲从子名制"。高秀村侗人一般有两个名，"奶名"和按班辈起的大名。侗人为人父母之时，为人祖父母之时，他人称呼时便以其长子长女的名字替代其名字，并加上辈分构成，包括奶（母）、甫（父）、公（爷爷）、萨（奶奶）。

亲从子名的亲属称谓对女性的束缚比较大。在包括高秀村在内的桂北侗寨中，女性为母之后往往是以自己所生长子命名的，称"奶某某"，为萨后改用长孙作为称呼，称"萨某某"，这样的称谓更加常用，至今在很多侗人新办的二代身份证和村中乐捐的芳名榜中，仍能反复看到类似"杨奶××""吴奶××"之类的名字，女性生子前的名字可能并不存在或是被遗忘了。男性则仍能保留其为父为公以前的名字。这也体现了生育对侗族女性身份的影响。

女性产子后在夫家正式当家，也常随着家中几兄弟之间的"分火"，即分家。随着子辈外出打工，家中积蓄的增加和生活的日渐宽裕，一般待老人最小的儿子结婚以后就进行分家。分家只在平辈之间分，父辈和子辈通常不分家，三至四代同堂的家庭在高秀村也有。分家要请有福气的老人家来"分火"，意味着从此另起炉灶，成立新的家庭。这时，家中老人或留下跟最小的儿子住，或跟有小孙需要管带的儿子住，几兄弟平分老人的田地和家产，并轮流管理老人的膳食。

二、"为补拉"与"拜然得"：迎生送死与礼物交换

（一）"补拉"与"然得"在人生仪式中的参与

1. 出生礼

在高秀村，小儿出生，先向外婆报喜，隔天，外婆就准备甜酒、土鸡、土鸡蛋送去女儿家。小儿母亲开始坐月子，到满月前只能吃这些，其他都不能吃。

三朝是在婴儿出生 3～9 天内办的庆贺仪式。一般出生第三天时，在家中也要摆个四方桌，四方各摆一把凳子和一个碗供奉四萨花灵，由房族中精干的老妇人用煮过鸡蛋的水为小儿洗第一次澡，把蛋黄给小儿吃，并请房族的人来家里打油茶，称为"欧耶喜"（小办酒）。在小儿出生 15 天内选单数的日子正式办酒宴宴请亲朋好友，多数在第五或第七天，称为"欧耶捞"（正式办酒）。清早办酒前，外婆先到女婿家办"南堂"，祭祀四萨花灵，并为小儿念咒语、将花苗绑在大树上以驱邪，感谢花灵送子，并为小儿祈求神人共同护卫挡灾。外婆家在办酒（头胎）当天把陪嫁送来，亲戚每家都要挑一挑一生一熟的糯米，房亲则送几斤生米，席间有一项外公或舅父为小儿取名字的仪式。之后择日，女方回娘家办酒宴请男方房族的妇女和外家亲戚，女婿照例要送一坛"舅勒恩"酒。外婆家又择日请女婿所在补拉的男性到家中吃"顺夏酒"，并将她亲手为小儿做的背带和帽子送给他们，带回给女儿。❶

等男孩满 30 天，女孩满 28 天时，用外婆送的背带背小儿回娘家，称为"楞酿"或"出月"，即摆满月酒。小儿的母亲由补拉的妇女约十几个陪同一起去外婆家。❷队伍由伯娘前列带领，她肩挑新娘夫家送给外婆家的礼物，有一担红糯米饭，一条酸草鱼，一只鸡，一块猪肉和一坛"舅勒恩"酒。到了外婆家，先由外公或舅父祭拜家中祖先神龛，除了"舅勒恩"酒，外婆并没收下其他礼物，只拿出来两把红糯饭，又放两把自家的白糯饭，作为礼节上的交换。酒宴开席后，先喂小儿吃一条鱼，炒的煮的都可以，坐月子期间，他和妈妈一样，只是吃鸡肉鸡蛋，不能吃其他东西，这就表示以后随便什么

---

❶ 高秀村侗人的背带和背带盖全用红得发黑的侗布制成，帽子做工精细，上有珠片绣花，图案精美，由妇女亲手缝制，现在都是买现成的。

❷ 只是孕妇不准背小儿，也不能与小儿同行，高秀村侗人一般会要求孕妇先走。

都能吃。饭后，妇女每人都带一包甜糯米粑、瓜子、花生和糖果回去。❶去时，在背带盖上放一颗鲜红辣椒和一根穿了红线的银针，以此防鬼怪袭击，保佑一路平安。当地人认为，红辣椒象征小儿长大后厉害，针线作武器象征小儿日后不怕痛痒不怕鬼。到外婆家，祭祀祖先后设宴款待。回时，背小儿的母亲或奶奶右手抓一把柴（松树或杉木枝条几根）回来，表示带财，随行的人除接受主家的红包外，也打包一点饭菜回家。

此后，等到小儿满一百天时，办"北妹"，即百日酒，请房亲来家中打油茶。同时，在高秀村，小儿满周岁之前度过的第一个年节的正月初二，亲戚朋友还要给他送生日的大年粑和白糖，并在小儿家中鸣炮、打油茶、办酒庆生，称"顺信"。主家一般从客人送来的大小糍粑中，象征性收下两三个小的。每到春节的大年初二，村中上一年出生的小孩便同时过生日，亲戚朋友来往欢聚生日，好不热闹。等到小儿满周岁时，主家又请房亲到家中吃粑粑、打油茶过生日，称"登宁"。现在也有买蛋糕的。

2. 婚礼与妇女的身份转变

在高秀村，青年男女结亲、举办婚礼一般在每年年节前后，从腊月廿十六开始到正月。婚礼作为新娘为夫家所在"补拉"集团接纳的仪式过程，不同人员的主持和参与、礼物交换等反映了亲属身份的差序，包含着诸多象征意义。以2013年春节参与的WFJ家的仪式为例。

接新娘，通常是男方请先生算好日子时辰以后，到吉时，趁夜深人静，带一伴郎到女方家去"偷亲"。伴郎一般是房族兄弟或最好的朋友，与新郎一起到新娘家打油茶后，再悄悄把新娘带出门，以免被其他人撞见。进屋前，先在门口鸣炮，新郎背着新娘跨过门槛，再上二楼。这时，家中老人都躲在三楼，并故意把二楼堂屋间的板凳弄乱，将晾在火塘炕上的禾把取下。新娘一进门，先把堂屋中的禾把放上炕，摆好板凳，持火钳生火，表示以后在此当家。然后烧水，再喊老人下楼吃油茶。翌日清早，新娘便起床舂米准备早饭，并在房族五六个姑娘的陪同下，到家门附近的水井挑第一挑水，作为初次在寨中亮相，表示从此为村中之人。上午在家打油茶招呼房亲，与房亲初次见面。正式酒宴一般设在同日中午，全村不论亲戚朋友，都可来吃酒。他们也会请村里芦笙队吹奏庆贺，并宴请他们。这时，房亲妇女都来帮

---

❶ 当地侗人只有在结婚酒和满月酒时打包，主要是糖果、瓜子等，一般也会打包带走酒桌上的饭菜。

忙置办饭菜和招待客人。晚上则多是宴请房亲，有时也请歌队歌手，吃罢酒宴，同到戏台去耶新婚、对情歌。

回门前，新娘在夫家还有两次认亲的见面酒。一次到新郎姐妹家，如无姐妹就到父的姐妹（姑）家或"然得"，一般在接来后回门前，由新郎房族以伯娘为首的十多个妇女陪同，称"转丁"或"转酒"；另一次是到新郎兄弟或父的兄弟（叔伯）家，一般在正式酒宴隔天，由家婆陪同，称"将偶凳"。这两次酒宴皆从房亲中选一家操办。为了随礼和面子，房亲都会参与争抢并大办，一餐酒下来至少花四五千。出发前，新娘在家先祭祀祖先，并由最亲的伯娘为她换上家婆为她新制的侗衣，头戴花穿盛装，队伍由充当"关亲"❶的伯娘引领前往主家。这时，姑父一家早已备好酒宴果蔬，待队伍一到，鸣炮并祭祀家先，礼毕后便招呼大家上席。最后，主家以糖水送行，答谢陪同妇女，并收下新娘带来的两条酸草鱼和糖，交换糯米饭。回到夫家，新娘送陪同房亲每人一条红帕和红包。期间，新郎都不参与。

正月初送新娘回门时，新郎家要准备好中午在新娘家办一餐酒席宴请外家亲戚朋友所需的所有物品，包括猪肉、鸡鸭、酸鱼、酒、烟和果糖等，还要专门准备一份送给舅舅的礼物，一般就是办酒席用的物品除了给外婆，也给舅舅单独留一份，另外一定要送一坛刚烧好的米酒，即"舅勒恩"酒。所有物品随同新娘和由新郎房族二三十个亲人朋友组成的队伍送到新娘家。此后，一到过年，一般是初三、初四，新郎和新娘还要回"然得"，带些粑粑和水果拜年，吃个团圆饭后再回去。随着现代年轻人外出工作的增多，与外族或外村的结亲渐渐增多，有的也已经在外地领结婚证，但到过年回家的时候仍然要补办这些传统仪式，只是在时间和形式上做些调整。送嫁妆仍按惯例，等生小孩以后才由外婆送来，接新娘时，只将她要穿的一些衣物带过来。

高秀村婚俗中的礼物，从嫁妆和亲属的礼信上看，有许多讲究。对萨强琦一辈（现在村中50岁及以上中老年妇女）而言，结婚的嫁妆就是从女方家带来的生产和生活用具，如蓑衣、扁担、箩筐、纺纱机和织布机。此外，新娘的妈妈在结婚前为女儿准备好十几套衣服，够她一辈子穿，同时，也多做点侗衣（侗布则是一丈二）和布鞋，她到男方家，要送给家中老人每人一套侗衣，全家每人一双布鞋。还有自家种的棉花打的棉被和新娘的其他生活用品，等到办三朝时，由小孩的外公外婆一起送过来。在现代，侗衣侗鞋少有人会做，嫁妆也越来越时髦，除棉被、衣服，还有电视、冰箱、桌椅、板

---

❶ 汉字记侗音，主要负责操办酒席和仪礼物品的交换。

凳、衣柜、床、打米机、摩托车和小汽车等，加上礼金和操办酒席，一场婚礼至少要花一两万。

传统的礼信，以红包、对联、猪肉、酒、鸡、糍粑、镜框为常见之物，钟表则是禁忌的。赠送方式及数额多寡与亲属远近关系有关。对高秀村侗人而言，亲戚送的礼总比房族多，亲戚内部在送礼上，通常从舅舅、姑父、血表（同代舅表姑表兄弟）到表亲（隔代及两代以上的表兄弟），按其在"补拉"中的班辈和地位而有不同的规矩。亲戚都送字画（对联），送来就挂在堂屋祖先神位边，舅舅的挂在中间，其次是姑爷，再次是血表，按班辈来。遇到困难时期，舅舅或血表就送一块镜屏，来庆贺的朋友就送有书法落款的普通红纸帖。❶

高秀村侗人过去因不落夫家的婚俗，很重视头胎，只有头胎办三朝，以然得送来嫁妆为标志，意味着夫妻关系稳定下来，妇女从此在夫家长住，并正式当家。夫妻所在两个"补拉"集团成为真正意义上的亲戚，之后就相互走动，经常来往。现在每个新生儿都办三朝，礼俗往来就更情感化，加深了村寨内部的人际关系，尤其是婚姻双方家庭与所属的补拉之间。

3. 丧葬制度

高秀村侗人认为，死亡是迟早的事，有备无患，所以侗人到四十后就开始为自己准备棺木和寿衣。传统上，家中有小儿出生，就先种好一棵杉木，等到四十岁了，木头也长到适合做棺木时，家中男性选好日好时请师傅来为自己和老伴各做一副，停放于寨中粮仓。现在家中杉木多，只要年份合适便砍下，请师傅做好上漆后存放在家屋底层干燥的地方。❷

高秀村的丧葬仪式，包括洗尸更衣、做法念经、守灵送葬等，由房族请寨上的仙师主持。家中法事为期三天，在堂屋挂纪帐，写"恩重如山"等，多是亲戚送来，仙师在其中敲锣打鼓，念诵经文，超度亡灵。亲子穿白布上衣，腰间绑白布。戴孝的房亲中，中老年人比死者年长的在头上包一条头

---

❶ 被访谈人：YGZ，男，侗族，1945年出生，高秀村歌师。访谈时间：2013年3月2日中午。

❷ 高秀村侗人习惯在去世之前为自己和爱人准备好一副好棺材和齐整的寿衣。2012年是闰年，有十三个月，被认为年长能涨寿，村里大部分四十岁以上的老人请师父做棺木，村中仅七月就做了十几副棺木。村中中老年妇女也开始为老伴购置寿袍，为自己缝制寿衣。用于制作棺木的杉树，不能是被雷劈过的，也不能是两条尾的或分叉的。男性的寿衣类似于古代汉装长袍，女性的寿衣与当地侗族妇女的冬衣样式无异，两层叠合，在一端有带子系起，只是在系的方位上有区别，在世时，绑在右边，等到去世时，则绑在左边。

帕，年轻的在腰间绑一条白布，三代往后的小孩则在腰间白布上绑点红布，称为"挂红"，表示后代绵延为喜。为了使死者顺利抵达阴间的"高胜衙安"而利于子孙后代，仙师还要在死者嘴里放上碎银，在棺木中放置棉花或侗布、木炭等，下葬时在穴坑中要验鸡，洒上米粒或五色线和朱砂等。办丧时，多由房族做主，办酒宴请亲戚，也不能得罪他们。亲戚来就看房族做得好不好，尤其舅父，如发现做得不好还会当场骂。近年因青年外出多了，遇到办丧，房族人少时，亲戚也主动来帮忙。

仪式参与在亲戚和房族之间也不同。亲戚如舅父、血表在礼节上比房族重。当岳父母去世时，女婿要送大礼并代表亲戚操办白事酒宴。在传统上，岳母去世时，要到她娘家（即岳父的外婆家）办酒，因为她从那里来，也表示看重外婆家。岳父去世时，则在女婿家办酒，因为女婿半个子、亲家比不上女婿，故由女婿主持。像谢永杰那样的单身汉，因家境贫寒，没有亲戚做主，死后不能葬入补拉的祖坟或其中心位置。为岳父岳母办丧的这餐酒，房族和亲戚都去，通常要花几千元。现在有的直接封红包给岳父岳母家，金额视个人能力，但为了脸面，上万元的也有。

送葬时，棺木停放在坪上，按仙师看好的时辰进行，房族作为孝子，跪在头的方向祭拜，亲戚跪在脚的方向祭拜。祭拜礼毕才将棺木抬上坡。送上坡时，老表抬棺木，房族不抬，他们在队伍前方跪拜，一路都要跪，以表示辛苦他们了。送棺时，要哭丧。青年男女结成夫妇后，仿照称呼舅舅和姑妈的方法喊家公家婆和岳父岳母为"勒恩""舅""巴"和"悟"，而不称爸妈，即"甫""奶"。等老人去世哭丧时才喊"甫""奶"，且哭丧时，边哭边讲他们的好话，多是他们在世时的善行。

此外，在选择墓地时也讲求风水，与汉人的"左青龙右白虎"相同。高秀村四面环山，侗人以西北面山为白虎，东南面山为青龙，以此为坐标，前山为朱雀后山为玄武，选择落葬的地点。对于非正常死亡的人，如意外摔死、落水、吊死、被杀、早逝、小孩夭折等，则不能入祖坟，而在山脚下另找地方安葬。死于村外的，尸体不能抬入村，只能在寨外。对死灵的区分处理，与他们对灵魂不灭和再生的信仰有关，也与建立在血缘基础上的祖先与后代、前世与现世之间的利益沟通和桥接的观念密切关联。

（二）"补拉"与"然得"间的礼物交换

在高秀村侗人的一生中，从出生到死亡的诸多仪式，不论是办三朝、满月、结婚、进新屋等办酒，都与"补拉"和"然得"这两大亲属集团有许多关联，尤其个体生命礼仪中包含诸多具有"过渡"意义的环节，如出生礼中小儿的认亲、婚礼中妇女身份的转换、葬礼中女婿的地位，都包含着不同集团对其身份的认同与实践。两大集团围绕仪式的互动，也在进行着人情资源的交换。

具体而言，在红白喜事的礼物交换上，亲戚通常送礼高于房族一倍甚至更高。人生礼办酒，挑米去贺，房族要一篓蒸糯饭，亲戚就要一挑或一担，过去多是一篓糯米一坛酒，现在则为一篓生米一提啤酒或一篓生米一篓蒸糯饭。在数量上，房族送米两三斤即可，亲戚至少要五六斤；给礼金，房族多是 30～50 元，亲戚起码上百元至几千元不等。贺进新屋酒时，两代以内亲戚挑一束糯禾，房族提一篓生籼米，礼金上，亲戚送五六百元至一千元，房族最多给 50 元，送米量也可减少。对他们而言，房族跟亲戚不一样，房族都是自己人，在操办喜事时，同主人一起招待客人，房族妇女有时要帮上几天工，所以礼信不一定要多，随便给点即可，一篓糯饭和 50 元礼金就足够了。亲戚则有礼数讲究，一般不能少于对方过去红白事送来的礼金数额。

在当地人看来，"补拉"因血缘联系是自己人，而在相处时又近又远，"然得"之间因无血缘联系是外家人，而在相处时更要在意。一般而言，"补拉"是细水长流，"然得"则要经常走动，但通常三代以内的亲戚相对近些，三代以外就相对远些，基本不走动了，表现为两大亲属集团间不同的地位。因重视外婆家而与舅父老表之间经常来往，无论逢年过节、红白喜事，都要喊亲戚来家中聚餐。每年春节辞旧迎新之际，高秀村侗人按惯例都要在过年前杀一头猪，标志着正式进入节日的准备和仪式庆祝活动，杀猪当天，同家屋的兄弟之间各请各的亲友来帮忙，并分猪肉给他们，属于家庭与亲戚、外婆家的头一次聚会，之后一年不论何种礼俗都常来常往。而对"补拉"房族的兄弟则不同，平时各自张罗招呼自己的亲戚，只有当哪个兄弟家有喜事或出现困难时，才共同商议和相互帮忙。

高秀村侗人家庭成员的人生礼仪和婚丧嫁娶等红白喜事，一般都以"补拉"为单位进行，族内所有的成员都参与其中，有钱出钱，有力出力。村落范围内的通婚使不同姓氏联系起来，更使诞生、婚嫁、丧葬等礼俗及其他人情世故的往来成为村落性集体参与的仪式与活动。高秀村侗人的血亲组织由各家庭单位组成，家庭单位之间通过婚姻关系联系起来，换言之，其村落共同体也是由家庭组成的，村落内部的人际关系也呈现为以家庭为基本单位的交际网络，其表现是人生相关的红白喜事和其中的礼仪编织。而在不同"补拉"之间，以缔结婚姻关系与举行婚礼仪式为契机，村民按照血缘亲疏展开礼仪性交换行为，并由此凝结成更为复杂的亲缘关系，这也使婚礼的意义超出了新婚夫妇的家庭而成为共同体内部不同亲属集团之间的交往，构成了村落社会的关系网络和亲缘社会的独特性。

三、结语

桂北侗人局限于民族内和本寨范围内的通婚规则，有利于情感和亲属关系的优势的扩展和发挥，配合补拉内部禁婚，补拉的己方与姑表或舅表之间禁婚，"根骨"阶序的择偶约定等更为细化的祖先传教之规则，实现了对补拉血统和血缘的维系，影响着村落内部的实际交往，即"补拉"与"然得"两大集团之间的相互制衡。换言之，在一村之中，围绕个体生命过程的红白喜事的礼仪编织，还以家庭为基本单位，依血缘联系展开，通婚不仅将结亲的家庭联系起来，也将家庭归属的各补拉有机联系起来，就此形成了村中人群的社会关系网络，使人生礼俗及人情世故的往来成为亲属集团的集体参与的活动，巩固了村落共同体的内部团结，并在当下的社会变迁中，适度地调整着村落社会中各补拉之间的关系，体现了侗人在处理人群关系上的生存智慧。

第三节 坪坦河流域侗族的社会治理模式

一、"宁老"与"寨老"的民间自治

侗族的补拉有家长无族长。高秀村各补拉没有类似于汉族宗族的"族长"❶，行为规范也多以家庭教育为主。家中男性一旦结婚成家为父便算另立门户，充当家长和家户代表，并有权参与商议和处理补拉内部事务及寨上的公共事务。补拉的权威由男性老人充当。一般而言，办红白喜事由主家主持，补拉房亲都来帮忙；集体祭祖、修缮鼓楼、修桥铺路等大事，由补拉中年长、懂事的"宁老"主持，相当于临时"族长"。推选的形式通常是各补拉的老人、家户代表或家长齐聚到鼓楼商量，有时也集合补拉全体成员在鼓楼坪聚餐并推选。补拉内部不设族田、义田或学田等公产，遇到支付生病族人的治疗费、救济困难家庭、小孩上学等情况，都是临时推选宁老，由他组织族人进行公益乐捐。补拉的共同族产，指陈永贵"农业学大寨"开山造田时期分到各生产队的造林公地、祖坟及公共墓地，贩卖杉木和公地外租的收

---

❶ 据传，谢家较早请私塾老师读书识字，而原有族长，订立有族谱（现已人为遗失），并有族规保存在飞山祠庙堂之中外。其他各补拉没有族长。但尚未确证。

益以及在外述职的族人个人不定期的自愿捐款。其主要用于支出鼓楼修缮和维护费、电费，及生活区水田范围内的修桥铺路、办酒送礼、祭祖扫墓等公共开支。对于祭祖、造鼓楼等族内大事，村中每年都要从杨、吴、谢姓中选一位能事可信的宁老主事❶，专门负责主持清明节集体祭仪、联络和账目管理及公开，保障族产坟地的完好，如有人破坏则要出面清理。同时，依靠由家户的乐捐，补拉分属的鼓楼建有公共食堂，备有至少四口大锅、足够多的碗、筷子、勺子和桌椅板凳，方便操办红白喜事请客时煮菜做饭、摆桌设宴，这不仅解决了场地问题，还节省了办酒的开支，体现了补拉内部的互助。

老人在传统侗族社会中具有其他年龄层所无法比拟的社会地位。高秀村侗族男性45岁当上阿公后，劳动负担由年轻一代接替，一般被视为家庭的权威、最懂传统、有智慧的人，具备管理补拉事务、参与社区建设的能力，可作为公共活动的倡导者，具有担任寨老的资格。德高望重的阿公会被推选出来担任寨老。而女性45岁当上阿萨后，家务多转移到媳妇身上，成为婚丧嫁娶等人生礼俗场合的重要参与者。

20世纪50年代以前，村中对内执行寨老制，各鼓楼和居住片区的住户，依赖补拉进行管理，亦由族中"宁老"主持，包括制定本房族共同遵守的行为规范，举行共同的祭祀活动、经济活动和公益活动，操办本房族的红白喜事和其他族内事务。在全村层面上，各补拉之间通过民主选举产生一个或多个宁老充当寨老，决定村中大小事务，组织各鼓楼之间的协作，聚众议事管理寨中事务，组织防御外敌侵犯，以确保所有成员的生存与繁衍。寨老通过制定地方款约、乡规民约等民间习惯法管理寨上和对外的事务❷，汉语传入侗

---

❶ 1980年以后，高秀侗人从上寨到下寨，按生产队分为七个小组，向家、石家、上杨家同为第1、2小组，吴家为第3、4小组，下杨与陈家同为第5、6小组，谢家全部为第7小组。以血缘为基础围绕鼓楼中心形成的居住片区，与生产队小组的分割范围基本重合，除个别因为改防火线等原因搬迁出去的散户。现在而言，虽在红白喜事、祭祀上仍以补拉为单位进行，但与集体生产生活、修桥铺路等公益事业相关的一些大事上，仍找同生活区的组长主持，组长主要管理本组的族产收支，每月将收支和乐捐誊写于纸张，并于鼓楼张榜公布，组长在一定意义上也负了宁老的职能。

❷ 如流传于湖南通道县的《约法款》共12条362句，分"六面厚"和"六面薄"，即"六面阴"和"六面阳"，而流传于广西三江县的《约法款》共18条756句，分"六面阴""六面阳""六面威"三部分，每部分有6个方面内容。阴规多为重罪，如抢劫偷盗、目无法纪、无长幼序、乱伦等，视情节轻重，有时被惩罚请全寨吃餐饭或敲锣喊寨，甚至会被处死刑，阳规所犯较轻，破坏公共财产（风水山和风水林）、不听劝说等，威规多是对礼仪和道德要求。

族社会以前，款规款约以口头传承为主，每年定期（多是过年时）由年长的款首或寨老在鼓楼坪前为民众讲解，体现了侗族社会的内部秩序。20世纪80年代后，随着基层管理机构代替寨老制和款，村委利用现代制度和法律管理村中事务，老年人协会制定的民间款约，涉及治安防灾、文物管理、风水山林、红白喜事、社会风俗等内容，在维护正常的社会生产生活秩序、兴办公益事业、组织群众娱乐活动、传承民族传统文化等方面发挥着重要作用，从最近两届老年人协会的作为也可看出。现代的老年人协会每隔两年在九月九敬老宴中通过民主选举产生，称呼上仍为"寨老"，在年轻人村委面前"讲话仍然算数"。为了保障生产生活而进行的全寨仪式性的公共活动，如祈福禳灾、社会治安、防火等的制度是由诸位寨老制定和管理的，地理先生和鬼师扮演着重要角色。老年人协会平时在村寨中将最主要的精力放在公益事业的组织上，集中体现在乐捐与为也等文化事项的联络与安排上。

侗族社会存在自身独特的社会治理模式。其并不存在像汉族的宗族那样的固定的族长，而主要依托家长或宁老的权威进行管理。

二、宁老和寨老的现代作用

在现代，宁老和寨老所发挥的作用主要表现在以下几个方面。第一，修建公共建筑物。20世纪60年代，广大侗族地区村落中的大部分公共建筑，如鼓楼、风雨桥、戏楼等，都被摧毁。20世纪80年代，随着政府对农村振兴和发展等相关政策逐渐放宽，民众的生活日渐好转，许多地方的侗族人在民族文化精英和知识分子的引领下，重建传统建筑物的要求和愿望也日渐强烈。在坪坦河流域的侗族村寨中，村民们在各自的寨老的带动下修复本村的鼓楼和风雨桥，原本被破坏的戏台也被重新修复，以举办各种文艺交流活动。这时，不管哪村哪寨进行重建或修复工作，补拉的宁老或寨老（如果是补拉的鼓楼就是宁老，如果是全村寨的鼓楼的话就是寨老）都会事先召集民众，共同商讨有关事项。宁老和寨老要负责处理整体施工过程中的具体事宜，从材料的捐献、乐捐、木匠工钱的捐献、请哪个师傅主墨等，甚至包括施工中遇到的所有问题，都要由寨老处理。鼓楼建成以后，宴请宾客和主持落成典礼也都由宁老或寨老全权负责。以高秀村为例，2006年全寨鼓楼的修建，2013年和2017年的吴家鼓楼的改建和扩建，2018年下杨家鼓楼的增高扩建，从整个筹款到最后鼓楼修复完成再到举办鼓楼庆典及最后开支的公布，都是由本补拉的宁老或全村的寨老全力张罗的。这些宁老或寨老都是爱好公益事业的义务工，他们平时负责打扫鼓楼，夏天挑凉水，冬天生火，有事喊村民商议，并传递信息。

现代的宁老和寨老的另外一个重要工作是组织村落内部的文娱活动以及村落与村落之间的互访和交流活动。一般而言，文娱活动都集中在农闲的年节，人们通过各项活动互相交往，以增进友谊，加强团结。村寨与村寨之间的集体做客从正月初三开始，那可以说是侗族村寨之间最热闹的活动了。届时，人们相互拜访，吹芦笙、踩歌堂。这种村落之间相互访问的活动，主要是侗戏、侗歌（包括多耶、双歌等各种耶歌，还有琵琶歌和情歌对唱，等等）等形式的文艺交流。举办文艺活动时，村寨的侗戏班的组织和平时的训练，包括出寨演出时村寨之间的联系，以及在村中举办宴会招待来访的客人，都由宁老或寨老负责。村寨之间举办访问活动时，通常办宴会的村寨的寨老会派人送帖子给受邀的寨老，若寨老同意，就将收下帖子贴于鼓楼的柱上，从而示意全寨人要去另外一个村寨做客，需要准备表演。反而言之，如果本村寨邀请了其他村寨来本村做客，在进行文艺交流时，也要向他们发出请帖，并告示全村村民准备宴会，招待受邀村寨的客人。事前的准备和村寨之间相互的联系都由双方的宁老或寨老进行协商和处理。文艺交流和宴会的舞台主要以戏台和鼓楼为中心。

现代的宁老和寨老还延续了过去村落长老的职能——举行宗教活动。每年正月初一，寨老都要组织队伍祭祀村中所有的神灵，首先要祭拜的是萨祖母。若村寨内部发生瘟疫灾情，或者出现公鸡半夜打鸣等奇怪的现象，特别是发现火殃迹象或火烧寨后，寨老要组织全寨"扫寨"，以驱逐瘟疫和退火殃。

第九章　与侗族居住区中其他地域的情况之比较

第一节　姓氏与村落组织

在侗族社会，父系亲属组织的形式及其名称存在比较大的地方差异。在广西北部和湖南西南部交界地带，父系亲属组织主要呈现为"斗或兜""补拉"以及房族等形式，其村落组织也主要呈现为"团寨"的形式。本节将选取其他地域的例子，并与坪坦河流域侗族村寨进行比较，从而概括出侗族人社会的整体特点。

因为历史的原因，肇洞地区同一血缘关系的父系小家庭组成的家族组织的社会职能依然存在。当地侗族村寨的家族组织分为"尝""头""翁""高然岱侬"和"然"五个层次。其中，"尝"的含义与汉语的"姓"的含义相同。肇洞侗人以"陆姓"为主，约占总人口的90%。"头"即"一伙人"之意。具体而言，肇洞的陆姓共分为头宁宰（后来又分为"宁"和"宰"两个主要的"头"）、头面、头陇、头满、头邓、头闷、头伯、头相麻、头井个、头顶报、头乔等13个"头"。其中，"头闷"和"头伯"关系比较密切，其中各有一部分人搬到纪堂寨。后来也有一些分支和合流的情况，但各个亲属组织都是以"头"相称，并以"头"界定相互之间的亲属关系。同一寨的"头"与"头"之间可以相互往来，但同一个"头"的内部成员之间是严禁通婚的。另一种组织是"翁"。"翁"即"公"，就是祖父之意，是由"头"的第一代祖公分出来的几个支系。有的叫"分甑子"，也有的叫分"井"，即分甑子吃饭，分井喝水。例如，肇兴大寨的"头闷"分为"闷老""闷腊"和"闷顶"三个"翁"。由纪堂搬到岑所寨的"头伯"也分为"拍务"和"拍殿"两个

"翁"。"翁"与"翁"之间交往较多，村中成员以"翁"为单位行动，如清明节挂青、老人去世时"翁"内各成员都要送少量米帮助丧家，根据办丧事所需用米的情况以及"翁"内成员的多少来分配。而且，同一个"头"分支的各"翁"的成员因为是同一个宗族分出来的支系，所以成员之间不能通婚，凡红白喜事、挂青等事都分开各办。"高然岱依"是"翁"以下的分支，是共用一火塘的几个或十几个父系小家庭组成的社会单位。其中，"高然"指的是一间安设有火塘（用于炊食）的屋子，"岱""依"即哥、弟，其含义是共用一个火塘的兄弟，意为屋里兄弟或自家兄弟。同属一个"高然岱依"的成员，凡是大小事，都会看成自家的事，共同商量后再处理，并对外严守秘密。比如，办丧事时，"高然岱依"的成员须穿孝衫，遵照丧事的传统规矩，为丧家送米以表支助。"然"是家或房屋的意思，指通过缔结姻亲而组成的一个父系小家庭。

关于外姓入族的习俗。前面提到过坪坦河流域具有"合为补拉"的习俗，也就是一部分外姓加入一个补拉或房族组织中，实际上这在其他侗族地区的各个历史时期也很常见。还是以肇兴侗寨为例，当地侗族除陆姓外，还有杨、兰、石、滚、韦、田、张、黄、李等十余姓。与广西和湖南地区侗寨的聚房族而居的特点相似，肇兴当地的侗族多聚"头"而居，外姓迁入，要在当地定居的话，必须加入本地某一个"头"，互认兄弟，才能得到该"头"也就是本地人的保护和帮助。入"头"时，还要举行一定的仪式。具体而言，首先要得到该"头"中多数成员的同意。然后办酒席宴请"头"内成员，方能得到认可。若同一外姓若干户集体加入，那就要集体杀猪办酒。外姓入"头"后，仍可保留原来的姓氏，但不得共有该"头"的坟山地。而是单独划给一块地安葬，不得住在寨子中间。同时，年节不能坐鼓楼大厅火塘边的长凳；竖立鼓楼等公共建筑物时，不得参加上梁仪式；春节不得参加祭萨活动，等等。外姓入"头"，在肇洞普遍存在，以登江寨最为突出。该寨共198户，其中"头井个"64户，包括入"头"的7户（内有韦姓3户、滚姓1户和王姓1户）；"头顶报"84户，包括入"头"的杨姓18户，韦姓1户；"头乔"50户，包括入"头"的石姓14户。在这些外姓中，杨、石二姓是侗族，韦、滚、王三姓原是苗族，现均改为侗族。这些移动与交流，其实体现了侗族人内部相互协助帮扶的习俗。

在村落组织层面上，有别于广西和湖南交界地区侗族的"屯"和"团"，贵州的从江和黎平等地的侗族具有较多的"寨"和"村"，而"村寨"多是两者的合称。如前面提到的"肇洞"，或"信肇"，时常在古歌和传说中出现。

它们实际上指的是过去的肇村。现在译成汉语为"肇兴"或者"肇兴寨"。但过去尤其是土地改革以前，一个行政村就是一个大寨或几个小寨。例如，肇兴乡作为一村，就是肇兴大寨，内又分为五个小寨。二村是纪堂大寨，内分为三个小寨。四村则是岑岜、岑吾、岑母、吉林等几个小寨。但后来因为人口发展，现在所谓"肇兴大寨"其实分为三个村，纪堂大寨又分为两个村，人们习惯上称呼的"肇"是对整个肇兴村寨的统称，"纪堂"也是对该地两村三寨而言的。

同时，与补拉聚族而居形成团，团再形成团寨的方式类似，肇洞地区的侗族聚"头"而居，一个寨往往以一个"头"为主，其中错居着其他几个"头"。例如，肇兴仁、义、礼、智、信五寨，分别以头满、头陇、头邓、头闷、头伯为主。随着人口发展，原来的"头"所在的中心区无法容纳所有成员居住，于是有一部分人通过分"翁"（分出支系）的形式，离开中心区到寨边居住。因此，现在有些寨中除了原本一直定居的"头"以外，也有后来迁移过来的其他八个"头"的人。特别是近百年来，买卖住房打破了"头"的界线，自然形成了错居的格局。一般情况下，一个寨子建一座鼓楼，属于该寨居住的各"头"人所有。一部分寨子安设有"萨堂"或"社"（土地神庙），它们都是祭祀圣母的地方。也有的"萨堂"为两三个寨子共有。这样的村寨，寨头寨尾也往往设置有风景林，归全寨人共同所有。且寨与寨之间也会在秋收以后到二月播种之间，在杀猪过年等重要节庆里，举行月也、唱侗戏等活动。有时村寨之间也会举行大规模的芦笙会和斗牛等活动，这些虽然在表现形式上有所差异，但大体上与坪坦河流域的侗寨类似。

其他地区也有类似的亲属组织结构，不过或多或少存在一些差异。比如，榕江县三宝的社会组织也有"头"，但它的层次与肇洞的不尽相同。它的社会组织分为"宝"—"寨"—"赏"（大的寨辖若干"常"）—"头"。其中，"头"是最基本的家族组织，当人口发展了以后，由"头"分出若干个"基"，也就是头的支系。"基"仍受到"头"的制约，直到"基"的人口发展到一定程度可以单独作为"头"时后，两者便构成了寨内地缘和血缘相结合的组织。因此，"头"还是当地亲属组织的基础。"宝"相当于前面提到的"团峒"组织。例如，三宝地区有上宝、中宝、下宝三个"宝"，各辖数寨，有数百户到一千户不等。"宝"和"宝"之间的政治地位是平等的，对外有守望相助之责，共同对付入侵之敌，对内则要恪守公约，为安定地方尽职。在文化生活上，各宝各寨之间有固定的或不固定的联谊方式，如吃相思、玩龙灯、唱侗戏等。这些活动多在春节期间甲寨邀请乙寨全体男女老少到本寨做客，喝酒唱歌作乐，次年或适当时机乙寨则回请甲寨，同样要杀猪宰羊热情款待。可以说，"宝"是一个在政治、军事、文化上有密切联系的联合体，也是侗族合款组织的一种形式。"寨"是村民自治的基层单位，由寨老管理本寨内部事务。人口较多的大寨（如中宝的口寨、寨头，下宝的车寨）又按地段与家族相结合分为若干个小单位命名为"赏"（或称为"格"），各个"赏"内部的成员之间皆视彼此为兄弟，家庭之间不能通婚。其中，口寨寨内分为高寨、赏大、白寨三"赏"。有王家包寨头，李家包寨脚，杨家居寨中之说。现在居民基本上是王、杨二姓，而杨姓占全寨总户数的70%以上，杨姓又分为两个单位即"头务"和"头德"，这两者仍视彼此为兄弟互不通婚，但其成员可和白寨的杨姓通婚。寨头过去分为五个单位，即阴塘、高寨、大满、腊别、白昌，居民有杨、李、石、欧、吴等姓。而杨姓最多，占全寨总户数的60%以上。车寨（包括妹寨属上五百）居住着杨、潘、向、梁、韦、石、刘、吴、陈等姓，而姓杨最多，占全寨总户数的60%。过去号称千家车寨，分为上五百和下五百两个大单位，其中上五百又分为五个小单位（五个"常"），即妹寨、腊海、八然、腊绕、腊刘；下五百分为五个小单位，即腊威务、腊德、腊万、腊金、白香。而在三宝各寨间联络友谊的一种重要方式是元宵节玩龙活动。可以说，正是各个层次的社会组织共同构成了"宝"这种类似于"团峒"组织的，沿着三宝地区当地的实情缓慢发展适合自身的独特组织形式和管理手段。

第二节　侗族社会组织与习惯法

在村落的民间社会组织中，重老敬老的侗族社会过去普遍存在依托宁老和寨老等长老进行村寨治理的方式和习俗。寨老依据协商制定的习惯法或民间规约调节矛盾解决问题。根据侗族款词和很多民间口头传承可知，过去的侗族社会，几乎每个寨子都有寨老，他们是自然形成的群众领袖，人员没有定数，一般是三四人。寨老一般都懂得乡条侗理，秉公正直，有德有信，大凡小事，排解说和。所以，过去有这样一句谚语称"大树护村，老人管寨"（Meix laox guans senl, nyenc laox guans xaih）。在榕江的三宝等地，各村各寨内部皆由寨老负责管理寨内部事务，寨老在当地也被称为"乡老"，他们是由望族中有一定文化知识、办事公道的年长者担任。有时，虽出身贫寒但为人正派、懂得古礼乡规、能说会道、在群众中享有一定威望者也可成为寨老。

近现代以后，寨老多为社会上层人士担任，如榕江车寨下五百地区，民国时期各寨中6位寨老多数为清末秀才或家境富裕的人。寨老的职能一般是管理寨内公益事务和排解民众纠纷。办理的公益事务如重大的祭祀活动、道路的修筑、水井维修、防火防盗等。但大量的日常事务则是排解民众的纠纷，涉及财产纠纷、山林地界纠纷、婚姻纠纷等。在处理纠纷时，一般分两步调解，如某两家因地界发生纠纷，先在房族内调解，即由首先申诉一方备一桌酒菜，请族长数人到家里吃饭并讲述自己的理由，然后对方也备一桌酒菜邀请族长吃饭同样申述自己的理由，此后经家长或族长往返调解，纠纷一般能得到圆满解决。如果矛盾较深一时半会解决不了，或经家长或族长做出裁决而有一方不服者，不服的一方便邀请全寨的各位寨老出面解决，解决过程如前所述，只吃些便饭，经寨老多次反复调解，一般也就得到解决了。经由寨老的调解和裁决以后，不服者只好忍让了事，很少有人到官府去申诉，即使去官府申诉，打赢官司的人也是很少的。

不过，正因为寨老扮演着重要的角色，所以他们可以操纵民众造成全寨一边倒的情势，使不服寨老裁决者处于一种孤立状态。民众最害怕这种"村往一边倒，寨往一方偏"（Senl bail wangp, xaih bail mangv）的情况发生，即担心寨老的评判和裁决有失公正。因此，在其他地方，如肇洞一带，若发现寨老失职，视情节轻重，同样处罚。当地的《六洞议款规约》规定"做寨老的人哪个不好，勾引坏人进寨，吃里爬外，暗中吃群众的钱财，罚他十二串钱。"凡是失去群众信任的寨老，其威信自然降低。百余年前，肇洞有两位颇有名望的寨老，一个是肇兴寨的陆大用，另一个是纪室寨的陆本松。两人通晓乡条侗理，常编歌劝导大家，以理服人。特别是清光绪二年（1876年），清政府镇压了六洞侗族农民起义后，增加了田赋课税，民众难以负担。通过民众会议，陆本松和陆大用带了几个精明的罗汉，与官府论理。最后，将各种田赋苛税名目一概折合成钱，按陆姓各"头"的十几个头人列名承担，然后再分摊到户。这样避免了赋税的任意加码和差官的勒索，从而减轻了群众的负担，深受群众拥护。中华人民共和国成立前，寨老与乡、保长的职责是不同的。乡、保长只管政府委派的事，而寨老只管全寨群众的公益事宜及其风俗习惯事宜。

榕江县八开乡腊酉地区在过去的社会组织中实行的是长老制，由寨老、活路头和鬼师分别管理寨内事务、农活及祭祀活动。与侗族中心区一样，寨老一般为人正直，办事公道，主管全寨的日常事务。他们负责调解本寨的民事纠纷，并按传统习惯法断决。例如，分董寨在处理婚姻问题上的纠纷时，寨老曾与众人议定若已动大媒的女子私奔，就罚女子所到男方家猪肉和酒各 33 公斤。原订婚男方家所花费用全部退回，一般由私奔后的男方家赔偿。民国时期，地方保甲制基本取代了长老制。乡规民约的制定和执行都掌握在团首和保长手中。民国十八年（1929 年），腊酉办过一次议款，地点在新寨坎下的河沙坝上。参加者包括从江县与腊西乡交界处的一些村寨，如龙早、王寨、摆里、摆鸠、党相、分摆、苗谷；腊酉乡与八吉乡交界处的高埂、摆英等寨；腊酉本乡的都江、腊酉、摆柳、摆奶、高同、高随等寨。来议款的人都是团首和保长。议事的内容有以下两点。①边界地方只要出现死人和抢劫，都要通知榕江和从江两县的人到场处理。②山界划定，不得互相侵占，哪边占地，就在哪里杀牛，以示告诫。议事时，所有参加的人杀一头大黄牛聚餐，费用由各村寨负担。各户分得一块手指头大小的牛肉，以示议款规约传达到各家各户。民国三十三年（1944 年），腊酉地方团首和保长又组织过一次议款。规定凡偷鸡者，就将所偷之鸡挂在颈子上，敲锣喊寨，然后将鸡归还主人。事后，平寨老潭的母亲偷了别人的鸡，于是按此规定喊寨。老潭的母亲害羞，跑回娘家去了。结果，老潭的父亲代替她喊寨。他喊寨时说："大家听我讲，不要乱拿别人的东西。今天，我屋里的人拿了别人的鸡，没有脸面见乡里四邻，我来劝大家，以后千万不要这样做。"喊寨的人名声不好，别人也不愿意和他做伴，这就起到了惩戒作用。

　　传统的民间习惯法在当下的社会生活的很多方面仍然可以得到应用。比如，在灾后防治的社会制度管理上，高秀村形成了一套协作有序的村寨防火防灾机制，包括喊寨和治安轮值制度。旧时（1961 年以前），尤其在不和平时期和传统社会，村中各户都在家屋一楼养牛养猪，在寨子外沿的池塘养鱼，上建粮仓，全寨由城墙包围，每晚寨门紧闭，村中东西南北四大鼓楼和家族之间互助合作，各户轮流守夜，共同防火防盗。相对而言，现代大家对"火灾"的防范制度更加制度化，也更直接地改变了传统的村落空间格局。自 2008 年林溪乡接受四改的计划和安全防火制度后，村两委和老年人协会依高秀河和中寨开辟的防火线将全村分成三个片区，每片区安排一名消防员，由消防员负责喊寨工作，政府为他们支付工资，各片区将各户群众分组，实行 24 小时巡寨制。在这基础上，村中老年人协会依据传统制度和寨上实际情况做了调整，如消防员由原负责无偿喊寨的村民担任，他们在巡寨防火防盗的同时将获得补助。早饭前八点钟与晚饭前九点钟有两次例行巡寨，喊寨的内容除提醒大家在天气干燥时期注意防火，还包括像小儿打预防针、下雪防灾等村委的通知，充当了广播的作用。

在防火防灾的宣传上，除了以家庭教育为主要形式外，高秀村侗人还采用"款约"这种传统的民间习惯方式，制定了相关的乡规民约。现任寨老吴家能、向文芳等能事的人经常在鼓楼或老人馆为大家讲款，提醒村民高度重视用火用电安全等。而与防火安全有关的惩罚，老年人协会在《村规民约》关于"安全防火"一项条文中有明确而具体的规定，如："引起全寨火灾事故的，按火灾的轻重程度进行处罚。发生火警的，罚款 500～1 000 元；发生火灾的，情节严重，惊动全寨的，罚肉 150 斤，大米 150 斤，米酒 150 斤；不论过年过节，不准放花炮、火柴炮，违者罚 100～500 元。防火水池水源要保证有水供应，任何人不得用任何借口中断和浪费防火用水，违者按情节轻重处罚……"无论谁违反了规约，都要受到处罚。这类现行新规约，作为传统之延续，方式是传统的，内容服务于现存社会秩序，在高秀村的社会生活中具有很好的行为约束力。2012 年冬天，高秀村一妇女在做熏肉时不小心引发大火烧了自家厨房，村民们紧急出动灭火。事后，她主动受罚，按规定买肉款待帮忙救火的村民。可见新规约在民间的效力。

中华人民共和国成立后，寨老的职能依然存在，并继续在侗族村寨发挥着作用。但随着村民委员会在侗乡的普及以及乡村干部的成长，有些乡村干部很快得到了群众的信任。这些乡村干部所履行的职责，远远超过了寨老，他们既要完成上级分配的任务，又要关心群众的生活、生产。没有担任过村乡干部的部分寨老，他们的职责范围已经缩小到只维护风俗习惯事宜。处理群众纠纷之事，大的由乡政府干部解决，小的由村调解委员处理。这些都体现了寨老在当下社会中的功能性转型。

中华人民共和国成立 70 多年以来，随着农村基层政权组织、经济组织、党团组织等的建立，传统的社会组织发生了很大的变化。村寨领袖任务更迭，寨老的职能也在发生变化。但由于侗族社会发展的不平衡性，在边远山区其传统势力仍较为突出，就以寨老制来说，由于各村寨是聚族而居的，血缘关系在社会生活中仍起一定作用，而寨老制是在家族组织的基础上建立起来的。寨老的具体人物尽管发生了变化，但还是后继有人。过去的乡条侗理，因其合理成分仍不失为人们的行动规范。因为它，寨老及传统乡规在社会生活中仍发挥着一定的作用。近年来，在民事纠纷中，九洞地区运用基层干部和寨老共同协商解决的办法，收到了良好的效果。

第三节　九洞地区《万古传名》碑和《守法新规》之比较

在九洞地区，侗族社会长期保留着自给自足的自然经济。中华人民共和国成立后社会制度虽然发生了变化，但由于社会生产力仍然很低，历史传统势力仍很顽强，社会组织以血缘为纽带的痕迹还相当显著，习惯法在这个地方仍然起着调节社会矛盾、维护社会秩序的作用。侗学老专家向零于 20 世纪 80 年代深入九洞地区进行调查研究，把流传于该地的《万古传名》碑与当地新制定的《守法新规》进行了比较研究，得出了"具有悠久历史的传统规约，是群众自己管理自己的一种良好形式。它曾在调节土客矛盾，维护社会秩序方面起到过积极作用，也曾为封建统治者所利用，使之为统治阶级利益，具有阶级压迫色彩。如今，在社会主义时代，继承和发扬群众自治的优良传统，修改乡规内容，取其精华，去其糟粕，运用群众喜闻乐见的民族形式，充实社会主义，通过群众自我教育，为培育有理想、有道德、有文化、守纪律的一代新人，做有益的工作。总结历史经验，使之为建设社会主义两个文明服务，将是可取的"结论，现将他的比较研究摘录如下（见《贵州民族调查》之三，1985 年）。

《万古传名》碑和《守法新规》两者都是民众公约形式，是村寨居民共同遵守的综合性的条款。它的内容包括处理男女关系婚姻纠纷问题、偷盗问题、社会治安问题。处理的办法都是对违反规约的人员处以罚款。两个规约都以国家法律为主，它自身则是国家法律的补充。在《万古传名》碑序言中说："朝廷有法律，乡党有禁条，所以端土俗。"而《守法新规》则说："国有律，寨有规，律必守，规必遵，同心同德，国富民安。"承认国家法律，是两个规约最大的共同点，而它们有所不同的地方表现在制定规约的目的上。前者的目的在于"端土俗"，而后者则是"同心同德，国富民安"。后者反映了社会主义建设时期的特点和时代精神。

两个规约内容所涉及范围大体相同。《万古传名》碑共有 11 条。其中，关于处理男女关系和婚姻纠纷的有 5 条，有关处理偷盗问题的有 2 条，有关维护社会治安的有 4 条。《守法新规》共有 14 条，其中有关处理男女关系和婚姻纠纷的有 5 条，有关处理偷盗问题的有 4 条，有关维护社会治安的有 5 条。两个规约涉及问题的范围是相同的。这些问题是群众最关心的并且是经常出现的。相隔三百多年的两个规约，其形式及涉及问题基本相同。它们之间一脉相承，有明显的继承性。由于社会在发展，两个时代的规约，就其涉及内容而言，又各自具有明显的时代性。

一、关于处理婚姻问题

《万古传名》碑涉及这一问题的有 5 条，其矛头指向当时该地婚俗上的易离易合状态，以巩固家庭关系为其主要目的。例如，其中一条这样说："婚姻男女，男不愿女，女不愿男出纹银八两，钱一千七百五十文，禾十二把。"按侗族习俗，在发生婚姻纠纷时，男女双方谁先提出离婚，就处罚谁。条文中指出的"出纹银八两"是处罚提出离异的一方。不问先提出离婚的人是否有正当理由，即使是被虐待的妻子，如果她先提出离婚，也要受到条文规定的处罚。但在实际生活中，离婚问题的提出，往往不是发生在妻子常住夫家以后，而绝大部分发生在举行婚礼以后，妻子还未常住夫家时，即在"不落夫家"时出现的。在《守法新规》中有关婚姻问题的条款也有 5 条仍以巩固婚姻家庭为宗旨，和《万古传名》碑是相同的。两个规约相隔三百多年，为什么仍有很多相同之处呢？其社会原因是现今九洞地区在婚姻习俗上仍盛行"不落夫家"。这种习俗的弊端乃是婚姻关系松弛和容易产生离异的原因。故在《守法新规》中有一条是规定："男女自愿结婚的，如有一方无理丢情离婚，出 55 元，往后再犯，按数增加再……"另一条规定："男女自愿结婚，生育子女后，如丢情改嫁的应罚 100 元，共同的家产一样不分给，还要赔偿结婚时的礼物 50 元；如是男丢女方，应出金 180 元，陪嫁的礼物全退。"这些规定对巩固婚姻关系是有益的，但它不问是非曲直，只要哪方"丢情"（提出离异）即被处罚，有些武断，不合情理。

在解决婚姻纠纷问题时，《守法新规》与《万古传名》碑的主要精神是相同的。它们均反映了时代特点，如在结婚年龄上《守法新规》就提出了："男二十二周岁，女二十周岁才能结婚，如早婚，不调给田土面积。"在处理男女离异问题时，《守法新规》就自愿结婚与父母包办婚姻做了区分，规定凡自愿结婚的，若女方感情变了而和别人相爱，提出离婚，罚女方 55 元，而这笔钱则由女方新夫支付。如是父母包办结婚的，女方不愿而与别的男子相爱而出走了，罚女方父母 150 元，并赔偿男方办婚事所花的一切费用。这项规定比《万古传名》碑有所进步。

二、关于处理偷盗问题

《万古传名》碑涉及偷盗问题的有两条，如提出"偷牛马，挖墙拱壁（偷）禾谷、鱼，共罚钱十二千文整""偷棉花、茶子罚钱六千文整，偷柴、瓜、菜，割蒿草，（放）火烧山，罚钱一千二百文"。偷牛、马、谷、鱼是大偷，重罚；偷柴、瓜菜是小偷，轻罚。在《守法新规》中有关偷盗问题的规定共有四条，如规定："偷牛、马、猪、羊、狗，罚 150 元，退赃在外；捉拿作证者奖 50 元，（偷）鹅（罚）15 元，（偷）鸡鸭罚 12 元，捉拿作证者奖半""偷谷子、田鱼等不管多少，罚 55 元，（偷）瓜菜豆、叶烟等罚 24 元，（偷）稻草、柴火、禾穗拿作爆花烧米超过三钱，每钱罚 2 元，捉拿作证者奖半"。两个规约关于大偷或小偷，重罚或轻罚，古今基调一致，它反映了农业民族的基本观念。三百多年来，九洞地区自然经济基本上没有多大变化，粮食是维持基本生活之本，耕牛又是农耕不可缺少之物，粮食和耕牛是农业之宝。所以，偷牛、盗马、挖墙拱仓是大逆不道者，是大偷，应该重罚，合乎情理。

由于时代不同，《守法新规》针对偷盗问题，特别提出"捉拿作证者奖半"的规定，而在《万古传名》碑中则未提及。这大概是由于当时社会约束力较严，人们多会自觉遵守，即使有人违约而有偷盗行为也易被发觉，若有大偷发生，只要寨老、头人一声号令，无不遵命，捉拿偷盗者不须奖励。而现在对"捉拿作证者奖半"是一种重奖，将罚款的一半奖给"捉拿作证者"反映了现时人们的精神状态。

三、关于维护社会治安问题

《万古传名》碑涉及维护社会治安问题的有 4 条。其中，最为人们重视的有 2 条，一条是"横行大事小事，不得咬事且控，如有多事，众等罚银五十二两"，另一条是"引进油伙，众等罚银二十四两"。这反映了当时九洞地方与官府之间的矛盾和其内部各村之间的矛盾。所谓"不得咬事且控"，就是指禁止当地人到官府告状，因为内部纠纷闹到官府官吏会插手当地内部事务。这样不仅会削弱寨老、头人的权力，还会两败俱伤，即使状告赢了，人也变穷了。这里流传着一句谚语说："赢了官司，输了钱"，恐怕是人们到官府告状的经验总结吧。"引进油伙"是指防止本寨人勾引外寨流氓无赖到本寨为非作歹。凡是犯了以下两项禁条的，定遭重罚。《守法新规》有关维护社会治安问题的条款有 5 条。但它的内容与《万古传名》碑完全不同，这

5 条中有 4 条是有关保护农、林生产的，有一条是防止打架斗殴、酗酒闹事的，如在条文中规定："牛马羊猪损坏庄稼，按头数罚 5 元，赔偿（损失）在外""鹅（罚）3 元，鸭 2 元，不得钱者吃半边，损失较大的赔偿（损失）在外，捉拿作证者奖半""放火烧山林，不管面积大小，每一起罚 55 元，烧死杉、松幼苗每株（罚）5 角，杂木 5 分，无钱者按损失数字栽培杉树苗成林交队。"这些条款内容反映了当前农村生产形势，对破坏生产的行为的处罚是很严厉的。比如，规定鹅鸭损坏庄稼要罚款 2 至 3 元，如鹅鸭主人无钱受罚，则要将鹅鸭宰杀，送庄稼受损坏者一半，主人留一半。失火烧山处罚也是很重的，每起失火罚款 55 元，烧死杉、松幼苗每株罚 5 角，杂木罚 5 分，这个罚款数是很可观的，万一有人失火烧山，那是很难承担得起的。古今两个不同乡规，在处理社会治安问题上，各有侧重点。《万古传名》碑致力内防"油伙"，外防官府，《守法新规》则重在安定团结，发展生产。

在九洞地区，习惯法在人们社会生活中一直起着重要的作用。在民国时期，政权统治虽已深入农村，实行保甲制度，政府法令形式上得以执行，但在社会治安和调整人际关系上，基本上仍按"乡条侗理"行事。长期形成的习惯法仍然起着调整社会关系的作用。习惯法被保存下来，并在不同的社会发展时期融入了不同的内容，它本身又在不断的发展和演变中。习惯法主要表现在人们口耳相传的理词、礼歌上。随着汉文的传入及逐渐传播开来，侗族村寨出现了以汉文记载的（当然夹杂一些侗语）为人们共同遵守的乡规条款。这时习惯法逐渐发展成为有文字记载的乡规，它具有地方性、局部性的法律效力。

第十章　官民融合：
行政治理与民间自治的握手

第一节　县、乡政府对老年人协会和村民委员会的领导

地方头人在处理地方事务之中扮演着重要的角色。我国民事立法虽然取得一定成绩，但总体而言，仍然相当薄弱。有的地方官员通过创立地方性法律规范，弥补中央立法中的诸多空白，有的地方官员对国家法律进行解释与强化，在某种程度上完成了对中央立法的再创造。然而，在这些地方性法律规范与村寨具体生活之间存在着隔膜。在清水江流域少数民族杂居地区"十里不同风"的现象极为正常，一山之隔，或许就是两个不同的民族，各民族都有自己的习俗与禁忌，即使是地方性法律规范，也不能保证在辖内通行无阻。因此，各寨头人根据地方性法律规范进行解释或变通，进行了又一次的再创造，使之更加切实可行。由此可见，地方头人在地方性法律规范执行的过程中，发挥了重要的缓冲作用。特别是寨首头人聚集众人进行议约，保持了侗族地区传统的议事方式，一方面遵从了地方性法律规范，另一方面考虑到村落社会的文化传统，为政令的推行减小了阻力。

可以说，近年来的政策移动给少数民族社区带来的最大影响集中体现在国家和地方的关系上。2000年以后，随着旅游业在村落中的逐渐发展，当地居民和游客的接触逐渐增多，他们对经济的诉求也与日俱增。同时，地方政府以民族特色文化宣传为目的，对侗族村落进行空间移动和景观整备的事例也逐渐增多。住民也由此从地方政府获得了资助。这些变化促使当地居民在调整村落空间时的考虑角度发生了一定的变化，由以前"倾向于优先考虑风水"开始向"优先考虑经济"上转变。此外，村落中风水师和村干部之间的

关系也有所缓和。地方干部和风水师之间虽然存在许多利益矛盾，但在旅游开发和守护村落风水两者的协调上需要村民、地方干部和风水师之间共同协商，这也许是行政人员和居民之间关系缓和的重要原因。特别是在面对以旅游开发为目的的村落公共空间的移动和改造相关政策时，游客和居民、风水师和村干部、村落与地方政府之间进行了很好的协调。这对置身于现代文化之中的风水师、村落内部的知识人提出了更高的要求。简而言之，他们不仅要像过去那样能够处理人际关系、人与自然环境的关系，还要能解决当下村民与游客等外部者、村民与地方政府之间的关系。

历史上，发生过不少地方官府利用侗族村寨款组织的事例。

明万历三年（1575 年）绥宁县的《赏民册示》中记载有"最（有）用者，莫如峒有长，款有头，丁有牌，寨有主"，为此地方官府对罗岩峒、芙蓉洞、石阳峒、扶城半峒等地的款组织发布了六条训示：第一条，紧把隘路，不许苗蛮入境；第二条，乡村互相守望，不许挨闪躲避；第三条，不许汉人住坐苗疆百计盘剥扰害之弊；第四条，遵从款令，调换踊跃，不许挨闪犯规；第五条，大小事听峒长、乡约公道排解，大事化小，小事化无，不许二人比诬行争斗，倘有不服者，明（应为"峒"）长、乡约即行票（应为"禀"）究；第六条，费（应为"要"）安分男耕女织，不许争占欺弊❶。

清咸丰元年（1851 年）黎平府知府胡林翼以款组织的形式倡办保甲、团练，《贵州通志·前事志》对此就有记载："七月接篆。黎平界连楚粤，地杂民苗，久为盗贼出没之薮……公查访情形，亟求安辑之法，以为御外寇莫如团练，清内匪莫如保甲，严定条约，实力奉行，如本寨有人出外为盗，则责成本寨乡正团长牌长交人；如外寨有盗入境而不救援，不追捕，则责成本寨邻寨乡正团长罚钱入寨，充公备用，而官不经手。其乡正团长等册，常时披阅，有事即按册札饬勒交。因公来署，待之以殊礼；送贼到府，给以重资刻不迟，一钱不花。随到随审。"

清乾隆五年（1740 年），清政府镇压了吴金银起义后，为了加强统治于1741 年在广西龙胜厅侗族广大地区设"司"，在司之下设"讯"，即新元讯、小江讯、石村讯。讯下设"团"，设"团总"1 人，团之下设头人。平等村为"平等团"，五个片区设五个头人，合款的形式被打破。民国元年（1912年）置"团总"，团总为石保番，民国十一年（1922 年），改"团总"为"村董"，民国十七年（1928 年）成立农民协会，民国十九年（1930 年）恢复

---

❶ 石开忠.侗族款组织及其变迁研究 [M].北京：民族出版社，2009：190-191.

局董、村董。民国二十二年（1933 年）废除局董、村董，推行乡、村保甲制度。平等村当时被划分为平等、民享、民治、民有和民新 5 个行政村。合款被取代，民国三十六年（1947 年），全县实行合村并乡，平等乡和蒙洞乡合为一乡，平等的五个行政村并为平等、民有两个行政村。

　　榕江三宝在清雍正年间开辟古州以前，属化外之地，是不编户不入籍的地方。开辟古州后，三宝属古州厅管辖。三宝为一个合款组织，管理地方事务仍以寨为自治单位。由于开辟古州遭到侗族、苗族人民的强烈反抗，因此清政府调动了七省兵力进行镇压。事件平息后，为了缓和矛盾，清政府实行以夷治夷的政策，乾隆诏谕："苗民（少数民族泛称）风俗与内地百姓迥别，嗣后苗众一切自相争讼之事，俱照苗例完结，不必绳以官法。"在整个清代，三宝侗族处在以寨为单位的自治状态。到了民国时期，三宝纳入区乡（或联保）基层政权管理范围，实行保甲制度，以一寨为一保或数寨为一保，个别大寨则为两保，在保之下设甲，以十户为一甲。这时，三宝分别属车江乡（中宝及下宝）、乐群乡（上宝）两乡管辖。中华人民共和国成立后，乡的建制仍保留（1958—1983 年为农村人民公社），保改为村（或公社辖大队），乡的区划做了某些调整，在乡之下设若干行政村，村之下设若干村民组。此外，各乡还建立了乡级中国共产党党员代表大会，村级建立了中国共产党党支部，加强了基层政权和党组织的建设。基层人民政权的建立便是中共基层组织的建立，为三宝的历史谱写了新的篇章。

第二节　国家法律对村规民约的统领地位

　　习惯法规范着人们的社会生活行为，其往往以风俗习惯（主要表现在人们口耳相传的理词、生命仪式等礼俗歌谣上）表现出来，在调节社会矛盾和人际关系中更容易被人们接受，也能产生更好的约束力和教化作用，属于较为柔软的手段。长期以来习惯法在侗族人的社会生活中一直起着重要的作用。20 世纪 50 年代前后，尽管国家政权已深入广大乡村，执行政府法令，但在处理社会治安和调整人际间的关系时基本上仍按"乡条侗理"行事。这些长期以来形成的民间习惯法仍然在乡村生活中发挥着调整社会关系的作用。而且，为了顺应时代变化和社会改革的要求，这些民间习惯法在不同社会发展阶段增加了许多新鲜的内容，一些不适应当下需要的旧习惯风气也随之被废除，也就是说这些民间习惯法本身也在不断的发展和演变中。同时，由于汉语和汉文化在侗族地区逐渐传播，侗族村寨出现了用汉文记载的（当然夹杂一些侗语）文本，呈现为一些乡规民约的条款，通常会被书写在木板或刊刻在石碑上，立在村中比较显眼的位置，以提醒村民共同遵守。这些有文字记载的乡规比原来口头传承的规约更容易被人们注意到，甚至有些还因为受到地方政府的重视而具有了地方性、局部性的法律效力。

当然，这种立下成文规约的方式并不是现代才有的。旧时，有些侗族地方社会就已经采用"栽岩"或"理词"的方式以成套词句保存规约，使人们"触目惊心"地记住各种习俗规约，而具体内容则在寨老、头人的理词中。以韵文形式阐明道理的理词罗列了各种禁条和处理原则，教人们应该遵守哪些习俗和禁条，教人们应该尊重事实而不能诬陷好人，教人们怎样对待已经发生的纠纷等。例如，有处理偷盗行为和案件的理词："偷鸡一两一（指罚银子），偷鸭一两二，瓜茄菜豆二两四，偷牛盗马十二两，开塘偷鱼十二两，挖墙拱仓二十二（两）。"又有："天上遇有人逞强，地上遇有人为盗。偷鱼在瓢里，偷鳝在篓里，开田鱼扯栅栏，偷塘鱼撒网。捉住他肩扛，抓得他担挑。偷柴抓住柴堆边，偷水抓住在渠边，偷人妻子抓住在床边。"有一些寨老告诫说："办事的心，像洪水涨半坡；息事的心，要像清水落平河。"意思是说，当你和某人有纠葛时，向寨老诉说，不能把平常的河水说成像洪水一样涨到半坡上去了。要息事宁人，像洪水大的事，把它解决得像平静的河水一样，大家心平气和。人家亏了你十分的理，也要让他五分，这样大家才能和睦相处。既言明了对待纠纷的态度，又提醒了与他人相处的道理。而在祭祖仪式或举行婚礼时唱的一些礼仪歌中，也会讲明大家应该共同遵守的行为规范。例如，《根骨歌》中记述了破姓开亲这一婚俗改革（即打破旧有的关于同姓结婚的限制，扩大了通婚范围）的具体情况。清代以后在较早接受汉文化影响和汉语教育的北部方言地区或南部方言区的侗族村寨出现了运用石刻形式记载乡规条款的现象。这在贵州从江县、锦屏县等地较为普遍，几乎较大的村寨都立有石刻碑文。较为有名的有贵州从江县九洞地区增冲的《万古传名》碑、《遗德万古》碑、托苗的《府正堂示》碑、《万世永赖》碑、信地的《除暴安良》碑、高传的《万古不朽》碑、各寨头人公断碑等。从目前已了解到最早的碑文创建于清初康熙年间。用汉文记下大家共同商议的条款，虽不像政府发布的、正式的、规范化的法律条文，但与法同等，在侗族民众中也具有不可违抗的效力，遵约与守法同样重要。其中，有些条约，直至今天仍然有重要的约束作用。

在"国家法和各民族习惯法并存"的思考框架下地方事务的"议约化"，

既是对充满朴素的民主气息的侗族的"合款"的继承与发展，又是契约文明发展至一定阶段的产物。与此类似的还有苗族的"议榔"制度和瑶族的"理词"制度等。过去，官府为了加强治理，颁发了大量的告示、晓谕，内容涉及促进林业经济的发展、发展民族教育、禁革原有风俗中的落后因素等诸多方面。地方头人在遵示官府告示、晓谕的同时，动员地方民众，制定相应的乡规民约；在贯彻各级行政主体制定的国家法制的同时，根据民族地方具体实际拟定规范，经过地方官府认可程序，使之具有"复合型"法的形式与特点。

清政府有限制诉讼的原则，为了防止民间以"细枝末节"的小事纠缠集行政与司法于一身的地方官，通常将"小事"留在民间解决，这样既能减少官府的工作量，又能体现民间教化的到位，体现民风的和谐。侗族地区也是如此。官方解决民间纠纷时一般抱着比较宽容的态度，他们的行为始终只能算是一种"介入"，也就是说，民间惯例始终存在于他们的外侧，他们只不过施加某些影响而已。因此，对于契约纠纷也不例外，官方只有在迫不得已时才出面调停，一般只是将讼案"批回"，由原契约的"中人"继续妥善调处，当契约与惯例发生冲突时，官方基本上都习惯于从双方的义务角度衡量契约当事人是否可以各自负担一些责任，以便为有"怨怼"一方争取谅解的理由，达到息事宁人的目的。清代以来，侗族地区的各村各寨订立了"乡规民约"，主要涉及婚姻、卫生和林业方面的内容。值得注意的是，各类"乡规民约"除设定大量禁止性规范，还在罚则中规定了对违反者"送官惩治""送官究治"等惩治方法。比如，在贵州清水江流域的四里塘，乾隆"恩垂万古碑"规定："凡二婚礼，共议银两，公婆、叔伯不得勒、阻拦，逼压生事，如违送官治罪；若有嫌贫爱富，弃丑贪花，无婚证而强夺生人妻者，送官治罪"。这个乡规民约一共规定了 6 条内容，每条最后都写明了"众甲送官治罪"等。

这里提到的"送官治罪"规定，往往基于乡老在乡间对纠纷和矛盾的调停处理行为。不同时期、不同地区的乡规民约均显示，在国家法律管辖的情况下，村落社会有一条较为严厉的犯罪"送惩"方式。在国家行政和司法权力未进入侗族村落社会以前，不论大事小事，村落寨老都可以解决，一些死刑案件也会在村落内部判定，并由被判者的家族负责执行。国家将侗族地区纳入管辖范围后，村落发生的"命盗重案"由县审理并上报，有管辖权的上级司法机关根据犯罪情况审决，而村寨内的一些光棍、赖皮及婚姻、田土纠纷由县司法机关负责审理。国家法律并没有规定这类案件可以由村寨长老按习惯法自行解决，也就是说国家并没有赋予村寨这种审判权力。但村寨作为县辖下的民族自治组织却有对严重违反村规民约者的"送惩权"，所以才有了"乡规民约"中大量的"送官惩治"之类的规定。作为清朝基层审判机关的县衙，由于人力有限、司法资源不足和维持地方稳定的需要，对"乡规民约"也有积极的回应，往往将"送官惩治"中的部分案件回批给乡村，让他们按自己的习惯法解决（新辟"苗疆六厅"除外），这样既不失官府的威严和国家法的权威，又照顾了村寨的"面子"和愿望，这是清代县级司法机关处理这类案件的一般情况。"送惩"与"回批"的过程又增加了乡规民约的"准"法律的效力，这便是国家司法对习惯法的回应。应该说，从明清到民国时期，国家法与民间法的平衡与互动大体上是在这些具体步骤中体现出来的。

在现代社会，从法制宣传的角度分析，不论在全国范围具有普适效力的法律，还是仅仅适用于某一地区的施政措施，欲使之发挥效用，规范特定区域内民众生活，还有赖于地方官府的宣讲，告示、晓谕等形式则是宣教的媒介，有时这些告示、晓谕并不创立新章，仅为强调与宣传国家法制，以使民众知悉。当然，一般而言，告示、晓谕等形式的规范主要用于规范地方行政事务和民间事务的管理，包括劝农、禁赌、防盗、风俗等众多方面，一般由地方长官在朝廷授权下根据有关法律、政令制定、发布，且常张贴在人口密集或当道之处，以方便百姓知晓，是带有明显命令性的规范。侗族聚居的地方多地处偏僻山区，很多地方为王政所不及，且文化欠发达，被纳入管辖范围之后，国家法令与地方法制的渗透深入都需要一个过程，政府长官的告示、晓谕在宣讲国法的过程中充当了重要的角色，在村落社会事务的处理中发挥着重要的作用。

比如，从国家针对苗侗地区的婚姻陋习而发布的改革告示可以看出国家在改革前后的态度和措施的变化情况；从内容和形式上看，官府告示与民间"乡约"有衔接的痕迹。锦屏县敦寨镇平江村的《恩德碑》刊出了府主的告示内容，对"姑舅表婚"采取比较宽容态度。而以后的《四里塘禁勒碑》对婚俗中的一切陋习，进行了永远革除，既禁止"姑舅子女必应成婚"，又禁止"藉甥女许嫁必由舅氏受财"，表明至清乾隆后期，官府对婚俗陋习严行禁止，与清康熙中期相比，已经有了明显的不同。但因其内容仍较为简单，于是文斗、茂广、岩湾、加池、张化、平鳌等13个村寨头人出首召集众议，将府主的告示进行拓展与变通，列举所禁陋习的大致内容，并规定违反禁条者，都要送官惩治，将官府作为施行的后盾，加强其对民众的约束力。其范围涵盖 13 个村寨，带有明显的议约性质，而地方议约的执行，依赖头人的号召，根据勒碑上的头人姓名可知村落中的各宗族一般都有自己的头人，各宗族的头人往往能号召该族人进行集体的活动，自然也包括这些地方事务的议约。该族人参与了这一过程，意味着该族人也会遵守议约的条款，而族首头人则对该族人是否遵守负有监督的责任。这也许就是公开各寨族首头人姓名的意义。比如，到清乾隆后期，政府在清水江不断推行王化，很多方面都无异于汉民，但从国家"以改苗俗"的原则出发，地方村寨族首头人首倡，由地方政府批准，正反映和迎合了政府"变苗为汉"的民族立法宗旨。但事实上，这一婚姻习俗的改革到今天都没有结束，随着国家法影响的扩大，民间习惯法发生了改变，但民间习俗没有改变，法与民间习俗形成长期的对立，特别是在苗侗民族的"姑舅表婚"和"放蛊"问题上。

　　不过，在这里需要指出的是，有的时候，民间习惯法在应用过程中，容易表现出一种封闭、排外倾向，村民往往采用一种极端的方式诠释和运用习惯法，结果造成了更大的危害。例如，侗族学者吴浩和邓敏文提到的一则发生于 1991 年 4 月的案例。在湖南通道县高步村，数名青年到毗邻的广西三江县林溪乡高秀村的侗族女青年家行歌坐月，其中有人在姑娘家木楼上撒尿，并打烂电灯，偷走衣服。此事激起高秀全村人的愤怒，聚众数百人到高步村寻找肇事者，抓走肥猪 4 头、耕牛 2 头，回村后即杀猪宰牛举行"村规酒"。但因错拉了非肇事者 1 头牛和 1 头猪，反而又激怒了高步村的群众。他们组织数百人，抄起鸟枪、棍棒和刀斧等，呼喊着涌往高秀村。高秀村的群众也拿起武器，准备迎战。此事因双方均有人上报乡政府和公安局派出所，双方政府、政法人员和县领导赶到现场，一场械斗惨剧才得以避免。❶由此可见，寨老或民间的老年人协会在执行村规民约的时候，也要把握好度，不能完全凌驾于国家法律之上。

　　乡规民约虽然是根据侗族祖先传下来的经验而创造的，且用汉文书写，其内容比较宽泛，包括生产、生活、思想、意识、道德等各个方面，其形式也多种多样，有的印在纸上分发到各家各户，有的写在纸上、木板上张挂于鼓楼内或其他公共场所，也有极少数被刻在石上并竖立于鼓楼边或要道旁，同时其主要由乡村干部、寨老、族长、离退休回乡干部等协商提出并征求当地群众意见之后制定，具有较广泛的民主性和鲜明的自治性，要求户户应该

---

❶ 吴浩，邓敏文.侗族"款约款"对现实生活的影响 [J].贵州民族研究，1993（1）：96-102.

知道，人人必须遵守，但它终究只是一个村寨的自治规约，不能超越法律界限，不然就违反了法律规定。从江县丙妹镇合心大队的乡规民约的制定就注意到了这个问题，抄录如下。

维护社会治安综合治理公约

为了维护社会治安秩序，搞好防火，安全生产，保障人民生命财产不受损失，安定团结建设四化，特制定本公约。凡在辖区内学习、工作、劳动的人员都必须自觉遵守和维护公约。如在镇辖区内违反公约者，视其情节轻重，态度好坏，按照公约处罚，望共同监督执行。

一、偷摘果类一个罚款 1 ～ 10 元（以果大小）。偷挖杉果树一棵罚款 10 ～ 60 元。

二、偷挖竹笋一根罚款 1 ～ 5 元；偷砍竹木类一根除赔偿损失外罚款 5 ～ 10 元。

三、偷杉树树苗一棵罚款 1 ～ 10 元；偷砍成形杉树一棵罚款 20 ～ 50 元；砍和破坏风景树（包括街道两旁）一棵罚款 5 ～ 50 元。

四、偷菜类（包括瓜、荟类）一次罚款 5 ～ 10 元，并赔偿一切损失。

五、牲口进生产基地吃、踩庄稼一次罚款 5 ～ 10 元，并赔偿一切损失。捉得一头牛罚养牛主 30 元，限三天内来领，凡抗拒不交款作无养牛主，牛按平价出售处理，捉牛关养一天由养牛主出三元误工费。

六、偷窃家禽每头（只）罚款 5 ～ 20 元，偷猪一头罚款 10 ～ 50 元，并退还原主。

七、进房盗窃他人物资一次罚款 30 ～ 100 元。抢劫、摸包、诈骗，一次罚款 20 ～ 60 元，并退赃还主。

八、侵占、破坏生产基地按每分地罚款 20 ～ 500 元，并修整复原还主，侵占他人房屋地基一次罚款 20 ～ 50 元，并将地基退还原主。

九、发现赌博一次一人罚款 20 ～ 50 元（赌头加倍），并有权对参加赌博者搜身，没收赌场所有赃物现款。窝藏赌博者罚款 20 ～ 40 元。

十、打架闹事一次罚款 5 ～ 20 元（无理方加倍罚款）。如造成他人受伤，损坏物资并负责赔偿和付医疗费。

十一、酒后闹事一次罚款 5 ～ 20 元，情节严重加倍罚款，如造成损失、伤人，负责赔偿和付医疗费。

十二、发生火灾一次罚款 10 ～ 50 元，隐瞒者加倍罚款。

十三、单位和个体除保障室、房内卫生外，必须负责门前房后和周围的清洁卫生，如发现不清洁，影响防火安全者，一次罚款 5 ～ 20 元，并限一日内打扫排除。如不听劝告者加倍罚款。

十四、破坏水产资源、炸鱼、电打鱼、药鱼一次罚款 30～60 元，并没收所得鱼和工具、追究炸药来源。

十五、小孩违反公约受罚款。造成损失，他人受伤医疗等款，一律由家长负责。

十六、对积极维护公约检举揭发报案者按该案中罚得款的 30% 给予奖励，捉拿者按 50% 奖励。

十七、受罚款者在接到通知的三日内必须交款，过日加倍罚款。

十八、调解民事纠纷一份，收无理方调解费 10～30 元。双方各自先交 10 元后方得调解。

十九、以上各条从一九八五年元月十五日起执行，对违反公约者除罚款外，并写悔过书 20 份，其中写大字报 5 份贴在要道街上。

丙妹镇合心大队

一九八四年十二月三十日

第三节　旅游与非遗场域下款的再建构

一方面，受行政主导的经济和文化政策的影响，村落空间和环境发生了显著的变化，今天的农村生活出现了各种各样的问题。另一方面，从 20 世纪 80 年代开始，侗族在村落空间中出现了恢复民间信仰、促进公益活动等现象。当地人们借助外部力量，积极激活本民族的历史、习俗或文化传统，解决现代社会问题和民族危机。

在中国社会的变化历程中，据说侗族的自治性社会制度在中华人民共和国成立的同时就消失了，但实际上侗族的习惯法和条款在那之后依然存在。1950 年以后，中国的行政机关进入少数民族社会，在村级设置了村民委员会这一基层机关，根据现代的法律实行村落社会的行政管理。但是，侗族的民间习惯法等在制定民族社会的现代法律时具有参考价值，地方政府也很重视。而且，在侗族社会自治区或侗民族自治县，这种传统的长老制和习惯法在实施自治的民间制度的过程中仍然起着一定的作用。但在"文化大革命"时期，传统的长老制成为了批判的对象，对侗族社会产生了很大的影响。20 世纪 80 年代以后，村里的自治体开始复兴，基于中国政府制定的老年人协会这一新的高龄者民间组织，一部分侗族村的长老制度逐渐作为老年人协会进行了重组。此后，侗族民间习惯法（包括口头传承和石碑碑文等记录）十分重视文化资源的价值。2000年，侗族开始着手旅游资源化和文化遗产化。例如，贵州省黎平县岩洞镇政府从2012年开始复兴"十洞款会"（由小款、13个村子构成）这一村落联合举办的盛会。现在，这些村子的村民委员会和老年人协会为了吸引游客，每年13个村子聚集在其中的1个村子里，共同举行祭祀活动。2014年，侗族的款约被列入湖南省的非物质文化遗产，并作为国家非物质文化遗产被登记了。现在，通道侗族自治县的非物质文化遗产保护中心成为该项文化传承的负责人。侗族地区现在还保存着很多种类的款坪遗迹、石碑碑文、口头传承、手写本等地方文件以及关于款区的历史传说等。

"十洞款会"是黎平县"十洞"地区数十个侗寨中的13个村寨历史形成、自发组织的一个文化盛会，其以侗款为依托，以13个村寨各自的传统节日为平台，以"月也"的形式一年一度聚会一次，以强化村寨之间在经济建设、文化传承、社会治安等方面的密切合作。同时，千五款是历史的产物，源于封建社会"皇不下县"体制下的村民自治需求。2018年的"十洞款会"在坑洞村举办。当天其他的12个村寨的寨老和其他村民一同来到坑洞村，从古代流唱到新时代的侗族大歌，再到侗戏、牛腿琴，还有"人扮牛"、赶鬼等节目，选取的都是十洞之坑洞村独特的传统文化。全寨4座鼓楼、3座萨坛矗立在寨子中央，据当地寨老介绍，它们为歇山顶木质建筑，具有极高的文物价值。而且，这些村寨共同订立了"十洞民约"，要求村民惩恶扬善，遵纪守法，以和为贵，与人为善，匡扶正义，见义勇为，恪守社会伦理道德规范。要同情、帮扶弱者，绝不恃强欺弱。对于外来客人更要和气相处，童叟无欺，一方有难，八方支援。可以说，虽然其主要是为了吸引游客，但仍然以现代的、独特的方式延续着聚款的精神。

当下对侗族款文化的重新建构，除了南部方言区以外，北部方言区也有相关的努力。下面以三穗县三村寨为例。2017年2月，贵州省侗学研究会公布第二批"魅力侗寨"名单，三穗县款场乡兴隆、龙脚、三联3个村寨被评为全省"魅力侗寨"。❶据说，三穗县款场乡是北部侗族地区唯一明确以"款场"作为地名的乡村集镇，承载着当地侗人对款的文化记忆。以三穗县款场乡为中心，建立"款文化空间区"，对款文化遗产资源进行深入发掘与保护，

---

❶ 黔东南州民宗委．三穗县三村寨被评为贵州省"魅力侗寨"[EB/OL]．（2017-02-08）．http：//mzw.guizhou.gov.cn/xwzx/gzdt/201702/t20170208_10609164.html.

也在一定程度上推动了侗族旅游文化产业的发展。其中，兴隆、龙脚、三联3个村寨地处"款文化空间区"的核心区域，民族氛围浓厚，对挖掘侗族"款文化"、发展乡村旅游具有得天独厚的优越条件。黔东南州民族宗教事务委员会曾提到三穗县款场乡属于北部侗族地区，侗族人民在长期的生产生活中自发形成的一整套款文化是侗族最核心的制度文化，它由一系列符号或仪式组成，包含在"款"这一外在表象之中，倡导着人与自然、人与人的和谐精神，曾经统摄整个侗人的精神世界。"款"是汉字记侗音，有"互相盟誓，真诚结交"之意，后来成为古、近代侗族社会特有的民间自治和自卫组织。严厉而极富权威的"款约"分为"六面威规""六面阳规""六面阴规"三部分，其内容包括对礼仪或道德的要求、对轻罪的轻罚和对重罪的重刑。千百年来，"款约"以独特的方式，约束并鞭策着族人遵章守纪、有礼有节，使侗族社会被誉为"没有国王的王国"。为此，在三穗县委、县政府的领导及有关部门的支持下，该乡已成功举办了四届"款文化"民族艺术节活动，修复了花桥、议款坪、侗家吊脚楼等标志性建筑，充分挖掘祭米神、织布、吃油茶、编草鞋、背媳妇、侗族大歌、侗族飞歌等侗族文化遗产，使侗族北部地区曾经失落的文化之梦踏上了回归的旅程，并在实现民族文化传承保护的同时进行旅游开发，实现经济与文化的共生与共荣。

第十一章　结论

本书将"senl"这一民俗重新加入侗族社会和历史的讨论中，尝试对侗寨款文化及其传统社会治理模式进行全面考察。具体来说，本书在参考文献和实地调查的基础上，考察了侗族以河川流域为单位的地域社会系统，以及位于广西三江和湖南通道交界的坪坦河流域的侗族村寨群，并将其与其他侗族地区进行比较，进而重新认识了侗族的款文化的历史与现有问题。本章在回顾各章内容的同时，贯穿整体进行总结。

第一章提出了侗族款社会及其传统社会治理模式，其与东南亚和中国华南民族社会的壮侗语系民族及其"盆地社会"模式，以及壮侗语系民族的"平等主义社会论"与"共同体文化论"有异曲同工之妙。不过，作为一种文化生态的河域社会类型，款是侗族款社会治理模式的独特性所在。

第二章围绕"款"的侗族社会论和历史再建构，综述了与侗族款文化相关的既有研究成果，包括侗学者关于"没有国王的王国"的相关研究，以及侗族社会的变迁历史。第一节根据侗族地区的地方文献，着重介绍了从明清时期至中华民国款的变迁历史。第二节介绍了民国时期侗族地区发生的最后两次"合款"事件，进而说明了侗族人民强烈的民族意识。第三节提出与款相关的民俗概念"乡村或团峒"（即侗语的"senl"）并重新审视侗族口头传承所描述的河域社会及独自的社会集团。

第三章基于绪论中提出的问题，陈述了调查地的概况，具体包括坪坦河流域的历史和现状，以坪坦河流域为案例的原因，并详细介绍了坪坦河流域的自然地理与人文社会空间，以及当下申请世界遗产侗寨的历史背景和方向。

第四章围绕"补拉"和"团寨"的血缘和地缘关系，综合介绍了侗族传统村寨的构造，特别是"补拉"和"团寨"这两种侗族特有的社会组织的血缘与地缘原理，并根据之前的讨论和调查地坪坦河流域的事例，论述了侗族社会的结构和编制原理。

第五章第一节从多个方面对"乡村或团峒"整个侗族地区共通的民俗概念和地理空间进行描述，包括其内涵和外延。第二节介绍了各个"乡村或团峒"是如何通过订立契约的形式使多个村落之间联合与结盟的。第三节阐述了"乡村或团峒"的河域空间及"款"的盟约政治的伦理等内容，详细分析了以"乡村或团峒"为基础的村落联盟的侗族河域社会的构造。

第六章通过分析关于地方守护神的祭祀和地方头人的言说，概括了河域社会的治理方式。具体而言，第六章分别介绍了"补拉"的守护神，包括祖先、飞山神以及其他民间信仰，并着重强调了"萨祖母"这位侗族所专有的民间守护神，从而指出村寨的守护神和"乡村或团峒"河域社会的守护神的意义和区别；同时通过分析可担任地方头人的条件，指出尊老敬老的侗族社会注重以"德"选人，并重视"功德"在人生中的意义，这种关于领袖和功德的观念影响了他们在举行守护神礼仪时的角色扮演。

第七章围绕侗族款社会的平等主义论（在学界一般指没有国家或领袖的"无头社会"）进行再思考。以表示年长者的"宁老"等侗语为线索，探讨了侗族社会的领导结构。在语言上，侗语中不存在表示"国王"和"王"的词汇，甚至表示地区集团的领导的词汇都是从汉语中汲取出来的。在实践层面上，侗族地区社会的特征如下：团寨和团峒的领袖通常不是常任的，而是当出现纠纷需要调停的时候，从全社区中一般的年长者中选出德高望重的人担任，体现了平等性。而在平权的侗族社会中，通过款约实现教化意义是其最重要的特征，而款的习惯法在当下侗族村落社会中仍然发挥着举足轻重的作用。

第八章通过"坪坦河流域"案例，具体分析了河域社会治理模式。该部分以具体事例为基础，说明了团寨中"补拉""先来后到"的传统进入模式，并补充了将后来者补拉吸收入原住民"补拉"的"合为补拉"（结拜为兄弟）、为了同姓结婚而开展的"破姓开亲"、人口发展以后为了分支移住到其他地方或为通婚而设置的"内姓和外姓"等侗族特有的亲属制度与地缘规则以及通婚规则等相关的习俗信息，从而梳理了侗族社会集团的集合和分化的传统方式。

第九章对应第八章关于"坪坦河流域"案例中"补拉"和"团寨"等社会组织和传统的基于习惯法的治理方式，主要从姓氏与村落组织、社会组织与习惯法角度，将本地域与侗族居住区其他地域进行比较，比较特定地区传统的规约与现代改制后的新规定，概括侗族各区中传统款文化的共通特点。

第十章主要从县、乡政府对老年人协会和村民委员会的领导，国家法律对村规民约的统领地位，以及当下旅游与非遗场域下款的再建构等多个层次，分析了行政治理与民间自治的"官民融合"，提出这是一种行之有效的且具有广阔发展前景的新型社会治理模式。

综上所述，本书总结了侗族河流流域的地域社会系统的中心构造和特征。以坪坦河流域为中心并兼顾其他地域，本书大概明确了以下几点。

其一，侗族社会结构的编制原理。虽然侗族的亲属组织关系是根据侗语和侗族的亲属规范形成的，但其是通过作为表记语言的汉语来表现的，而且这种分歧导致了侗族亲属组织的动态发展。比如，过去为了解决侗族的婚姻规则（内婚制）和汉民族不一致的问题，侗族制定了内姓和外姓的规则。侗族的亲属集团是根据与汉族的宗族不同的逻辑来运作的，有时也有接近宗族模式的倾向，如近年来，侗族的"补拉"为了强化连带感，有重新编纂族谱和重新激活祖先祭祀的倾向。

其二，侗族社会不像其他壮侗语系民族那样拥有固定首领甚至国王，并形成特定的政权，也不同于汉族社会的宗族拥有族长。虽然也需要家长或补拉、团寨的领袖，但是他们没有统一地区单位的政治领袖。因此，在地区单位内发生的纠纷的调停，需由"宁老"作为临时地区单位的领导来解决。这个宁老并不是什么特殊的首领人物，谁都可以担任，他们通常以德服人，起到推动民间习惯法执行的作用。由此看来，侗族地区集团的集合和分化的方式和政治制度，与埃文斯·普里查德的《努尔人：对一个尼洛特人群生活方式和政治制度的描述》（1997）所描绘的有秩序的"没有国家的社会"的政治体系有相似之处。

其三，侗族虽然不像其他民族那样广泛地信奉上座部佛教和基督教，但侗族人拥有和其他壮侗语系民族相似的灵魂观念。在此基础上，萨对于侗族人来说是重要的土地的守护神，是维持各个侗族乡村和团峒之独立性的重要因素。

需要指出的是，血缘和地缘结合的款社会的结构秩序，正是侗族人生存与发展的一种重要的文化生态。过去很多学者将"senl"这一侗族民俗词汇翻译为"村"或"省"。其实这一语汇的含义远比我们现在的汉语中的"村"或者区划单位的"省"所涵盖的内容及空间意识要广阔得多。因为"senl"与地理空间和地方社会相关联，并与"乡村或团峒"（款组织的结构秩序）分不开。按照款约法思维，要确切描述这一方"senltih"（天底下），首先要确定三点坐标，再将三点连成一线，便可以描述一个确切的"乡村或团峒"的位置和整体的地理空间。例如《十三款坪款》中对第五款坪进行了描述，即在今湖南通道侗族自治县独坡乡、牙屯堡镇境内。其款词描述为"dinglsenl"独坡，"kaossenl"上岩，绕到木瓜寨，"daxsenl"团头、通俄。其所涉及的地名和村寨，如木瓜—独坡南北方向一线，加上牙屯堡河上游包括金坑、团头、牙屯堡（即款词中的"通俄"）等地（亦为南北向偏东北方向一线各村寨），大致呈"丁"字型地理分布，其中木瓜寨和金坑寨相距不远，且各居两河源头处，款事联络方便快捷，所以"和为一款"。第十款，在今湖南省通道侗族自治县黄土乡境内，主要指坪坦河流域（为南—北流向）上游各村寨，包括高友、高秀（广西三江林溪）、坪坦、横岭、黄土等村寨。按照"三点一线"的构图方式，款词讲述为"dinglsenl"黄土／"kaossenl"高友、高秀／"daxsenl"坪坦、平戊。第十一款，广西三江苗江河流域（为北—南流向），款词这样描述："dinglsenl"孟（寨）／"kaossenl"干（今干冲寨，示意图中标"高见"）／"大省"平流、华练。苗江河北引干冲侗寨，南向流经独峒、岜团、华练、孟寨等村屯，在"daxsenl"（河流中游）的岜团寨处设立地瓜坪。而第十二款，为广西三江侗族自治县八江乡境内八江河流域（为北—南流向），款词描述为"dinglsenl"三团归许／"kaossenl"马胖岩龙邓／"daxsenl"八斗坪王相，还包括马胖、平善、八斗、八江、三团等自然村寨。另外，第十三款为广西三江县境内林溪河流域（为北—南流向），包括林溪、合善、冠洞、平铺、程阳等自然村屯。款词描述为"dinglsenl"马鞍（程阳八寨之一，即国家级文物保护单位"三江程阳风雨桥"所在地）／"kaossenl"林溪、金乐／"daxsenl"冠洞。这些都位于"乡村或团峒"的地理位置和空间范围内，从而构成了一个相对固定的河流环境中流域地方社会。这是过去侗族社会大致的生存空间和文化生态。

　　基于以上对款词所描述的几处款坪的分析可以得知，过去沿河而居的侗族人所感知的他们所谓的"乡村或团峒"的世界观，其实是建立在款文化语境中的"地缘思维"之上的。对于当时的侗族人而言，一条河流域系就是一条"senl"，每条"senl"都有各自的"乡村或团峒"。正如有些村寨中的侗族老人所讲述的那样，古代人们没有火车，没有汽车，更没有飞机，一般人也没有指南针，他们辨别方向靠太阳、月亮和星星，他们辨别方向或行路靠河流指引。所以，古代文化是以水域为其共同特点的，如黄河流域、长江流域、珠江流域都形成了自己的独特的古代文化。侗乡也是如此，大的如舞水流域、清水江流域、都柳江流域、寻江流域等，小的如洪州河流域、四寨河流域、苗江河流域、林溪河流域等。邓敏文和吴浩在《没有国王的王国——侗款研究》中简单勾勒过这种侗族文化体系。具体而言，侗族人常常以本寨为中心，凡河的上游，都称为"ul"（上）或"gaos"（头）；凡河的下游，都称为"dees"（下）或"dinl"（脚）。侗族也是依河段或流域形成自己的独具特色的文化体系的，侗族的款组织也是依河段或流域组建的。

应该说侗族地区曾经长期处于中央政府统治的边缘，也未形成与其相抗衡的政权。不过，他们也存在调解村寨之间纠纷的长老制及团结起来共同对抗外来威胁的款文化，款文化其实是依托侗族社会的自然文化生态而形成的独特的社会组织形式。像前面各章节所阐述的那样，每个侗族村落都有一个或者几个姓氏，按照血缘关系的远近分为不同的房族。房族内部又具有相同的姓氏和相对固定的居住范围。单个大的房族或者多个小的房族都可以组成寨子，每个寨子由寨老主持寨内大事。寨子以上是村，相邻的几个村互相结盟，再形成被称为"款"的组织。每个款都推选德高望重的人出任"款首"，并且设立"款堂"，供款内成员共同协商款内事务。款内部订立款约，协调款内秩序，增强凝聚力，一致对外。侗族社会的组织形式将"集体"的观念发挥得淋漓尽致：款、村、寨等组织对内协调成员之间的关系，化解矛盾；对外团结一致，应对外来威胁。除此之外，也存在能够灵活调整内部矛盾冲突的长老制和习惯法，像历史上曾经跨越桂湘黔三省区的《九十九公款》的"破姓开亲"的婚俗改革，也存在"合为补拉"的不同姓氏亲属之间相互扶助的调和方式，以及建立在这种血缘和地缘交织基础上的村落之间的联盟和契约关系（平等互助、内部团结），这些都成为侗族社会得以在以汉文化为主的民族国家中维持自身民族的独立性和自主性的资本。

本书通过各个章节的论述，充分肯定了侗族款约作为侗族古老的民间习惯法，在侗族人过去的社会生产与生活中曾经发挥过的不可或缺的重要作用。在当今社会，侗族款约在乡村社会中仍然深入人心，在村落治理和行为规范中仍然占有一席之地，拥有继续发挥自身约束作用的空间。同时，老年人协会或宁老、寨老等村中德高望重的老人，作为款约或民间习惯法，即当下的村（乡）规民约的执行者与相关行政部门之间通常保持协同与友好合作关系，特别在旅游开发和遗产保护、促进乡村社区的繁荣等共同目标上达成一致的诉求，往往能促成在共同的努力方向上的通力合作，推动款约在当下侗民族各个乡村社区乃至城镇社区中的生根发展。

2014年10月，文化部发布《关于公示第四批国家级非物质文化遗产代表性项目名录推荐项目名单的公告》，黎平县民俗项目《规约习俗（侗族款约）》作为扩展项目被列入其中。这是对黎平县近年来研究和整理侗族款文化，并通过举办"十侗款会"等村寨联谊的活动以恢复传统款文化之成效的充分肯定，也意味着侗族款约申报为国家级非物质文化遗产之路的成功。在这里可以指出，侗族款约在现代法制社会和转型的新时期中，仍然可以从惩恶扬善、遵纪守法，邻里和睦、以人为本，一方有难、八方支援，勤耕苦读、奋发图强，热爱家乡、保护生态，民族自觉、弘扬文化、轮流月也、强化合作、对外开放、共创和谐等多个方面发挥其规范村民行为、保障村落社会秩序的作用，这些也符合社会主义建设新农村和文明社会的要求和规范。所以，侗族款约入选国家非物质文化遗产名录，可以说为侗族款文化注入了生命力量，这些关乎侗族人"过去"的重要内容，将成为连接现在和未来美好生活之桥梁。

　　进入 21 世纪以来，已经有越来越多的侗族村寨申请列入《中国世界文化遗产预备名单》，也有像坪坦河流域那样，过去原属于同一个"乡村或团峒"的若干个村寨群一起被列入名单的案例。这不仅意味着包括侗寨款文化及其传统社会治理模式在内的侗族村寨文化的历史及社会价值得到了世界的认可，还表示其在当下国际社会中所具有的重要意义得到了世界的肯定，这些无疑也是侗寨发展的千载难逢的机会。

　　顺应时代的潮流，侗族村落或许可以基于当下的时代和社会需要，对这种社会组织形式做出相对应的结构性调整。其中，鼓楼是侗族村寨的精神核心，是村落中精神级别最高的建筑，人们在这里商量大事、开展娱乐活动。在传统侗族村落中，往往每个寨子立一座鼓楼，寨子内部的民居以鼓楼为核心向外发散分布，形成一个居住组团，村子里有几个寨子就有几个这样的居住组团。那么，即使搬到城镇、城市，在街区、小区里，居住在临近社区的侗人也可以像在乡村那样相互扶助，抱团取暖。在此基础上，邻里之间的关系也表现得更为紧密，方便日常的交流，维持传统的亲密的社会网络。可以说，侗族款文化代表了其有别于其他民族的特征。款是血缘性和地缘性相结合的组织和制度，但款又不等同于政权，表现出的社会维系功能是自发的。款的管理模式很类似于当代的"社区管理"。对它的现代价值开发，可以与社区管理结合起来，通过社区获得现代变换而发挥职能。社区管理是国家与社会分化后出现的一个生活空间，也是现代人类学、社会学应用研究的一个重要范畴。在当代，对侗族制度文化的开发、运用是十分有价值的。

　　与此同时，年轻人的文化自觉也很重要。文化传承的载体是全体族人，但一来现今年轻的一辈外出打工或求学，文化的部分载体自村寨之中消失，二来现代化产品堂而皇之地进入了村寨，传统文化自然不敌那些披着光鲜亮丽外衣的现代化产品。族人的文化自觉意识才是保护传统文化的那道最重要的防线。侗族较其他少数民族有一项更适于保存传统的利器，那就是侗族的"款文化"。现在很多学者认为，侗族所特有的款文化有两个特性：一是自治性，也就是自己管理自己；二是自卫性，也就是自己保护自己。笔者在村寨调研期间，见到了长者站在高台之上，向族人吟唱宣讲祖宗传下来的规定以及各村寨、各款之间所共同认定的村规民约。他的吟唱每告一段落，族人就在台下以类似"是啊！"的高呼回应。款文化不是陈腔滥调，也不是一成不变的。时代在变，款文化应该更具有时代的意义，而且内容也应该随着时代而有所调整。举例来说，如果不会说侗话、不会吹芦笙、不会唱侗歌、不会跳多耶、不会织侗锦、不会做腌鱼、不谙正确的侗族历史与文化……如此身为侗族的一员是会被人戳脊梁骨的，更是有愧的。这时候就需要利用款文化以警示下一代必须学习与重视传统观念与技艺。

后　记

《论语·季氏篇》载："闻有国有家者，不患寡而患不均，不患贫而患不安。盖均无贫，和无寡，安无倾。"这就涉及一个社会治理的核心：安身立命于世，最重要的是各安其分，即在公正的社会制度下得到各自应得的份额。

传统稳定的侗族村寨，有两大基石。一是均富，村寨家户皆耕种有其田地，没有巨富，没有赤贫，你只要付出汗水劳作，就总会有你的安身之食；二是公正，也叫公平正义，世上没有也不可能有绝对的公平，这时候就需要正义来调剂补充。侗族村寨的社会正义，其中一大部分来自寨老或款首。侗乡有谚"良心是秤砣，寨老是秤杆"，在侗族村寨里，管理或治理村寨的寨老，是没有任何收入报酬的，他们都是在无私、公正地为村寨服务。

这就是侗族村寨款文化生成并延续的社会基础。基于此，我们这本书研究和展现侗族村寨款文化及其传统社会治理的起源、现状和成果，一开始我们就有目的、有侧重地介绍侗寨村民在款制度的治理下"安居乐业"的生活日常。因此，走入乡村，记录乡村，贯穿了我们整个田野调查。

当是时，黄洁还是一个在读硕、博研究生。我们的调研观察点高秀村是杨尚荣的家乡。之所以选择家乡为调研观察点，是因为在我们的心里，家乡总是那么的让人牵挂。每当我们走在村寨的巷道中，抑或坐在村民的楼廊里，家乡人总是会淳朴地问："你又带大学生来写我们寨了！"在众人的欢声笑语中，我们特意交代家乡的寨老头人不要有什么顾虑，"人家大学生问哪样，大家如实说就是了。"大家都应承了下来，并都在往后的日子中热情地"接待"了这个大学生。黄洁在她的田野调查日记中，这样写道：

"在侗寨调查的日子里，我永远像个'问题'青年，敏感，爱凑热闹……有着无数放在心里却极少会在学术论文里出现的令人感动的瞬间，让我记忆最深的是：地理先生吴昌能爷爷手抄本地理书扉页题写着'人心承古、风俗改向'几个字，这正是民俗（尤其信仰）当下的一种生存智慧；经常打扰的主家吴国元爷爷每每面对我从观察里得来的各种好奇的发问时，最常说的一句话是'那人在世间都是一样的，就是讲话没同'，除了对于现象背后的规律性和日常性理解的通俗表达外，他的话好像把人间的道理都说透了；歌师吴家艳老师经常亲切地说'小黄，我喊你就来哈'，让人不能拒绝，虽然我极少能完全听懂那些侗歌；最不谙汉语的阿萨和阿姨们，听不懂我说话时着急得不得了，于是经常要请当过小学老师的向文芳在一旁翻译，向老师不放过任何机会非常耐心地教我讲侗话，从名词到句子，再到日常对话。即使我数次"突袭"，不论间隔多久，她们总能远远地从人群中认出我，雀跃地唤我'阿妹'，就像久别重逢的亲人。"

"……正是这些可爱的村民，使我从语言习得、田野生活，到研究阐释，得到无间的'合作'，他们对于我的田野调查和口述资料的自然获取提供了莫大的帮助，使我后来的跟踪调查、论文撰写，以及继续研究，都受益良多。这里，还有我未能悉数报道的人，包括向文芳、杨光正、杨昌敏、杨昌平、吴国刚、杨代英、杨艳菊、吴永平、吴家能、吴家刚、杨再能、石科、谢祖秀、谢祖财、谢世光、吴永金、向文领、杨光勋、杨庆、杨书凡，等等，所有田野调查中的被采访者，倾听他们的讲述和生活遭遇、日常体验，为我带来了许多经验知识和民俗学的思考……当然还有我脑海里挥之不去的，我想我现在也还没办法回答他们的那个最初相遇时不断对我提出的问题——你问这些做什么用？——但这个民俗学的'尴尬'，成为我从未真正结束的田野调查和研究中不断思考和努力的动力。我想，没有什么比如同期望的那样，我写出来的文字，当地人也能看懂，让他们觉察和珍惜自己特有的文化，如果这样能让他们更好地生活下去，这真是我孜孜不倦追求的学术梦想！"

在高秀村及其坪坦河流域几个侗族村寨间多年的田野调查活动中，我们不断地在进行着各种学术思考，以建构我们的学术特点。在此，我们提出一个问题与大家讨论。在中国少数民族研究领域中，以前使用汉语的调查被视为理所当然，基于翻译成汉语的各种概念的模型化被无批判地进行着。例如，把当地的亲属词汇翻译成汉语，并以此为基础，无批判地应用汉民族的宗族模型进行研究。特别是对于现在实行汉姓和父系制的少数民族，在被视为汉民族宗族等出身集团的历来的议论中，不仅忽视了这些少数民族固有的亲属规范，而且他们是从什么时候开始，如何受到汉姓和汉文化的影响，也几乎被忽视了。关于本书所描述的侗族历史和侗族传统社会的规范研究也不例外，既往的研究中，把侗族的亲属集团写成同姓同宗的"房族"或者"家族"等汉语词汇的情况很多。当然，从父系血缘的特征或社会机能的共同点来看，侗族的亲属组织也与汉民族的宗族相似。但其实，当地侗族村寨村民内部却有着与汉民族的用语不同的概念。而且在同姓集团中，有的虽然往往会有共同的祖父，包括父系几代成员，但实际上并不在此限，例如，完全没有血缘关系的其他一族和人数少的异姓的人也加入了这个姓氏集中（当地叫合姓）。因此，关于不同姓的人如何参与集团、对差异进行了怎样的操作，我们应该重新探讨侗族的出身集团和地缘集团。并且，有必要从人类学的角度重新考虑侗族的社会集团特征。

非常感谢湖南工商大学副校长张玲教授（原怀化学院副校长）、湖南侗学会顾问石佳能先生、怀化学院姜莉芳博士的邀请，让我们得以加入"中国侗族村寨文化遗产价值纲论丛书"团队，并承担《中国侗族村寨款文化及其传统社会治理模式研究》一书的写作任务。领受任务后，黄洁正在日本京都大学亚非地域研究科攻读博士学位，发现侗族和居住在东南亚地区其他壮侗语系少数民族具有相类似的居住环境和传统社会组织。所以，本书又从比较研究的角度出发，尝试跨越以往中国少数民族研究的障碍，架起侗寨与东南亚研究之间联系的桥梁。

诚挚感谢所有为这本书的出版付出过心血，帮助过我们的人。

黄洁　杨尚荣

2021 年 9 月 21 日 中秋